rowohlt
BERLIN

Kathrin Passig · Sascha Lobo

Internet

Segen oder Fluch

Rowohlt · Berlin

1. Auflage Oktober 2012

Satz aus der Proforma Book PostScript (InDesign)
bei Pinkuin Satz und Datentechnik, Berlin
Druck und Bindung CPI – Clausen & Bosse, Leck
Printed in Germany
ISBN 978 3 87134 755 9

Inhalt

Einleitung

Können andere Menschen mal aufhören, immer diese anderen Meinungen zu haben? Das macht alles so unnötig anstrengend.
Jan Bölsche, Twitter, 3. März 2009

Unbestreitbar: das Netz verändert die Welt. Die Frage aber, ob zum Guten oder zum Schlechten, ist nicht so eindeutig zu beantworten, wie die Verfechter beider Ansichten es gern hätten. Die einen bewegen sich in einem Feld zwischen fortschrittsgläubiger Naivität und selbstbewusstem Optimismus, die anderen verharren zwischen gesunder Skepsis und verbittertem Pessimismus. In der Diskussion steht oft Bauchgefühl gegen Bauchgefühl, und Argumente werden nur akzeptiert, wenn sie zu diesem Gefühl passen. Einen ärgerlich großen Raum nehmen reflexhafte Phrasen und kaum belegbare Behauptungen ein, verbunden zu einem emotionalen Amalgam, das mehr die Gruppenzugehörigkeiten festigen als irgendjemanden überzeugen soll. Regelmäßig lassen sich Diskussionspodien, Talkshowkonfrontationen und Artikelgefechte beobachten, deren Teilnehmer weniger an der Vermittlung und Erklärung interessiert sind als an der Selbstvergewisserung, und oft genug waren diese Teilnehmer die Autoren des vorliegenden Buches. Der dringend notwendige Diskurs um das Internet, seine Bedeutung für unser Leben und seine Folgen für die Welt ist ritualisiert und erstarrt. Die Diskussionsteilnehmer laben sich am Gefühl der eigenen Wichtigkeit, das Gegenüber verstärkt dieses Gefühl – denn ein Pluspol ist nichts ohne einen Minuspol und umgekehrt.

Zu allem Überfluss erweist sich die Lagerzugehörigkeit der Beteiligten auch noch als ausgesprochen unzuverlässig: Wer eben noch als Teil der Avantgarde den Fortschritt bejubelte, kann sich schon beim direkt benachbarten Thema als Erztraditionalist entpuppen, für den jede Diskussion über eine Weiterentwicklung Teufelszeug ist. Wenn wir in diesem Buch von «Skeptikern» und «Optimisten» schreiben, meinen wir damit also nicht, dass es grundsätzlich zwei Sorten von Menschen gibt. Niemand hat eine konsistente Haltung in diesen Fragen.

Was Politiker, Journalisten, Verleger, Blogger, Datenschutzbeauftragte, Musikmanager, Optimisten und Pessimisten allerdings nicht daran hindert, immer wieder dieselben Argumente auszutauschen. Und so geht das nicht erst seit gestern. Die Risiken, die der Einsatz von Computern mit sich bringt, werden seit den siebziger Jahren diskutiert. Ob Maschinen die Welt verbessern oder nicht, beschäftigt die Menschheit seit mindestens zweihundert Jahren, ebenso wie die Frage, ob technische Weiterentwicklungen Arbeitsplätze schaffen oder vernichten. Soll jeder einfach alles veröffentlichen können, was er sich so ausgedacht hat? Wie soll sich noch irgendjemand in der dadurch entstehenden Informationsflut zurechtfinden? Diese Themen waren schon vor der Einführung des Buchdrucks umstritten.

Die Recherchen zu diesem Buch haben eine zuvor nur vage vorhandene Ahnung bestätigt: Die Diskussion, die heute vom Internet handelt, ist weitgehend unverändert seit Jahrhunderten im Gang, wir sind Marionetten, die ein uraltes Stück aufführen.

Andere Beispiele für lang andauernde Auseinandersetzungen:

Bauch	–	Hose
Autor	–	Deadline
Dagobert	–	Klaas Klever
Staub	–	Wedel
Schwerkraft	–	Entropie
Figur im linken Wetterhäuschen	–	Figur im rechten Wetterhäuschen
Kasperle	–	Krokodil
ein ultimatives Schlussbier	–	ach, noch eins
Death Metal	–	Power Metal
Popper	–	Adorno
Punk	–	Popper
Popper	–	Lakatos
Roadrunner	–	Wile E. Coyote
brenne auf, mein Licht	–	nur meine liebe Laterne nicht

Wenn sich über derart lange Zeiträume lediglich die aktuellen Symptome ändern, die Diskussion aber lebendig bleibt, zeigt das: Es handelt sich eben nicht um ein Verständnisproblem, das sich in Bälde durch den Generationenwechsel von allein lösen wird, sondern um einen dauerhafteren, komplexeren Konflikt, mit dem wir einen Umgang finden müssen.

Es ist also Zeit für ein wenig Völkerverständigung: Was sagen die Skeptiker? Was die Optimisten? Und was meinen sie damit eigentlich? Dieses Buch soll beiden vermitteln, dass die andere Seite Gründe für ihre Haltung hat und nicht aus unbegreiflich vernagelten Personen besteht. Oder jedenfalls nicht nur. Eine Lösung im Sinne versöhnlicher Antworten enthält dieses Buch aber nicht. Schon weil es gar keine Lösung gibt, mit der alle zufrieden wären. Letztlich wollen mehr oder weniger alle Beteiligten die Welt besser machen, sie haben nur unterschiedliche Meinungen darüber, was genau «besser» bedeutet und wie man dorthin gelangt.

Wir schreiben dieses Buch natürlich nicht zufällig genau jetzt. Beide Autoren haben ein Alter erreicht, in dem man auch ganz ohne historische Kenntnisse bei einigen Debatten feststellt: Moment, das hatten wir doch schon mal. Gleichzeitig wachsen Anhänger des noch Neueren heran, die unsere Position bedrohen. Die Statistik spricht dafür, dass wir uns ab jetzt allmählich verpuppen werden und in ein paar Jahren mit dem Verfassen nostalgischer Klagen über das schöne Internet von früher sowie schlecht gelaunter Zukunftsprognosen beginnen. Im Moment aber stehen wir noch mit einem Bein in beiden Welten und können deshalb über beide schreiben.

Das Buch ist praktisch stufenlos verstellbar. Zu Beginn werden die Themenfelder behandelt, die selbst hartnäckige Internetverweigerer beschäftigen dürften, weiter hinten geht es dann um wesentliche Fragen des digitalen Alltags. Es gibt Kapitel für jedes Interesse und jeden Kenntnisstand. Einige Kapitel enthalten am Ende einen Anhang mit schlechten Argumenten. Wir wollten die Diskussion optimieren, weshalb wir zeigen, auf welche Argumente man verzichten kann und warum. Das spart Zeit und erhöht die Chance, dass die Debatte fruchtet, bevor alle Beteiligten versterben.

In den ersten vier Kapiteln werden einige Probleme erklärt, die Diskussionen und Technologien ganz allgemein betreffen. Im ersten Kapitel geht es um Verständigungsschwierigkeiten in Debatten, insbesondere zwischen Technikoptimisten und Technikskeptikern. Die unter anderem daher rühren, dass man selbst dann subjektiv argumentiert, wenn man fest davon überzeugt ist, objektiv zu sein, und dafür sogar Studien und Zeugen sonder Zahl aufbringen kann. Danach geht es um die Vor- und Nachteile der Metapher als Erklärungsinstrument und die Wirkung der Narrative – der oft kolportierten Erzählungen, die die Weltsicht prägen.

Das dritte Kapitel handelt vom schwierigen Umgang mit allem Neuen. Die einen halten das Neue grundsätzlich für den Untergang des Abendlandes, die anderen vermuten in jedem neuen Gadget diesmal aber wirklich den Bringer des Weltfriedens. Warum ist es so schwer, einen entspannten Umgang mit dem Neuen zu finden? Und schließlich geht es um die Frage, was eigentlich mit dem oft zur Rechtfertigung von Veränderungen herbeibemühten «Fortschritt» gemeint ist. Gibt es ihn überhaupt? Und wenn ja, worin äußert er sich? Lebensglück? Reichtum? Geschwindigkeit der Internet-Anbindung?

Direkt danach kommen wir bereits zur eigentlichen Sache. Das fünfte Kapitel widmet sich der Disruption, also der schöpferischen Zerstörung und dem Umstand, dass es zwar aus der Ferne lustig anzusehen ist, wenn sie den Stummfilm oder irgendeine andere Branche dahinrafft, in der man nicht selbst tätig ist. Bis man kurz nicht aufpasst und der eigene Arbeitsplatz durch eine iPhone-App für neunundneunzig Cent überflüssig gemacht wird. Im sechsten Kapitel geht es um die Beschleunigung, die im Prinzip seit ihrer Erfindung beklagt wird. Aber beschleunigt sich mit dem Internet jetzt sogar die Beschleunigung selbst in einem Maß, das uns endgültig überfordert? An dieses Kapitel schließt sein zweieiiger Zwilling an, die Informationsüberflutung. Schon vor der Erfindung des Buchdrucks war mehr aufgeschrieben worden, als ein einzelner Mensch je hätte verarbeiten können, und trotzdem dreht sich die Erde weiter. Sind also alle diesbezüglichen Probleme mit der digitalen Datenflut bloß ausgedacht und eingebildet? Wobei nicht nur die Menge der Informationen ständig wächst, sondern auch und vor allem die Menge an Quatsch, der so dahinbehauptet wird. Damit sind wir schon mitten im achten Kapitel, das von der Verlässlichkeit der Informationen handelt. Denn dass jeder ins Internet alles hineinschreiben kann, hat Vor- und Nachteile, eine Diskussion übrigens, die die Geisteswelt kurz nach der Erfindung des Buchdrucks praktisch baugleich geführt hat.

Das daran anschließende neunte Kapitel über Kollektive und Kollaborationen untersucht, was die Vielen und ihre angebliche oder tatsächliche Weisheit im Internet so bewirken und was nicht. Werden die genialischen Leistungen des Einzelnen überflüssig, oder verderben viele Köche auch digitalen Brei? Daran knüpft das zehnte Kapitel über Politik mit Hilfe des Internets an, in dem es um Segen und Fluch der Digitalen Demokratie geht und darum, was das ist oder sein könnte. Wird durch Liquid Democracy, Piratenpartei und twitternde Politiker alles besser? Oder ist das nur Kommunikationskosmetik, und die parlamentarische, repräsentative Demokratie lässt sich auch durch das Netz so schnell nicht ändern? Es folgt ein Kapitel über den Handlungsrahmen der Politik, also über Regulierung. Wo und wie kann, darf, soll die Politik in das Internet eingreifen? Die Streitigkeiten darüber gehören zu den heftigsten, aber auch wirkungsvollsten Internet-Debatten. Wirkungsvoll insofern, als hier der öffentliche Diskurs messbare Folgen hat.

Das zwölfte Kapitel handelt vom Datenschutz. Ist die Privatsphäre längst weg, und wir haben uns nur noch nicht damit abgefunden? Oder kann entschlossenes Eingreifen des Gesetzgebers das Ruder noch herumreißen? Die Fronten verlaufen bei dieser Diskussion nicht entlang abgesteckter Lagergrenzen wie progressiv und konservativ, ahnungslos und hochinformiert, Feuilletonautoren und Techniker, sondern ganz woanders.

Nach dem Umgang mit persönlichen Daten im Netz geht es um den Umgang der Personen im Datennetz miteinander, im

Kapitel über Soziales, Nähe und Entfremdung. Kommen wir durch das Netz einander näher, beginnt ein empathischeres Zeitalter, wie Jeremy Rifkin 2009 schrieb? Und wie verträgt sich das mit den Vereinsamungstheorien der achtziger und neunziger Jahre, die seit 2010 einen neuen Schub bekommen haben, obwohl oder weil die sozialen Medien unglaubliche Verbreitung erfuhren?

Die sozialen Medien, zu deren Grundfunktionen das Teilen von Inhalten gehört, bohren in einer schon lange schwärenden Diskussionswunde. Das Urheberrecht wurde ab 2011, nicht zufällig mit den ersten Parlamentseinzügen der Piratenpartei, Gegenstand noch heftigerer Auseinandersetzungen als bisher und ist Thema unseres vierzehnten Kapitels. Digitale Kopien machen ohne Qualitätsverlust aus einem Ding zwei. Die bisherigen Gesetzes- und Geschäftsmodelle sowie Moralvorstellungen wollen zu dieser neuen Situation nicht mehr so recht passen. Oder?

Danach geht es um Filter- und Empfehlungsalgorithmen und um die Frage, ob wir uns von der Intuition und der Vielfalt menschlicher Empfehlungen zugunsten einer intransparenten, maschinengemachten Auswahl verabschieden. Führt diese Entwicklung zu einer Einengung unseres Horizonts? Sitzt das Problem im Kopf? Oder gibt es vielleicht gar kein Problem? Das sechzehnte und letzte Kapitel schließlich behandelt die Herrschaft der Maschinen. Werden wir selbst zur Maschine, sind wir Sklaven der Technik? Wie gefährlich ist die Benutzung von Ziehbrunnen? Sind Gesellschaft und warme Pullover vielleicht auch nur Technik? Am Ende steht ein Nachwort, in dem wir die ungeborenen Kapitel dieses Buchs betrauern.

Auch diesmal wird es wieder aufmerksame Leser und Rezensenten geben, denen auffällt, dass beide Autoren, trotz des

Versuchs der Vermittlung in diesem Buch, hin und wieder das Digitale mehr loben als das bedruckte Papier, die Buchform und die klassische Verlagslandschaft. Vorwürfe der inkonsequenten Lebensführung werden nicht ausbleiben. David Weinberger wünschte sich in seinem letzten Buch «Too Big to Know» einen vorgefertigten Standardabsatz zur Rechtfertigung des Bücherschreibens, «den alle Autoren nichtpessimistischer Bücher über das Internet einfach einfügen können». Weil es diesen Absatz noch nicht gibt, verweisen wir stattdessen auf Theodor Fontane, in dessen «Effi Briest» sich die beiden Romanfiguren Innstetten und Golchowski im späten 19. Jahrhundert darüber unterhalten, dass der Fürst Bismarck ausgerechnet eine Papiermühle betreibt. «‹Ja›, sagte Golchowski, ‹wenn man sich den Fürsten so als Papiermüller denkt! Es ist doch alles sehr merkwürdig; eigentlich kann er die Schreiberei nicht leiden, und das bedruckte Papier erst recht nicht, und nun legt er doch selber eine Papiermühle an.› ‹Schon recht, lieber Golchowski›, sagte Innstetten, ‹aber aus solchen Widersprüchen kommt man im Leben nicht heraus. Und da hilft auch kein Fürst und keine Größe.›»[1]

1. Null oder Eins? – Ja.
Über Verständigungsschwierigkeiten

Warum müssen Diskussionen über Heizungsbau nur immer in persönliche Beleidigungen und wüste Unterstellungen ausarten?
Daniel R. / @kchkchkch, Twitter, 6. Juli 2009

Wenn wir von unserem Plan berichteten, dieses Buch zu schreiben, äußerten unsere Gesprächspartner nicht selten die Hoffnung, es werde uns darin gelingen, den komischen Internetskeptikervögeln einfach alles noch einmal ganz langsam und geduldig zu erklären und damit die Streitereien rund um das Netz endlich beizulegen.

Hinter dieser Annahme steckt ein Versagen der Vorstellungskraft beziehungsweise des Vorstellungswillens: Mangelhafte Kenntnis der Tatsachen sei der einzig denkbare Grund dafür, dass jemand eine andere Meinung vertreten könnte als die eigene. Das ist auf einem Gebiet, auf dem man noch vor sehr kurzer Zeit Politiker öffentlich darüber rätseln hören konnte, was wohl ein Browser sei, zwar nachvollziehbar, aber trotzdem falsch. Konflikte entspringen nur selten dem einfachen Mangel an Informationen. Ernsthafte Konflikte entspringen überhaupt recht selten Ursachen, zu denen das Adjektiv «einfach» passt. Und noch seltener lässt sich das, was zur Schlichtung erforderlich wäre, mit diesem Wort beschreiben.

Außerdem glaubt die gegnerische Seite mit hoher Wahrscheinlichkeit ebenfalls, sie habe sich nur noch nicht ausreichend verständlich gemacht. Nach einer Weile erliegen dann beide Seiten dem Irrglauben, es sei offensichtlich böser Wille, dass der Kontrahent immer noch nichts begreifen wolle, und deshalb dürfe man ruhig zu immer schrofferen und extremeren Argumenten greifen. Das ist ähnlich erfolgversprechend wie die Strategie, schlecht Deutsch verstehenden Ausländern den Weg zum Bahnhof einfach immer lauter zu erklären.

Dieses Kapitel widmet sich deshalb noch keinen konkreten Technikfragen, sondern den grundsätzlichen Verständigungsproblemen – speziell denen zwischen Technologieoptimisten und Technologieskeptikern. Die Auseinandersetzungen um das Internet entstehen nicht dadurch, dass die Menschen auf einer Seite der Debatte nur noch nicht genug wissen. Dabei handelt es sich bloß um das bequemste Argument, weil es die Lokalisierung des Problems und mögliche Lösung gleich ab Werk eingebaut hat. Genauso wenig aber werden sich die Konflikte auflösen, weil die neuen Techniken und Gebräuche als unnützer Tand erkannt werden und wieder aus der Mode kommen. An ihre Stelle treten dann ja nicht wieder die vorigen Zustände, sondern noch neuere, noch unverschämtere Zumutungen.

Auch Max Planck hatte nicht die Lösung gefunden, als er schrieb: «Eine neue wissenschaftliche Wahrheit pflegt sich nicht in der Weise durchzusetzen, dass ihre Gegner überzeugt werden und sich als belehrt erklären, sondern vielmehr dadurch, dass ihre Gegner allmählich aussterben und dass die heranwachsende Generation von vornherein mit der Wahrheit vertraut gemacht ist.» Plancks Darstellung stimmt zum einen schon in der Wissenschaftswelt nicht ganz, denn dort gelingt es immer wieder, sich zwar mühsam, aber doch zu Lebzeiten vieler Beteiligter auf ein neues Paradigma zu verständigen. Zum anderen beruht Plancks These auf der Vorstellung einer immer näher rückenden universellen «Wahrheit». Diese Idee ist in der Wissenschaft heute zumindest stark umstritten. Und im Unterschied zur öffentlichen Technikfolgendiskussion gibt es in der Wissenschaft ein zwar keineswegs perfektes, aber doch einigermaßen funktionierendes, formalisiertes System zur Einigung darüber, welche Behauptungen vorerst vom Tisch sind. Es kann nicht mehr jeder in ernstzunehmenden Medien eine Verteidigung des Phlogistons[1] oder neue Theorien über ein geozentrisches Weltbild veröffentlichen.

Das ist bei den in diesem Buch behandelten Meinungsverschiedenheiten anders. Die nachwachsenden Diskussionsteilnehmer mögen mit bestimmten Ausprägungen des Neuen vertraut sein, aber die Auseinandersetzungen über neue Technologien und soziale Praktiken hören dadurch nicht auf. Wer im 19. Jahrhundert davon ausging, mit dem Ableben einer Generation würden auch die Klagen über Beschleunigung und Informationsüberflutung durch die Telegraphie verschwinden, der täuschte sich. Die Symptome verschieben sich an eine andere Stelle, aber die Konflikte dahinter bleiben bestehen – vielleicht nicht ewig, aber zumindest so lange, dass einfaches Abwarten für keinen heute lebenden Menschen eine Lösung darstellt.

Zu den Hoffnungen auf eine einfache Lösung gehört auch die Vorstellung, man könne einen Konflikt durch Technik zum Verschwinden bringen. Der Informatiker Joseph Weizenbaum nennt in seinem 1976 erschienenen Buch «Die Macht der Computer und die Ohnmacht der Vernunft» ein Beispiel: «Zur Zeit der Studentenunruhen an den amerikanischen Universitäten konnte man oft von wohlwollenden Rednern hören, die Unruhe, zumindest die an der eigenen Universität, sei hauptsächlich auf eine ungenügende Kommunikation zwischen den verschiedenen Teilen der Universität zurückzuführen, z. B. den Fakultäten, Fachschaften, der Administration usw. Somit wurde das ‹Problem› im Prinzip unter dem

Aspekt der Kommunikation, d.h. als technisches gesehen. Aus diesem Grund konnte es mit technischen Mitteln gelöst werden, indem man z.B. verschiedene ‹heiße Drähte› etwa zwischen den Büros des Präsidenten und der Dekane legte.» In diesem Fall geht es um die etablierte Technik des Telefons, eine häufige Variante ist die Ankündigung, gerade frisch erfundene oder in naher Zukunft zu erwartende Technologien könnten den Konflikt aus der Welt schaffen.

Tatsächlich ist es in Einzelfällen möglich, soziale Probleme mit rein technischen Mitteln zu lösen. Die Verdrängung der Metallzahnpastatuben durch nicht knitternde Plastiktuben war das Ende des Beziehungsstreits um die Frage, ob die Zahnpasta ordentlich vom Tubenende her ausgedrückt werden muss oder man auch mal auf die Mitte drücken darf, wodurch die Tube vor der Zeit faltig wird. Hinter dem Streit steckt die Frage, was im Leben wichtiger ist: Aufmerksamkeit für kleinste Details (denn ohne sie gäbe es keine schön anzusehende Apple-Hardware) oder die Fähigkeit, an der richtigen Stelle und im rechten Moment Großzügigkeit walten zu lassen.

Vielleicht war die Zahnpastatube der einzige Konfliktanlass in einer ansonsten harmonischen Beziehung. Dann wäre die Plastiktube tatsächlich eine technische Lösung für ein soziales Problem. Wahrscheinlicher ist aber, dass die zerknitterte Tube nur einer von vielen möglichen Kristallisationskeimen des Streits war und dass sich die Diskussion nach ihrem Verschwinden aus dem Badezimmer auf das Thema Apple-Hardware verlagerte. Oder auf die Frage, wer eigentlich die Tube immer so schlampig hinlegt, anstatt sie auf den Deckel zu stellen.

Hinter der Vorstellung, eine Meinungsverschiedenheit beruhe lediglich auf Kommunikationsschwierigkeiten oder anderen technisch lösbaren Problemen, steckt die Annahme, es gebe gar keinen realen Konflikt zwischen den Beteiligten. Diese Annahme aber ist in den meisten Fällen mit dem Wort «Wunschdenken» noch schmeichelhaft umschrieben. Die von Weizenbaum angeführten Studentenunruhen beruhten auf echten Interessenkonflikten, und nicht anders verhält es sich mit den heutigen Diskussionen um die Folgen der Digitalisierung. Solange man sich nicht eingesteht, dass diese unterschiedlichen Interessen existieren, führt kein Weg zu einer einvernehmlichen Lösung oder wenigstens friedlichen Koexistenz.

Bei solchen Interessen geht es zum einen oft ganz schnöde ums Geldverdienen: Neue Entwicklungen gefährden den eigenen Arbeitsplatz. Mal ist die ganze Branche bedroht, mal konkurrieren eine alte und eine neue Strategie innerhalb derselben Firma, und man muss ganz konkret den eigenen Arbeitsplatz verteidigen. Eine mindestens ebenso große Rolle spielt das Selbstbild der Beteiligten. Niemand lässt sich gern öffentlich für nutzlos erklären, erst recht nicht von Leuten, denen das angeblich nutzlose Feld unbekannt, egal oder eine Mischung aus beidem ist. Aber Loblieder auf eine neue Technologie sind schwer zu singen, ohne dass darin nicht mindestens zwischen den Zeilen diejenigen schlecht wegkommen, die noch auf die Vorgängertechnik setzen.

Die Diskussion des Konflikts bringt ein weiteres Problem mit sich. Viele Interessengruppen und Einzelpersonen profitieren von Extrempositionen stärker als von einer entspannten Erläuterung der Neuerungen. Sachbuchautoren und Journalisten erhalten für alarmistische Thesen oder goldene Zukunftsvisionen mehr Aufmerksamkeit als für sachliche Aufklärung. Lobbygruppen und Institutionen können durch Verweis auf die Gefahren oder Chancen der neuen Technologien mehr Geld vom Staat und von anderen Geldgebern einwerben. Die Optimisten nutzen die Gelegenheit, sich moderner, jünger, angstfreier und zukunftszugewandter darzustellen, die Skeptiker sehen verantwortungsbewusster, kritischer und erwachsener aus. Wenn der eigene Lebensunterhalt oder das Selbstverständnis von der Meinung abhängen, die man über das Internet hegt, wird der Austausch von Argumenten zumindest kurzfristig wenig an dieser Meinung ändern.

Eine weitere verständigungshemmende Idee ist die Vorstellung eines digitalen Grabens, der die Welt in zwei klar unterschiedene Kulturen teilt. Vor wenigen Jahren waren das noch die «Onliner» und die «Offliner», aber weil demnächst selbst Heizdecken einen Internetanschluss mitbringen werden*, verläuft die aktuelle Grabenversion zwischen «Digital Natives» und «Digital Immigrants». Wohlwollend interpretiert dient dieses Konzept der Verständigung. Die Begriffe tragen ja dem Umstand Rechnung, dass man den Umgang mit dem Internet in einem gewissen Alter nicht mehr so locker nebenbei lernt wie als Kind und Jugendlicher – und das Wissen um eben diesen Unterschied könnte die Toleranz im Umgang durchaus fördern. Allerdings sind solche Begriffe nicht ohne Tücken: Während man auf dem Weg vom «Offliner» zum «Onliner» nur ein paar geistige und technische Hürden zu überwinden brauchte, wird ein Immigrant aber zeitlebens einer bleiben. Das entmutigt einerseits Menschen, die ganz gern im Internet heimisch werden würden. Und es erlaubt

* Was absurde Netzanbindungen betrifft, ist es gar nicht so einfach, einen Scherz zu machen, der nicht ein paar Monate später Realität wird. Das Züricher Start-up Koubachi gibt endlich Pflanzen die Gelegenheit, am Netzgeschehen teilzunehmen, und zwar mit Hilfe von Blumentopfsensoren, die E-Mails verschicken, wenn die Pflanze Durst hat. Im Mai 2011 stellte ein Google-Mitarbeiter auf einer Konferenz eine Glühbirne mit WLAN vor.

anderen, die keine Lust auf eine Auseinandersetzung mit dem Netz haben, die Entwicklung tatenlos an sich vorbeiziehen zu lassen – schließlich haben sie ja in der Zeitung gelesen, dass sie sich im Internet sowieso nie mehr einleben werden.

Die alternativen Begriffe *Digital Visitors* und *Digital Residents* suggerieren zwar immer noch eine Schwarz-Weiß-Welt, aber immerhin eine mit flexiblerer Rollenwahl: Jeder ist irgendwo zu Hause und an den meisten anderen Orten nur zu Besuch. Aufs Netz übersetzt bedeutet das, dass sich (anders als bei der Migrantenmetapher) die Gruppenzugehörigkeit relativ leicht ändern lässt, indem man sich mehr mit dem Internet beschäftigt und so vom Besucher zum Bewohner wird. Es heißt aber auch, dass man nicht an beliebig vielen Orten gleichzeitig heimisch sein kann. Wer sich im Internet von 1995 bewegte wie ein Fisch im Wasser, der muss sich deshalb in den sozialen Netzwerken der nuller Jahre noch lange nicht zu Hause fühlen. Und wer mit Facebook gut zurechtkommt, der empfände vielleicht Twitter als Zumutung (wenn er es nutzen würde) und Google+ als steril (wenn er es kennen würde).

Würde die Vorstellung temporärer Daseinszustände die von unverrückbarer Gruppenzugehörigkeit ablösen, wäre also schon mal ein Schritt in Richtung Verständigung getan. Aber wenn wir der unpraktischen Komplexität menschlichen Herummeinens Rechnung tragen wollen, reichen auch zwei Schubladen nicht aus. Was die Haltung der Menschen zum Netz betrifft, stellte das «Deutsche Institut für Vertrauen und Sicherheit im Internet», ein Ableger der Deutschen Post, in einer Anfang 2012 veröffentlichten Studie sieben Gruppen vor: «Internetferne Verunsicherte», «Ordnungsfordernde Internet-Laien», «Verantwortungsbedachte Etablierte», «Postmaterielle Skeptiker», «Effizienzorientierte Performer», «Unbekümmerte Hedonisten» und «Digital Souveräne».

Der Autor und Think-Tank-Gründer Robert Atkinson macht allein in den Debatten um die US-Netzpolitik acht verschiedene Milieus aus[2]. Mit nur ein wenig Recherche ließen sich sicher Studien finden, die die Menschheit in neun, zehn, elf oder achtunddreißig Kategorien einteilen, es fehlen eigentlich nur noch «Internetnutzer, die dem Kaiser gehören».

Und da das Internet aus vielen verschiedenen Welten, Aspekten und Möglichkeiten besteht, geht kaum jemand in nur einer einzigen Gruppe auf. Wer soziale Netzwerke etwas ausführlicher nutzt, wird feststellen, dass Freunde, mit denen er sich bisher in allen wichtigen Fragen einer Meinung glaubte, dort regelmäßig Überraschendes kundtun. Kaum hat man sich mühsam die Vorstellung einer verbindenden Netzavantgarde gebildet, stellt sich auch schon heraus, dass man in Wirklichkeit von regulierungsfreudigen CDU Wählern umgeben ist, und Freunde, mit denen man sich eben noch über die Wichtigkeit des Datenschutzes einig war, wandern plötzlich zu Facebook ab. Dank der menschlichen Fähigkeit, an mehrere unvereinbare Dinge gleichzeitig zu glauben, kann sich jeder problemlos für einen Freund des Neuen und des Fortschritts halten, während er zugleich ein Internet in den Grenzen von 1995 fordert. Die populäre Vorstellung eines «Wir gegen die Anderen» zerfällt im Netz mehrmals täglich in neue, unerwartete Einzelteile.

Das bedeutet, dass man sich den im eigenen Umfeld vorgebrachten Ansichten und Forderungen nicht ohne weiteres Nachdenken anschließen sollte. Und auch die Gegenseite ist nicht der geschlossene Block, den Begriffe wie «die Netzgemeinde» oder «das Internet» versus «Urheberrechtsmaximalisten» oder «konservative Politiker» suggerieren. Bei Google+ sortiert man die Menschen, deren Updates man verfolgt, in «Kreise», die diesen Sachverhalt anschaulich machen. Schon in der analogen Welt gehört jeder Mensch verschiedenen Kreisen an. Von den Schwierigkeiten, die sich ergeben, wenn man gleichzeitig Urheber, Nutzer und womöglich sogar Verwerter kreativer Werke ist, wird im Kapitel über das Urheberrecht noch ausführlicher die Rede sein.

Obwohl die Welt so kompliziert ist, wird in diesem Buch immer wieder von den beiden Gruppen der «Optimisten» und der «Skeptiker» die Rede sein. Das ist eine grobe, aber notwendige und zweckmäßige Vereinfachung der eigentlichen Zustände. Bitte sehen Sie uns nach, dass wir nicht in jedem Kapitel acht neue Milieus anlegen, aus deren Sicht man das Thema eigentlich beleuchten müsste. Das Buch wäre dann zwar ungefähr acht Mal korrekter, aber auch acht Mal umständlicher. Denken Sie sich, wenn die beiden Gruppen genannt werden, bitte dazu, dass damit nicht immer dieselben Menschen gemeint sind. Wer Facebook misstrauisch gegenübersteht, kann das Konzept der Post-Privacy (siehe Kapitel 12) aus ganz anderen Gründen gut finden, und wer an ein möglichst freies und unreguliertes Internet glaubt, regiert vielleicht im Kommentarbereich seines eigenen Blogs mit eiserner Hand.

Irreführende Metaphern und falsche Hoffnungen auf einfache Lösungen haben den Vorteil, dass sie sich durch Nachdenken beheben lassen (manchmal). Andere Auslöser für Streitigkeiten liegen in der Funktionsweise des menschlichen Gehirns begründet und stehen einer Verständigung daher viel hartnäckiger im Weg. Wir neigen zu allen möglichen Denkfehlern: Wir schlussfolgern aus viel zu kleinen Stichproben, glauben am liebsten das, was unsere Freunde glauben, und neigen dazu, all das nicht wahr- oder nicht ernst zu nehmen, was uns schlecht in den Kram passt. Wir sind grundsätzlich vergesslich, und noch viel vergesslicher, wenn es darum geht, dass wir in der Vergangenheit unrecht hatten[3], zudem fallen wir bereitwillig auf falsche Informationen herein, wenn sie uns nur gut aussehen lassen.

Das ist ein winziger Ausschnitt aus den zwei langen Listen «List of cognitive biases» und «List of fallacies», in denen die englische Wikipedia gängige Selbsttäuschungen und Wahrnehmungsverzerrungen aufführt.[4] Dort sind an die 150 verschiedene Strategien verzeichnet, mit deren Hilfe das Gehirn Informationen ausblendet, ohne dass sein Besitzer es auch nur bemerkt. Im Prinzip ist das sinnvoll, denn das Gehirn ist ein vielbeschäftigtes Organ und muss Abkürzungen nehmen, wenn es nicht den ganzen Tag im Bett liegen und die Vor- und Nachteile des Aufstehens gründlich gegeneinander abwägen will. Aber das Verfahren hat auch Nachteile. Etwa den, dass die Argumente der Gegenseite dadurch schlechter aussehen, als sie in Wirklichkeit sind.

Am Anfang der Bewertung von Sachverhalten steht eine Intuition: die Angelegenheit fühlt sich richtig oder falsch an. Anschließend erst beginnt das Gehirn in seiner Argumentensammlung zu kramen und konstruiert eine strategische Beweisführung. Sie dient dazu, die intuitive, erste Bewertung vor anderen Menschen zu verteidigen und ihnen zu erklären, warum sie sich dem eigenen Urteil anschließen sollten. Der amerikanische Psychologe und Moralforscher Jonathan Haidt beschreibt den Vorgang in seinem Buch «The Righteous Mind: Why Good People Are Divided by Politics and Religion»: «Die moralische Intuition taucht automatisch und fast ohne Verzögerung auf, lange bevor das Nachdenken über moralische Fragen überhaupt beginnen kann, und diese ersten Intuitionen neigen dazu, die Ergebnisse des späteren Nachdenkens zu verdrängen. Wer davon ausgeht, dass wir über Moral nachdenken, um die Wahrheit herauszufinden, wird immer wieder frustriert feststellen, wie albern, voreingenommen und unlogisch andere reagieren, wenn sie die eigene

Meinung nicht teilen. Aber wenn man moralisches Urteilen als Fähigkeit betrachtet, die wir Menschen entwickelt haben, um unsere soziale Agenda voranzubringen – unsere eigenen Handlungen zu rechtfertigen und unser Team zu verteidigen –, dann sieht die Welt gleich verständlicher aus. Befassen Sie sich mit den Intuitionen und nehmen Sie die moralischen Argumente nicht zu wörtlich. Es sind größtenteils nachträgliche, schnell aus dem Ärmel geschüttelte Konstruktionen, die einem oder mehreren strategischen Zielen dienen.»

Wer gebildet ist und Übung im Ausdenken von Argumenten hat, tappt noch sicherer in die Fallen der Irrationalität, weil er mühelos zahlreiche Begründungen für sein Bauchgefühl erfinden und selbst an sie glauben wird. Aber woher kommen diese Intuitionen? Weil bestimmte Moralkonzepte ebenso wie bestimmte Anforderungen des menschlichen Soziallebens in allen Kulturen existieren, vermutet Jonathan Haidt, das moralische Urteilsvermögen habe sich als eine Art ethische Zunge mit sechs Geschmacksrezeptoren herausgebildet.[5] Diese «Moral-Module» sind in allen Menschen angelegt und werden im Laufe des Lebens von verschiedenen Einflüssen und Erfahrungen verstärkt oder gehemmt. Das erste dieser Module ist das Bedürfnis, für andere zu sorgen und sie vor Schaden zu bewahren. Das zweite ist Fairness und Gerechtigkeit, das dritte Loyalität einer Familie, einer Gruppe oder einem Land gegenüber. Das vierte ist Respekt vor Traditionen und Autoritäten, das fünfte das Konzept der Reinheit oder Heiligkeit und das sechste Freiheit. In westlichen Ländern und dort vor allem auf der linken Seite des politischen Spektrums sind Fürsorge, Fairness und Freiheit wichtig, während Loyalität, Tradition und Reinheit keine große Rolle spielen. Konservative Wähler und die Bewohner vieler nichtwestlicher Länder, so Haidt, verteilen ihre Aufmerksamkeit gleichmäßiger auf alle sechs Werte, wodurch für jeden einzelnen Wert insgesamt weniger übrig bleibt. Die Einflüsse, die dazu führen, dass sich bestimmte Wertvorstellungen stärker ausprägen als andere, liegen in der eigenen Persönlichkeit, in der Erziehung, dem kulturellen Umfeld und den individuellen Erfahrungen.

Dem konservativen Diskussionsteilnehmer erscheint der Wert der Tradition genauso wenig begründungsbedürftig wie seinem libertären Gesprächspartner der Wert der Freiheit. Dass jedem die eigenen Wertvorstellungen selbstverständlich erscheinen, verlockt zum schlampigen Argumentieren. Zum einen hat man ohnehin wenig Einblick in die Entstehung der eigenen Präferenzen. Zum anderen liegt die Annahme nahe, dass sie dem Gesprächspartner doch ebenso intuitiv einleuchten müssten wie einem selbst, zumindest nach wenigen Worten wie im Gespräch mit gleichgesinnten Freunden. Beides ist nicht der Fall.

Stattdessen reden wir oft vollständig aneinander vorbei. Der eine findet: Was im Netz zu sehen sein dürfe, ließe sich vollständig durch wissenschaftliche Klärung der Frage erledigen, ob das Betrachten von Gewalt und Pornographie zu mehr Straftaten und sittlicher Verlotterung führe – alles andere sei Privatsache. Dem anderen verursachen solche Darstellungen ein grundsätzliches Unwohlsein in der Bewertungsregion, die Haidt mit Reinheit / Heiligkeit bezeichnet: Sie entwürdigen den menschlichen Körper, das Zusammenleben und die Idee der Liebe.

Es gibt laut Haidt keine Regel, nach der man herleiten könnte, welche der sechs Module *in Wirklichkeit* wichtiger sind als andere. Jeder hat seine eigenen Prioritäten. Die einen wollen lieber auf dem Land und die anderen lieber in der Stadt wohnen, ohne dass man sagen könnte, ob nun Stadt- oder Landleben die beste Lösung für alle Menschen ist. Es ist auch nicht «richtiger», alle sechs Werte gleich wichtig zu nehmen.

Aber in Auseinandersetzungen hilft es, wenigstens zu ahnen, was im eigenen und im fremden Kopf vor sich geht. Ein Gesprächspartner, in dessen Wertesystem Freiheit die wichtigste Rolle spielt, ist taub für den argumentativen Ansatz, Freiheit sei nicht so wichtig wie zum Beispiel der Minderheitenschutz (Haidts Modul Nr. 1) oder das Einhalten bestehender Gesetze (Nr. 4), auch wenn diese Gesetze vielleicht mangelhaft sein mögen. Man wird sich in diesem Fall eventuell verständigen können, indem man diskutiert, ob und wann bestimmte Freiheiten die Freiheit anderer Menschen einschränken. Wer dem Diskussionspartner stattdessen erklärt, sein Ideal der Freiheit sei gar nicht so wichtig, kann ihn auch gleich mit dem Sandschäufelchen hauen. Die Aussichten, ihn so von der eigenen Meinung zu überzeugen, sind ungefähr gleich groß.

Wie also kann überhaupt so etwas wie ein Konsens gefunden werden, wenn es dem Standard unseres Denkens entspricht, die passenden Beweise erst nachträglich gemäß den eigenen Empfindungen zu organisieren? Um das herauszufinden, ist es hilfreich, dem Gehirn ein bisschen genauer bei der Arbeit zuzusehen: Menschen, die andere Meinungen vertreten, haben eventuell trotzdem recht, auch wenn es auf den ersten, zweiten und sogar dritten Blick noch gar nicht so aussieht. Es sieht deshalb nicht so aus, weil die andere Seite schlampige Argumente gebraucht (genau wie die eigene), aber vor allem sieht es nicht so aus, weil diverse Filter in unseren Köpfen hart daran arbeiten, die anderen Positionen in einem schlechten Licht darzustellen.

Konservative Internetkritiker sind nicht deshalb konservativ, weil sie eine unglückliche Kindheit hatten oder aus genetischen Gründen ängstlicher sind. Verteidiger eines ganz und gar freien und unzensierten Internets hängen ihrem komischen Glauben nicht aus Dummheit, Zynismus oder Naivität an. «Wir glauben, die andere Seite sei blind für Wahrheit, Vernunft, Wissenschaft und gesunden Menschenverstand», schreibt Jonathan Haidt, «aber tatsächlich ist jeder blind, wenn von seinen heiligen Themen die Rede ist». Eine konstruktivere Auseinandersetzung über die Themen dieses Buchs ist dann möglich, wenn alle Beteiligten zumindest versuchen, sich vorzustellen, dass es auch auf der anderen Seite intelligentes Leben gibt. Nein, ernsthaft.

Für Optimisten bedeutet das: Technik hat nicht nur technische Voraussetzungen und technische Folgen, sie hat auch soziale und ethische Aspekte. Nicht alle Veränderungen sind automatisch Verbesserungen. Es ist kein Verrat an der technikfreundlichen Position, die weniger erfreulichen Seiten der Digitalisierung zur Kenntnis zu nehmen, sich mit ihnen auseinanderzusetzen und respektvoll mit Skeptikern umzugehen. Selbst dann, wenn die Argumente dieser Skeptiker eher geringe Technikkenntnis verraten.

Für Skeptiker bedeutet es: Nicht alle von Technik geprägten Veränderungen sind automatisch Verschlechterungen. Und sie bestehen nicht nur daraus, dass etwas auf herzlose, mechanische Weise schneller, billiger oder einfacher wird. Es ist kein Verrat an der skeptischen Position, positive Folgen der Digitalisierung für das menschliche Zusammenleben zur Kenntnis zu nehmen und die Auseinandersetzung mit Optimisten zu suchen. Auch dann, wenn die Argumente dieser Optimisten naiv und ahistorisch erscheinen mögen.

Für beide Gruppen bedeutet es: Wenn Sie das Gefühl haben, die Folgen technischer Veränderungen früher als die meisten anderen Menschen zu erkennen, dann nutzen Sie diesen Vorsprung nicht dazu, ganztags Ihre große Weitsicht und die Beschränktheit der anderen zu verkünden. Schweigen Sie höflich oder machen Sie es wie der Verleger Tim O'Reilly und gründen Sie ein Unternehmen, das auf diesen Erkenntnissen basiert. Falls Sie eingeladen werden, Vorträge über dieses Unternehmen zu halten, sprechen Sie über Ihre eigenen erfolgreichen Entscheidungen und nicht über die Fehler derer, die es anders machen.

Beide Seiten würden davon profitieren, wenigstens ein oder zwei Standardwerke der jeweils anderen Auffassung von Technik zu lesen (siehe Kasten). Alle diese Bücher enthalten auch mittelmäßige und schlechte Argumente. Das ist kein Grund, das jeweilige Buch befriedigt über das schlechte theoretische Fundament der gegnerischen Position nach dem zweiten Kapitel aus der Hand zu legen. Kalkulieren Sie den Drang Ihres Gehirns ein, Ihnen andere Weltanschauungen in einem unvorteilhaften Licht darzustellen.

Ausgleichslektüre für Optimisten:

Oswald Spengler: «Der Mensch und die Technik» (1931)
Alvin Toffler: «Der Zukunftsschock» (1970)
Neil Postman: «Das Technopol: Die Macht der Technologien und die Entmündigung der Gesellschaft» (1992)
Hartmut Rosa: «Beschleunigung: Die Veränderung der Zeitstrukturen in der Moderne» (2005)
Lee Siegel: «Against the Machine: Being Human in the Era of the Electronic Mob» (2008, keine deutsche Übersetzung)
Frank Schirrmacher: «Payback: Warum wir im Internetzeitalter gezwungen sind zu tun, was wir nicht tun wollen, und wie wir die Kontrolle über unser Denken zurückgewinnen» (2009)
Mark Helprin: «Digital Barbarism: A Writer's Manifesto» (2010, keine deutsche Übersetzung)
Jaron Lanier: «Gadget: Warum die Zukunft uns noch braucht» (2010)
Nicholas Carr: «Wer bin ich, wenn ich online bin ... und was macht mein Gehirn solange? – Wie das Internet unser Denken verändert» (2010)

Evgeny Morozov: «The Net Delusion: How Not to Liberate The World» (2011, keine deutsche Übersetzung)
Erik Brynjolfsson und Andrew McAfee: «Race Against The Machine: How the Digital Revolution is Accelerating Innovation, Driving Productivity, and Irreversibly Transforming Employment and the Economy» (2011, keine deutsche Übersetzung)
Robert Levine: «Free Ride. How the Internet is Destroying the Culture Business and How the Culture Business can Fight Back» (2011, keine deutsche Übersetzung)
Eli Pariser: «Filter Bubble: Wie wir im Internet entmündigt werden» (2012)

Ausgleichslektüre für Skeptiker:

Nicholas Negroponte: «Total digital. Die Welt zwischen 0 und 1 oder Die Zukunft der Kommunikation» (1996)
Virginia Postrel: «The Future and its Enemies: The Growing Conflict Over Creativity, Enterprise, and Progress» (1999)
Kevin Kelly: «Der zweite Akt der Schöpfung. Natur und Technik im neuen Jahrtausend» (1999)
Lawrence Lessig: «Code und andere Gesetze des Cyberspace» (2001)
Steven Johnson: «Die neue Intelligenz: Warum wir durch Computerspiele und TV klüger werden» (2006)
Yochai Benkler: «The Wealth of Networks: How Social Production Transforms Markets and Freedom» (2007, keine deutsche Übersetzung)
Don Tapscott: «Wikinomics: Die Revolution im Netz» (2007)
James Surowiecki: «Die Weisheit der Vielen: Warum Gruppen klüger sind als Einzelne» (2007)
Chris Anderson: «Free – Kostenlos: Geschäftsmodelle für die Herausforderungen des Internets» (2009)
Clay Shirky: «Cognitive Surplus: How Technology Makes Consumers into Collaborators» (2010, keine deutsche Übersetzung)
Christian Heller: «Post Privacy: Prima leben ohne Privatsphäre» (2011)

Wenn Sie sich mit den möglichen Gegenpositionen vertraut gemacht haben, denken Sie an die alte Volksweisheit: Im Internet weiß niemand, dass Sie in Wirklichkeit gar kein Hund sind. Machen Sie davon Gebrauch und vertreten Sie ab und zu unter falschem Namen die Meinung der Gegenseite. Das hält das Gehirn gelenkig und macht Sie zu einem verständnisvolleren Diskussionsteilnehmer. Oder folgen Sie einem Vorschlag aus dem Blog «Overcoming Bias»: Stellen Sie sich vor, Sie könnten den drohenden Untergang der Welt nur abwenden, indem Sie in einem kurzen Vortrag eine Jury davon überzeugen, dass Ihre bisherige Meinung falsch, albern oder einseitig war. Je schlechter die Jury Ihre alte Meinung findet, desto wahrscheinlicher wird die Welt gerettet. Die gesamte Jury besteht aus früheren Versionen Ihrer selbst, also zum Beispiel der Person, die Sie vor einem Jahr waren.

Eher ungünstige bis total unzulängliche Argumente

Wie unterscheidet man bei eigenen und fremden Ansichten zwischen reinen Reflexen und ein bisschen besseren Argumenten? Ein allgemeiner Überblick, wie man nicht so gute Argumente schon an der Form erkennt, findet sich im Wikipedia-Eintrag «Typen von Argumenten». Er enthält weiterführende Links zu rhetorischen Finten wie der Scheinkausalität, dem Strohmannargument oder der nützlichen REDUCTIO AD HITLERUM: «Eine Ansicht wird nicht widerlegt durch die Tatsache, dass sie zufällig von Hitler geteilt worden ist.» Hier listen wir einige verständnishemmende Argumente auf, die in der Debatte um Technikfolgen besonders häufig auftauchen.

«Alles bleibt, wie es ist», «Alles wird schlechter», «Alles wird besser»

Als Skeptiker sollten Sie vorsichtig mit Argumenten hantieren, die davon handeln, dass niemand das Neue wirklich haben will oder dass es allenfalls von seltsamen Minderheiten begehrt wird. Dasselbe gilt für die Ankündigung, dass es nicht mehr lange so weitergehen kann wie bisher, weil eine endliche Ressource an ihr Ende gelangt und durch nichts zu ersetzen ist, oder dass eine Neuerung die menschlichen Denk-, Lese- und Schreibfähigkeiten zugrunde richtet. Als Optimist lassen Sie besser die Finger von Prophezeiungen, in denen neue Technologien durch verbesserte Kommunikation den Weltfrieden wahrscheinlicher machen, Freiheit, Gleichheit und Brüderlichkeit herstellen, müheloses Lernen ermöglichen, Rede- und Meinungsfreiheit garantieren, das Ende irgendeiner Knappheit herbeiführen oder dem Tod seinen Schrecken nehmen. Jede dieser Behauptungen ist vor Ihnen im Laufe der Jahrhunderte von vielen anderen Skeptikern und Optimisten vorgebracht worden und hat die Erkenntnis genauso wenig befördert, wie Ihre Version es tun wird. Es ist sehr wahrscheinlich, dass die Welt durch Technologien – ja, auch durch das Internet – weder besser noch schlechter, sondern bloß ANDERS wird.

«Ich weiß, dass es mein Argument schon länger gibt und der versprochene Weltuntergang oder Weltfrieden bisher nicht eingetreten ist. Aber diesmal ist es anders!»

Das «Alles wird schlechter / Alles wird besser»-Argument für Menschen mit Geschichtskenntnissen. Umberto Eco fragt: «Wie sollen wir diejenigen, die das Ende der Welt kommen sehen, davon überzeugen, dass andere, in der Vergangenheit, es auch schon so gesehen haben, und das in jeder Generation? Dass es sich um eine Art wiederkehrenden Traum handelt, wie zum Beispiel davon, dass uns die Zähne ausfallen oder wir nackt auf der Straße stehen? Nein, wird man antworten, diesmal ist es viel ernster.» Und so geschieht es auch, zum Beispiel in Joseph Weizenbaums «Macht der Computer»: «Aber wie jede Zeit dieselben Kassandrarufe vernommen hat, so hat auch jede Zeit gelernt, als wie wenig prophetisch sie sich stets herausstellen sollten. Es sind sehr viele Zivilisationen vernichtet worden, doch nie die ganze Menschheit. Aber diesmal ist es anders.» Es wird nicht helfen, in eine dritte Runde zu gehen und seinem Argument vorauszuschicken: «Ich weiß, meine Befürchtung ist ein alter Hut, und ich weiß, dass auch alle meine Vorgänger behauptet haben, diesmal sei es anders. Aber DIESMAL ist es WIRKLICH anders!» Vielleicht ist es diesmal wirklich anders. Aber durch den Gebrauch dieser Formel befördert man die Glaubwürdigkeit seiner Argumentation so sehr wie durch das Verteilen von Flugblättern in sechzehn Farben und zwölf Schriftarten, darunter Comic Sans.

«Ich kann mir nicht vorstellen, dass ...»

«[E]ine Wiedervereinigung», schrieb der Historiker und Publizist Sebastian Haffner 1987, «in der beide deutsche Staaten, so wie sie nun einmal sind und geworden sind, zu einem funktionierendem Staat verschmolzen würden, ist nicht vorstellbar, nicht einmal theoretisch.» Ebenso erging es dem britischen Science-Fiction-Autor H. G. Wells 1901 mit dem U-Boot: «Ich kann meine Vorstellungskraft noch so sehr bemühen; sie weigert sich, mir ein Unterseeboot zu zeigen, das nicht seine Besatzung ersticken und kentern müsste». Der Regalbau-Unternehmer Jan Paschen wird im September 2011 im Börsenblatt des deutschen Buchhandels mit dem Satz zitiert: «Eine Welt ohne Bücher kann ich mir nicht vorstellen.» Die menschliche Vorstellungskraft klebt zu sehr an den eigenen Erfahrungen und den gegenwärtigen Verhältnissen. Und wenn der eigene Beruf wesentlich auf dem Nichteintreten des Unvorstellbaren beruht, ist sie sogar noch etwas unzuverlässiger als sonst. Argumente, die mit dieser Formel anfangen, machen immerhin kenntlich, dass es sich um eine rein subjektive Aussage handelt. Das ist aber auch ihr einziger Vorzug.

«Eigentlich ist es doch ganz einfach.»

Nein. Ist es nicht. Rein theoretisch wäre es zwar möglich, dass Sie einen einfachen Ausweg entdeckt haben, der den bisherigen Diskussionsteilnehmern komplett entgangen ist. Wesentlich wahrscheinlicher ist aber, dass Sie noch zu wenig über das Thema wissen. Kein Problem, über das erwachsene Menschen länger als eine halbe Stunde diskutieren, hat eine einfache Lösung. Eine andere Möglichkeit: Ihre Lösung ist zwar wirklich ganz einfach, aber dafür umso schwieriger umzusetzen: «Man bräuchte Israel einfach nur zweimal! Dann hätten die Palästinenser und die Israelis ihr eigenes!»

«Es kann doch nicht sein, dass ...»

Doch. Kann es doch. Dieses Argument bedeutet eigentlich «Ich möchte nicht, dass die Welt so eingerichtet ist, dass ...». Die Welt kümmert sich aber nicht in perfekter Fürsorglichkeit um das, was ihre Bewohner sich wünschen. Die Urheber von Werken, die einige Menschen sehr glücklich machen, können davon nicht immer leben. Ein funktionierendes Rechtssystem garantiert selbst in Ländern, in denen man sich aktiv darum bemüht, nicht in allen Fällen das Ergebnis, das alle Beteiligten als gerecht empfinden. Und das sind noch die Zustände in den gut eingerichteten Ländern. Anderswo kann es passieren, dass man nachts aus dem Bett geholt und an die Wand gestellt wird. Man hat gerade noch Zeit, «Aber es kann doch nicht sein, dass ...» zu sagen, dann wird man von einem auf mehrere hundert Meter pro Sekunde beschleunigten Metallstück darüber informiert, dass man gerade ein mäßig überzeugendes Argument gebraucht hat. Respekt vor dem, was alles SEIN KANN, führt zu größerer Achtung vor den gesellschaftlichen Leistungen, die hin und wieder trotzdem etwas einigermaßen Konstruktives geschehen lassen.

«Wer was anderes behauptet, ist dick!»

«EDV-Narren», so konnte man 1997 im *Spiegel* lesen, «genießen nicht nur den Kick beim Klick, sie sind durchweg tolerant, lebhaft und kommunikativ. Gestörte Geister hingegen finden sich vorzugsweise unter Elektronik-Muffeln. Einsame, gestresste und frustrierte Zeitgenossen neigen zum Misstrauen gegen die moderne Technik.» 1983 war am selben Ort das Gegenteil zu lesen gewesen: «Die Computer-Freaks sitzen nächtelang vor dem Bildschirm, haben kaum Kontakt zu ihrer Umwelt und lassen sich in Vorlesungen nur sporadisch blicken – entsprechend schlecht schneiden sie, obwohl häufig hochbegabt, bei den Examen ab. ... Angezogen vom Computer würden vornehmlich introvertierte Naturen, meint Reynolds, ‹weil der Umgang mit dem Gerät keine sozialen Konflikte erwarten lässt›.» Die Weltanschauung oder Lebensweise anderer Menschen wird aber nicht dadurch falsch, dass diese Menschen einsam, gestresst, frustriert, introvertiert, ängstlich, schlecht frisiert, arm oder hässlich sind.

2. Das Internet ist ein rotes Auto
Wie Metaphern und ihre Geschwister Diskussionen erschweren

ich sage ja, das internet ist wie ein übergewichtiger männlicher gogo-tänzer in güldenen paillettenhotpants.

@hormonlotto, Twitter, 3. Mai 2010

Irgendwo im Hinterkopf, in der Nähe der Sehrinde, ist die Mustererkennung im Gehirn angesiedelt. Sie ermöglichte es zum Beispiel, einen Säbelzahntiger auch dann als solchen zu erkennen, wenn er zum größten Teil vom Steppengras verdeckt war. Dieser Vorgang ist nachvollziehbarerweise für den schadensfreien Fortbestand des Körpers um das Gehirn herum so wichtig, dass dieses ab und zu erheblich übertreibt und Muster auch dort hineininterpretiert, wo eigentlich keine sind. Besser, man rennt dreimal vor dem tigerartigen Schatten eines Busches weg als einmal nicht vor dem buschartigen Schatten eines Tigers. Das kann sogar zu einer regelrechten Mustersucht des Gehirns führen, der Pareidolie, bei der jede Wolkenformation aussieht wie der späte Elvis (was in diesem speziellen Fall aber auch ein bisschen am späten Elvis liegen könnte).

Die Fixierung auf die Wiedererkennung von Mustern ist keine rein visuelle Angelegenheit, sondern gilt eigentlich für alle Arten von Reizen. Manchmal konnte man den Säbelzahntiger nämlich nur hören. Eine beliebige Wahrnehmung wird mit der Erinnerung abgeglichen, das Gehirn ergänzt dann die restlichen Informationen. Das passiert weitgehend automatisch, was ein weiterer Evolutionsvorteil ist, denn Mustererkennung geschieht andauernd im Hintergrund. Glücklicherweise. Denn obwohl Säbelzahntiger ausstarben, bevor die Wissenschaft so richtig in Gang kam, sind die meisten Paläontologen überzeugt, dass diese gefährlichen Raubtiere sich selten vorher schriftlich ankündigten. Sondern überraschend gerade dann in die Szenerie platzten, wenn es eigentlich nicht so richtig passte.

Das ständige Wahrnehmungspuzzeln des Gehirns bewährte sich so sehr, dass es ein wenig umgebaut ins Standardrepertoire der menschlichen Informationsverarbeitung aufgenommen wurde: Es handelt sich um die Assoziation. Als sich schließlich die Sprache entwickelte, bahnte sich die Mustererkennung auch darin ihren Weg. Das Gehirn gleicht alle neuen Reize mit bereits bekannten ab. So entstand der sprachliche Vergleich. Das gerade erst entdeckte X ist so ähnlich wie das schon bekannte Y. Vermutlich war das die Geburtsstunde der bekanntesten und beliebtesten Sprachfigur überhaupt, der Metapher. Der gewaltige, anhaltende Erfolg der Metapher ist in ihrer großen Benutzerfreundlichkeit begründet: Mit leicht zugekniffenen Augen lässt sich praktisch alles Neue mit ein, zwei Vergleichen in Grund und Boden erklären. Die ersten nach Europa gelangten Papageien nannte man «indische Raben», obwohl sie weder Raben waren noch aus Indien kamen, Giraffen wurden im alten Rom wie auch in Deutschland als «Kameloparden» bezeichnet, weil sie safariungeübten Augen offenbar wie eine Mischung aus Kamel und Leopard erschienen, und das Flusspferd muss bis heute mit einem holpernd dahinverglichenen Namen zurechtkommen.

Auch für das Internet spielte die Metapher von Beginn an eine große Rolle. Ganze metaphorische Welten wurden bemüht, um in den neunziger Jahren diese neuartige, digital vernetzte

Sphäre zu beschreiben. Die nautische Metaphorik zum Beispiel, die einen entscheidenden Schub bekam, als die Bibliothekarin Jean Armour Polly 1992 in der Juni-Ausgabe des *Wilson Library Bulletin* erstmals den Begriff «surfen» verwendete, um das Sich-Herumtreiben im Internet zu beschreiben. Polly hatte sich von einem Apple-Mousepad inspirieren lassen, auf dem ein Surfer auf einer Welle abgebildet war, darunter war «Information Surfer» zu lesen. In Deutschland wird für das Internet bis heute die Verkehrsmetaphorik mit am häufigsten verwendet. Ihren ersten großen Popularisierungsschub verdankte sie Helmut Kohl. Im März 1994 antwortete der damalige Bundeskanzler auf die Frage, was er in Sachen Datenautobahn zu tun gedenke, dass Autobahnen in Deutschland unter der Oberhoheit der Länder stünden. Datenautobahn war die schlichte Übersetzung von «Information Highway», ein Bild, das im US-Wahlkampf 1993 – Bush senior gegen Bill Clinton – größere Verbreitung gefunden hatte – nicht zuletzt, weil Clintons Vizepräsidentschaftskandidat Al Gore einen Anteil an der Entstehung des Internets in der heutigen Form hatte.[1]

Mit einer Metapher wie Datenautobahn entsteht um das Wort herum eine ganze Vorstellungswelt, die alle weiteren Gedanken zum gleichen Thema erheblich beeinflussen kann. Der Sprachphilosoph Ludwig Wittgenstein schrieb in seinen «Philosophischen Untersuchungen» in den 1940er Jahren: «Die Idee sitzt gleichsam als Brille auf unsrer Nase, und was wir ansehen, sehen wir durch sie. Wir kommen gar nicht auf den Gedanken, sie abzunehmen.» Zum Glück gibt Wittgenstein seinen Lesern schon ein paar Seiten später ein Mittel an die Hand, um mit diesem Problem umzugehen: «Die Philosophie ist ein Kampf gegen die Verhexung unsres Verstandes durch die Mittel unserer Sprache.»

Das einzige Mittel, um Diskussionen über das Internet führen zu können, ist also ein abgeschlossenes Philosophiestudium samt Promotion über – haha, nein, es geht natürlich auch unterhaltsamer und weniger zeitaufwendig, zum Beispiel durch das Lesen dieses Buchs. Um sich gegen die metaphorische Verhexung des Verstandes zur Wehr setzen zu können, muss man zunächst begreifen, dass Sprachbilder die Einstiegsdroge der Welterklärung sind, auch zur Erklärung des Internets: Am Anfang fühlt es sich super an, aber wenn man nicht höllisch aufpasst, kommt man nicht mehr davon los. Für erste, tastende Schritte des Verstehens eignen sich Metaphern gut. Das Problem entsteht, wenn man sich nach diesen ersten Verständnisschritten nicht davon löst. Dann treten sich Metaphern wie Kaugummi im Teppich des Gehirns fest, egal wie beknackt sie sind[2]. Schließlich diskutiert man keine konkreten Probleme mehr, sondern nur noch ihre metaphorischen Ableitungen – und metaphorische Diskussionen finden immer in Teufels Küche statt. Entgegen der anderslautenden Kapitelüberschrift ist das Internet nämlich nicht nur kein rotes Auto, sondern überhaupt gar kein Auto.

Als 2009 die hitzige Netzsperrendebatte[3] in vollem Gange war, kam das Bild des Stoppschilds auf. Die Wirkmacht dieser Metapher war so groß, dass sogar vorgeschlagen wurde, im Netz konkret ein Stoppschild zu zeigen, falls eine Seite gesperrt würde. Weil Netzsperren in den Medien als Stoppschilder dargestellt wurden – da so etwas wie eine Netzsperre ja eigentlich gar nicht darstellbar ist –, kam der naheliegende Gedanke auf: Im Straßenverkehr ist ein Stoppschild sinnvoll und notwendig – wieso sollte dann ein Stoppschild im Internet schädlich sein?* Auf diese Weise sind Metaphern auch

* Dass die Metapher noch dazu so schief ist wie ein im Dunkeln aufgebautes Ikea-Regal, fällt auf, wenn man sich den Sinn eines Stoppschilds vergegenwärtigt: anhalten, umschauen und dann weiterfahren, und zwar genau dorthin, wo man eigentlich hinwollte. Das erscheint nicht unbedingt wie das damals mit Netzsperren angestrebte Ziel.

immer wirkungsvolle Instrumente der Beeinflussung durch Public Relations. Jack Valenti, der langjährige Chef des US-Filmverbandes MPAA (Motion Picture Association of America), hatte in den 1970er Jahren im Kampf Hollywoods gegen den Videorecorder eines der berühmtesten Sprachbilder der Lobbyismus-Geschichte entwickelt: «Der Videorecorder ist für amerikanische Filmproduzenten und die amerikanische Öffentlichkeit, was der Würger von Boston für die alleinstehende Frau ist.»

Besonders die Debatte um Urheber- und Verwertungsrechte im Internet (siehe Kapitel 14) wird derart metaphern-durchtränkt geführt, dass allein die Begriffe schon ein Weltbild samt Universallösung installieren, noch bevor das erste Argument ausgetauscht ist. Denn jemand, der Metaphern verwendet, kann gezielt die Abwägung zwischen Für und Wider erschweren. Die Liste der Vorteile des Würgers von Boston ist eben ausgesprochen überschaubar. Eine geschickt gewählte Metapher kann einer Seite die Deutungshoheit über den ganzen Diskurs verschaffen; ganz nebenbei fließt auch noch eine Bewertung ein: Piraterie, Raubkopie, Contentmafia. So wird ein einzelnes Wort zum moralischen Kriterium und seine Verwendung automatisch zu einer Wertung, die der Diskussion im Weg steht. Der Begriff «Raubkopie» hört sich zwar für die meisten Ohren recht normal an – aber tatsächlich rückt er den nicht gerade gewalttätigen Akt des Kopierens metaphorisch auf die Ebene eines Gewaltverbrechens. Umgekehrt ist aufseiten derer, die eine Urheberrechtsreform fordern, oft die Beschimpfung «Contentmafia» zu hören. Gemeint sind damit Inhalteverwerter und damit mehr oder weniger alle, die von der Einräumung von Nutzungsrechten leben, speziell aber diejenigen, die auch versuchen, diese Rechte im Netz juristisch durchzusetzen. Es liegt nahe, dass die Verwendung solcher Begriffe eher zur

Frontenverhärtung führt als zur Annäherung an eine Lösung.

Mit der Wahl einer Metapher wählt man auch aus, welche Bereiche des Internets man besonders hervorhebt und wichtig findet und welche man ausblendet. Die Verkehrsmetapher verstärkt zum Beispiel das Bild einer Infrastruktur, die dringend der Regelung bedarf und sich wohl auch auf eine Art regeln lässt, die von den meisten Bürgern als hilfreich und sogar notwendig betrachtet wird; schließlich geht es ja auch im Kraftverkehr nicht ohne klare Regeln. Sie drängt aber gleichzeitig die Tatsache in den Hintergrund, dass im Internet keine dinglichen Bewegungen stattfinden und dass von jedem im Netz verbreiteten Inhalt automatisch eine verlustfreie Kopie auf dem Zielrechner erstellt wird. Was nicht innerhalb der Metapher abgebildet werden kann, wird ausgeblendet und fällt oft ersatzlos weg. «Die Grenzen meiner Sprache bedeuten die Grenzen meiner Welt», sagte Wittgenstein, und das gilt nicht nur für die Sprache insgesamt, sondern auch für die kleinen Sprachwelten, die Metaphern erschaffen. Sprachbilder verführen also nicht nur zu falschen kausalen Schlussfolgerungen, sie enthalten nicht nur oft eine wenig zielführende Wertung. Sie machen auch blind für alles, was in der jeweiligen Sprachbildwelt nicht vorhanden ist. Metaphern taugen deshalb allenfalls zur Heranführung an eine neue Thematik, für erste Annäherungen. Dann aber müssen sie aufgebrochen, variiert oder besser noch ganz vermieden werden.

Das, was Metaphern im Detail tun, bewirkt ein anderes Mittel unserer Sprache im Großen: Als Narrative bezeichnet man anekdotische Zusammenhänge und Behauptungen, Minigeschichten, die oft weitererzählt und dabei leicht variiert werden. In einer deliberativen Demokratie, also einer Demokratie, an deren Gestaltung sich die Bürger nicht nur über

Wahlen, sondern auch durch die Diskussion der politischen Themen beteiligen, sind Erzählungen nichts grundsätzlich Schlechtes. Mit Narrativen finden auch Erfahrungen, Gruppenüberzeugungen und Gefühle einen Platz in der Politik. Es kommt deshalb darauf an, *wie* Narrative verwendet werden. Wenn sie zur Illustration oder als Anregung dienen, können sie eine sinnvolle Ergänzung im politischen Diskurs darstellen. Fungieren sie dagegen als Tatsachenbehauptung oder als narrative Aufforderung, können sie sich verselbständigen. Franz Josef Strauß' Diktum von 1986, «Rechts von der CSU darf es keine demokratisch legitimierte Partei geben!», war ein Narrativ, das als konkrete politische Vorgabe wirkte. Es schillerte ambivalent und diente sowohl als Abgrenzung gegenüber der rechtsradikalen Partei «Die Republikaner» wie auch zur Legitimation ultrarechter Strömungen innerhalb der CSU. Es gibt viele andere Beispiele: «Die Rente ist sicher», «Ohne Atomstrom gehen in Deutschland die Lichter aus», das Kürzestnarrativ «Freiheit statt Sozialismus» – Narrative beeinflussten die bundesdeutsche Politik von Anbeginn. Eins der plumpesten, aber auch lustigsten politischen Nachkriegsnarrative gab Erich Honecker im Spätsommer 1989, drei Monate vor dem Zusammenbruch der DDR, von sich: «Den Sozialismus in seinem Lauf halten weder Ochs noch Esel auf.»

In diesem Fall ist das hervorstechende Merkmal von Narrativen deutlich erkennbar: Es handelt sich um rein erzählerische Konstruktionen, nachprüfbare Fakten spielen kaum eine Rolle. Narrative mögen sich zwar wahr anfühlen, sie müssen aber nicht wahr sein. Sie veranschaulichen einen persönlichen Eindruck und verdichten sich durch jede Wiederholung und erneute Erzählung. Der französische Philosoph Roland Barthes nannte die textlichen und bildlichen Phänomene, die die Gesellschaft prägen, die *Mythen des Alltags*. In seinem Buch von 1964 findet sich ein Satz, der auch das

Problem der Narrative auf den Punkt bringt: «[Das] Prinzip des Mythos: er verwandelt Geschichte in Natur.» In einer Diskussion funktionieren Narrative sehr ähnlich. Sie verwandeln Erzählungen in (gefühlte) Tatsachen. Sie kaschieren die Unterschiede zwischen subjektiven Eindrücken und Anekdoten – und messbaren Fakten oder beweisbaren, verallgemeinerbaren Zusammenhängen. Wer sich in Diskussionen von Narrativen leiten lässt, argumentiert unsachlich, ohne es zu bemerken.

Ein häufiges Narrativ lautet: *Anonymität im Internet verschlechtert die Qualität der Diskussion.* Wie die meisten Narrative tritt auch dieses Scheinargument in vielen Farben und Formen auf, so soll die Anonymität etwa am Gepöbel von Trollen oder am Mobbing schuld sein. In der Realität trifft diese simple, kausale Verkettung in dieser Form nicht zu. Im Mai 2012 stellten Wissenschaftler der Eidgenössischen Technischen Fachhochschule Zürich eine Studie über anonyme Chats vor, für die sie mehr als zweieinhalb Millionen Äußerungen ausgewertet hatten. Sie kommen zum Schluss, dass das Verhalten im Chat trotz Anonymität den Sitten in anderen, nicht anonymen Kommunikationskanälen stark ähnelt. So sei der Anteil der negativen Kommentare sehr gering, selbst Antworten auf die übelmeinenden Beiträge von «Stänkerern» fielen eher positiv aus. Die Forscher gehen deshalb davon aus, dass sich Menschen auch im Schutz der Anonymität weitestgehend an soziale Normen halten. Eine statistische Auswertung von Disqus – mit sechshundert Millionen monatlichen Nutzern eine der meistgenutzten Kommentarplattformen im Netz – ergab Anfang 2012, dass sowohl anonyme und pseudonyme Kommentare wie auch Kommentare unter Echtnamen konstant etwa zehn Prozent negative Äußerungen enthalten. Die Pseudonymnutzer allerdings hinterließen um ein Vielfaches mehr Kommentare und trugen damit entscheidend zu den Diskussionen bei. Zudem halten auch Klarnamen im Netz unangenehme Leute kaum davon ab, unangenehm zu sein. *FAZ*-Herausgeber Frank Schirrmacher twitterte im April 2012: «Nicht die Anonymität, sondern der ansteigende Grad der NICHT-anonymen Hass-Kommentare und -Mails, von Sarrazin bis Grass, ist beunruhigend.»

Anfang 2010 legte eine Facebook-Gruppe schnell an Anhängern zu, die die Wiederinbetriebnahme des Konzentrationslagers Mauthausen forderte[4]. Sie kam auf über 11 000 Mitglieder, bevor sie gelöscht wurde. Ohnehin tritt die überwiegende Mehrheit der Facebooknutzer unter ihrem echten Namen auf, so auch in dieser Gruppe. Die Situation ist also komplizierter, als das Anonymitäts-Narrativ glauben lässt. Es gibt sowohl weitverbreitetes anonymes und pseudonymes Wohlverhalten im Internet wie auch schwer erträgliches Verhalten unter Klarnamen. Trotzdem wird immer wieder argumentiert, dass die Abschaffung der Netz-Anonymität gewiss auch das Ende problematischer Nutzerbeiträge oder gar noch schlimmerer Dinge mit sich bringen werde. Nach dem terroristischen Massenmord von Anders Breivik in Norwegen forderte Bundesinnenminister Friedrich im August 2011 laut *Spiegel* das Ende der Anonymität im Internet. Er implizierte damit, dass sich solche Verbrechen so in Zukunft verhindern oder zumindest erschweren ließen: «In der demokratischen Auseinandersetzung streiten wir mit offenem Visier auf Basis unserer verfassungsmäßigen Spielregeln. Warum sollte das im Internet anders sein? Ich weiß, dass mir das in der Netzgemeinde wüste Beschimpfungen einbringen wird, aber warum müssen Fjordman[5] und andere anonyme Blogger ihre wahre Identität nicht offenbaren?»

Und nicht nur politische Entscheider folgen Narrativen, ohne je nach ihrer Richtigkeit zu fragen. Vic Gundotra, Chef des sozialen Netzwerks Google+, hatte in dessen Anfangsphase einen Zwang zum Klarnamen eingeführt, «damit hier ein positiver Umgangston herrscht». Friedrich und Gundotra verkörpern, davon darf man ausgehen, entgegengesetzte Pole der Internetnutzung – und doch argumentieren beide mit einem ähnlichen, falschen Narrativ. Solche verkehrten Kurzerzählungen sind also keineswegs netzferneren Leuten vorbehalten, im Gegenteil. Ein anderes netzoptimistisches Narrativ lautet zum Beispiel: «Das Internet verbessert die Welt.» Über diesen Satz könnte man ganze Bücher schreiben, wenn man nichts Besseres zu tun hätte. «Das Internet vergisst nichts» wäre ein Beispiel für ein Narrativ, das zwar relativ wertneutral daherkommt, aber trotzdem wenig mit den Fakten zu tun hat.

Es gibt auch Narrative, die sich von beiden Seiten betrachten lassen, die also je nach Perspektive eher internetbegeistert oder -skeptisch daherkommen. In der 1996er «Unabhängigkeitserklärung des Cyberspace» des technolibertären Aktivisten John Perry Barlow, die als eines der ersten Internet-Manifeste gilt, findet sich der Satz: «Eure Rechtsvorstellungen von Eigentum, Redefreiheit, Persönlichkeit, Freizügigkeit und Kontext treffen auf uns [die Bewohner des Cyberspace] nicht zu.» Fünfzehn Jahre später bekommen ebenjene Bewohner des Cyberspace Muskelzuckungen im Gesicht, wenn das ins Negative gewendete Barlow'sche Narrativ in Diskussionen auftaucht: «Das Internet darf kein rechtsfreier Raum sein!», das Ausrufezeichen hörbar mitgesprochen als Zeichen staatsbürgerlicher Empörung. Das Argument anzuführen, gilt als Zeichen der Ahnungslosigkeit.

Narrative sind immer auch Verkürzungen, und als solche verleiten sie dazu, selbst für komplexe Probleme einfache Lösungen anzubieten. «Killerspiele machen aus harmlosen Kindern massenmordende Amokläufer» ist eine solche anekdotische Erzählung. In der Tat gehört es zu den politischen

Folgeritualen von Amokläufen, sofortiges Verbot von «Killerspielen» zu fordern – entgegen dem aktuellen Forschungsstand. Schon der Begriff «Killerspiel» ist für sich genommen eine extrem verdichtete Narration, ein sogenanntes Mem. Richard Dawkins schlug dieses Kunstwort 1976 vor, er prägte damit einen linguistischen Begriff, der die Verbreitung von Ideen und Gedankengängen nach dem Beispiel von Genen veranschaulicht. Meme sind demnach kleine weitererzählbare Sinneinheiten, aus denen größere Narrative gebildet werden. Darin liegt eine Gefahr von Narrativen: Sie werden selten hinterfragt, weil man sie schon so oft gehört hat. Auch die Gewöhnung an eine Behauptung ist eine Form von Wahrheit – von gefühlter Wahrheit allerdings. Dabei kann kausal verbunden werden, was vielleicht zusammengehört oder auch nicht.

Zu solchen selbstverknüpften Kausalitäten gehört die Verschwörungstheorie, die so empörungsentzündlich wirkt wie Napalm auf einem trockenen Reisighaufen. Auf der Netzkonferenz re:publica 2010 wies der Autor Daniel Kulla darauf hin, dass sich Verschwörungstheorien nicht zwingend um Aliens, die CIA oder die Illuminaten drehen müssen – sondern überall dort zu finden sind, wo naheliegende oder absichtlich geweckte Assoziationen zu Beweisen werden. Kulla zufolge ist sogar eines der erfolgreichsten Meme der deutschen Internet-Szene, der Name «Zensursula»[6], bereits verschwörungstheoretisches Denken. Dieses Kofferwort aus *Zensur* und *Ursula* (von der Leyen) weist in seiner Kürze gleich zwei typische Merkmale von Verschwörungstheorien auf: zum einen die Fokussierung einer politischen Debatte auf nur eine Person, zum anderen die Unterstellung, dass es – anders als öffentlich erklärt – eigentlich um den Wunsch nach Zensur gehe.

Verschwörungstheorien sind Narrative zum Selberzusammensetzen, ein Erzählungspuzzle, in dem assoziativ verbunden wird, was man vorher herbeigeahnt hat. Auch netzkompetente, sich für mündig haltende Bürger sind anfällig für verschwörungstheoretisches Denken, weil es eine Möglichkeit darstellt, ohne fachliche Kompetenz Informationsbrocken und komplexe Narrative zu verarbeiten. Wahrscheinlich kann das Netz sogar besonders dazu beitragen, Verschwörungstheorien zu entwickeln und zu verbreiten, weil sich darin wirklich jede Information und Meinung wie auch deren Gegenteil finden lässt. Den Rest erledigt die selektive Wahrnehmung des verschwörungsaffinen Netznutzers. Sie blendet inkompatible Informationen aus und setzt die passenden zum Wunschmosaik der gefühlten Realität zusammen. Aber natürlich ist nicht jede geäußerte Ahnung gleich ein Hinweis auf einen Hut aus Alufolie[7].

Assoziationen und Vermutungen wirken zunächst noch bereichernd, weil sie alte Gewissheiten erschüttern und die Datenbasis erweitern. Sie können aber leicht ins Verschwörungstheoretische kippen, wenn sie zu selektiv unter Ausblendung von Gegenargumenten aufeinandergeschichtet werden. Vielleicht eignet sich die Unterscheidung zwischen der guten und der bedenklichen Assoziation auch als Handlungsempfehlung für den Umgang mit Metaphern und Narrativen, mit Sprache und Wissen überhaupt. Denn natürlich wäre es utopisch, diese Denkmuster aus den Diskussionen vollkommen verbannen zu wollen. Zu tief sind sie im Sprachalltag verankert und zu gut funktionieren sie bei der Verbreitung von Inhalten sowie im rhetorischen Nahkampf. Insbesondere die Kombination von Narrativen und bewährten Erzählelementen entfaltet größte Wirksamkeit. Das Bild vom «David gegen Goliath» etwa hat immer das Zeug dazu, die Zuhörer zu aktivieren: Denn wer wollte einem guten, kleinen David nicht im Kampf gegen den übermächtigen Goliath helfen? Das alles macht es sehr unwahrscheinlich, dass die

Internet-Diskussion der nächsten Jahre ganz ohne Metaphern und Narrative auskommt.

Die Zivilisation hat dem Menschen allerdings durch jahrtausendelanges, geduldiges Ausprobieren Mittel an die Hand gegeben, auch mit potenziellen Gefahrengütern umzugehen. Wie die jüngere Erziehungsforschung ergeben hat, sind kategorische Verbote für Messer, Schere, Feuer, Licht für Kinder ab einem bestimmten Alter kaum mehr sinnvoll. Besser, man erklärt die Vorteile und auch, was alles Schlimmes passieren kann. Anschließend hofft man das Beste. In einer Zeit, in der mit Lifelong Learning die Frage der Medienerziehung nicht mehr altersgebunden ist, steht hier daher nur: Vorsicht mit der Metapher und ihren Geschwistern! In Diskussionen sind Metaphern so gefährlich, wie mit verbundenen Augen auf einem Einrad im Löwenkäfig brennende Kettensägen zu jonglieren.

Bedienungsanleitung für Metaphern und Narrative

1. Man setze Metaphern nur sparsam und risikobewusst ein, so vorsichtig wie Chili in der Tomatensoße. Und danach nicht mit den Fingern in die Augen.
2. Zur Erklärung von Sachverhalten sind Metaphern erlaubt, für Begründungen aber verboten. Wo man beides nicht voneinander trennen kann, unterlasse man ihre Verwendung.
3. Je stimmiger eine Metapher, desto größer ist die Gefahr, dass man glaubt, man könne damit die ganze Welt erklären. Man sei also misstrauisch gegenüber perfekt frisierten Metaphern.
4. Wenn schon Metaphern, dann so wertungsfrei wie möglich. Den Diskussionspartner per Sprachbild zum Vollidioten, zum Verbrecher oder zu Hitler zu machen, empfiehlt sich nur dann, wenn man Interesse an einer diskursiven Sackgasse hat oder möglichst schnell und nachhaltig ein politisches Amt loswerden möchte (unwahrscheinliche Ausnahme: wenn man mit Hitler diskutiert).

5. Narrative beweisen nichts. (Leider ist dieser Satz in dieser Absolutheit auch eine Art Narrativ, aber er stimmt trotzdem. Wirklich.)
6. Wenn ein neues anekdotenhaftes Argument auftaucht, das genauso aussieht, wie man es selbst am allerliebsten hätte, begegne man ihm mit Misstrauen. Der Wunsch ist nicht nur Vater des Gedankens, sondern auch die Mutter aller Narrative.

Die hundert verschrobensten Internet-Vergleiche

«Das Internet ist wie eine Welle. Entweder man lernt darin zu schwimmen, oder man geht unter.» (Bill Gates, Philanthrop, früherer Gegenspieler von Steve Jobs)

«Das Internet ist wie Europa.»
(Brigitte Zypries, ehemalige Bundesjustizministerin)

«Das Internet ist wie Radioaktivität: Einmal freigesetzt, ist es kaum wieder einzudämmen.»
(Orville Schell, emeritierter Journalistik-Professor an der Universität Berkeley)

«Das Internet ist wie das Feuer: Es hat positiv und negativ viele Potenziale.»
(Rolf Schwartmann, Professor für Medienrecht an der Fachhochschule Köln)

«Das Internet ist wie ein Sauerstofflieferant für die Oppositionellen.»
(Ekkart Zimmermann, Professor für Vergleichende Revolutionsforschung an der TU Dresden)

«Derzeit ist das Internet wie ein Parkhaus mit zwei Schranken, die beide geöffnet sind. In Zukunft wird nur mehr eine oben sein. Bei der anderen muss man eine Münze einwerfen.»

(Dietmar Wolff, Hauptgeschäftsführer des Bundesverbandes Deutscher Zeitungsverleger)

«Das Internet ist wie ein Eisberg.»

(24-Stunden-PC-Notdienst pc-muenster.de)

«Das Internet ist wie eine riesige Stadt, voll von unterschiedlichen Zonen und Menschen.»

(aus dem Eltern-Leitfaden für sicheres Surfen von disney.dc)

«[Wir brauchen] – allem voran für den Abenteuerspielplatz Internet – wirksame Schutzmechanismen und Regeln, an die sich Anbieter halten müssen.»

(Siegfried Schneider, Vorsitzender der Kommission für Jugendmedienschutz)

«Das Internet ist ein Kopierapparat.»

(Kevin Kelly, *Wired*-Mitgründer, Technologievisionär, Autor)

«Das Internet ist wie ein weites, neues Land, das immer mehr Menschen mit Homepages besiedeln.»

(Johannes Gernert in der *taz* vom 19. Mai ~~1995~~ 2012)

«Das Internet ist wie Wasser und wird sich seinen Weg suchen und finden.»

(Eric Schmidt, Aufsichtsratsvorsitzender von Google)

«Das Internet ist wie ein Zombie: Es frisst Gehirne. Sagt die Wissenschaft.»

(Patrick Beuth in der *Frankfurter Rundschau* vom 22. Juni 2011)

«Das Internet ist wie Teletext … auf LSD.»

(Alex Hoban im *VICE Magazine* im November 2011)

«Das Internet ist wie eine Wundertüte: Man weiß nie, was wirklich drin ist, wenn man auf einen Link klickt.»

(*Chip Online*, Artikel vom 6. Mai 2012)

«Das Internet ist wie eine ganze Bibliothek im Wohnzimmer.»

(Hans-Peter Friedrich, Bundesminister des Innern)

«Das Internet ist wie ein Dschungel.»

(*Schaumburger Wochenblatt* in einem Artikel vom 15. März 2012)

«Herr Präsident, das Internet ist wie die Fabeln des Äsop gleichzeitig ein Werkzeug Gottes und des Teufels.»

(Standardübersetzungsbeispiel auf der Sprachplattform bab.la)

«Das Internet ist wie ein Hund, der immer da ist.»

(Breger, DJ und Musikproduzent aus dem Ruhrgebiet)

«Das Internet ist ein bisschen wie eine Religion.»

(Cass Sunstein, Professor für Rechtswissenschaft und Berater für Barack Obama)

«Das Internet als Gesellschaftsbetriebssystem»

(Titel eines Vortrags von Gunter Dueck, ehemaliger CTO von IBM Deutschland)

«Moment: ‹Das Internet ist ein 3-beiniger Wombat im Bikini› So. Jetzt sind wirklich alle Internet-Vergleiche gemacht worden.»

(Sascha Lobo, Twitter, 3. Mai 2010)

3. Das missverstandene Neue
Vom Umgang mit Erfindungen und Entwicklungen

Edison's Electric Light, Conflicting Statements As To Its Utility
Überschrift auf der ersten Seite der New York Times *vom 28. Dezember 1879*

Es ist ganz leicht, mit Behauptungen über das Neue danebenzuliegen. «Dummes Zeug», schrieb Generalpostmeister Carl Ferdinand Friedrich von Nagler 1838 über die erste preußische Bahn von Berlin nach Potsdam, «ich lasse täglich diverse Sechssitzposten nach Potsdam gehen und es sitzt niemand darin. Die Leute sollten ihr Geld lieber zum Fenster hinauswerfen, ehe sie es zu einem so unsinnigen Unternehmen hingeben.» Wenige Jahrzehnte später konnte sich US-Präsident Rutherford B. Hayes nicht vorstellen, dass irgendjemand das Telefon nutzen wollen würde. Lord Kitchener hielt die ersten Panzer für «ein nettes mechanisches Spielzeug». Der Flugpionier Octave Chanute sagte dem Flugzeug eine Karriere als reines Sportgerät voraus. Peter Härtling behauptete, er könne «die Prosa eines mit dem PC arbeitenden Poeten» daran erkennen, «dass sie unmerklich die Furcht vor dem Absturz prägt». Ines Uusmann, eine schwedische Ministerin für Verkehr und Kommunikation, hielt das Internet für «eine Mode, die vielleicht wieder vorbeigeht», und der britische Unternehmer Sir Alan Sugar prophezeite im Februar 2005, bis Weihnachten sei der iPod «dead, finished, gone, kaput».[1]

Gleichzeitig florieren auch die Verheißungen, was das Neue mit sich bringen wird. Ob sie ebenso häufig auftreten wie die pessimistischen Voraussagen, soll eines Tages ein geduldiger

Doktorand nachzählen, jedenfalls aber herrscht auch an übergroßem Optimismus kein Mangel. «Es ist derselbe Zug, dieselbe Kraft, die Große und Kleine, Reiche und Arme befördert», schrieb der französische Wirtschaftstheoretiker Constantin Pecqueur 1837, «daher werden die Eisenbahnen im Allgemeinen als ein unermüdlicher Lehrmeister der Gleichheit und der Brüderlichkeit wirken.» Heute gibt es wenige Orte, über die mit so unbrüderlichen Gefühlen gesprochen wird wie die Großraumabteile der Bahn. Der britische Botschafter in den USA, Edward Thornton, war seinerzeit zuversichtlich, dass die Telegraphie nichts Geringeres als den Weltfrieden herbeiführen werde, dasselbe erhoffte Alfred Nobel sich vom Dynamit, Hiram Maxim vom Maschinengewehr, der oben zitierte Octave Chanute vom Flugzeug, Jules Verne vom U-Boot, Guglielmo Marconi und General James Harbord vom Radio, Henry Ford vom Auto, Thomas Hutchinson vom Fernsehen, US-Senator Lyndon B. Johnson von der bemannten Raumfahrt und Nicholas Negroponte vom Internet.

Diese überoptimistischen Prophezeiungen wiederum ärgern Menschen, die es eigentlich besser wissen müssten, so sehr, dass sie schon allein zum Ausgleich das Gegenteil behaupten. So zum Beispiel der damals durchaus interneterfahrene Clifford Stoll im Jahr 1995 in einem *Newsweek*-Artikel mit dem schönen Titel «The Internet? Bah!»:

«Und das elektronische Publizieren? Lesen Sie mal ein Buch auf CD-ROM. Im besten Fall ist es harte Arbeit: ein klobiger, kurzsichtig glimmender Computer ersetzt die freundliche Buchseite. Und man kann den Laptop nicht zum Strand schleppen. Nicholas Negroponte, Leiter des MIT Media Lab, sagt trotzdem voraus, dass wir bald Bücher und Zeitungen direkt im Internet kaufen werden. Na klar. (...) Wie kommt es, dass meine Shoppingmall vor der Haustür an einem Nachmittag mehr Umsatz macht als das gesamte Internet in einem

Monat? Selbst wenn es eine vertrauenswürdige Methode gäbe, Geld über das Internet zu versenden – es gibt keine –, fehlt dem Netzwerk einfach eine der wesentlichen Grundlagen des Kapitalismus: Verkäufer.»

Ein Großteil dieser Ängste und Hoffnungen ist recht haltbar und lässt sich immer wieder recyceln. Die Skeptiker befürchten das Ende sozialer Praktiken, Fähigkeiten, Traditionen, Werte, Autoritäten oder Geschäftsmodelle. Die Optimisten erwarten Freiheit, Gleichheit, Brüderlichkeit, den Weltfrieden, eine Vereinfachung bisher mühsamer Tätigkeiten, das Ende der Knappheit, Rede- und Meinungsfreiheit und gern auch die Überwindung des Todes[2]. Die Werte und Institutionen, an denen das Herz der Skeptiker hängt, müssen sich anpassen oder verschwinden. Es ist schließlich für einen guten Zweck.

Es passiert in den besten Expertenfamilien

Als Clifford Stolls zitierter Beitrag im Jahr 2010 bei boingboing.net wieder einmal unter Gelächter vom Dachboden geholt wurde, nahm der Autor in einem Kommentar Stellung:
«Ich habe mir viele Fehler, Ausrutscher und Blamagen geleistet, aber nur wenige davon sind so bekannt geworden wie meine Blamage von 1995. Daneben? O ja. Ich wollte damals der Flut futuristischer Kommentare zum Thema ‹Wie das Internet unsere Probleme lösen wird› etwas entgegensetzen. Das gibt mir jetzt zu denken. Meine Fehlleistungen waren meistens nicht sehr öffentlich: Der vergessene Text der Schultheateraufführung in der vierten Klasse. Der verwechselte ‹Gilbert and Sullivan›-Song, als ich überraschend als Ansager im Klassikradio einspringen musste. Eine Woche habe ich nach Planeten zwischen Merkur und Sonne gesucht, mit einem derart verrauschten Infrarotsystem, dass nichts dabei herauskommen konnte. Ach ja, und dann der Versuch, meine Turnschuhe in der Mikrowelle zu trocknen

(der Fleck an der Küchendecke ist auch ein Vierteljahrhundert später noch zu sehen). Ich lache über die Schwächen anderer und denke an eigene peinliche Fehlleistungen zurück. Wenn ich heute glaube, den Durchblick zu haben, dann sage ich mir: Vielleicht auch nicht, Cliff ...
Schöne Grüße an alle
Cliff Stoll, an einem verregneten Freitagnachmittag in Oakland

Von WIRED-Herausgeber Kevin Kelly gibt es einen Blogbeitrag mit dem Titel «Digital Things I've Been Wrong About»: 1990 hielt er Photoshop für einen Witz, Tintenstrahldrucker für nicht sehr aussichtsreich, Mitte der Neunziger das Spiel «Die Sims» für einen sicheren Flop. «Mein Eindruck von eBay im ersten Jahr war der eines Produkts für eine winzige Nische, nützlich nur für die Besessenen, die jedes Wochenende zehn Garage Sales besuchten. Auktionen waren was für Fanatiker. Das war so falsch, dass es nicht mal mehr lustig ist. (...)
Leider kann ich in meinen Fehleinschätzungen kein Muster entdecken. In manchen Fällen habe ich Verbesserungen und Fortschritte nicht vorhergesehen, die aus einer kümmerlichen ersten Version später ein wirklich cooles Tool machten. In anderen Fällen habe ich Fortschritte vorhergesehen, die ausgeblieben sind.
Wenn ich wüsste, welche Erfindungen sich durchsetzen werden, wäre ich Milliardär. Genau wie Sie.»

Die Anlässe für diese Aussagen wechseln. In den frühen achtziger Jahren ging es etwa um die Frage, wie man auf Computer am Arbeitsplatz reagieren solle. Die Grünen beschlossen, in ihren Büros keine Computer zuzulassen, um Arbeitsplätze zu schützen. Christian Y. Schmidt, Autor und Senior Consultant der Zentralen Intelligenz Agentur, berichtete 2004 in der *jungle world*: «Computer waren für uns Teufelszeug, so wie Pornographie. Computer waren die Vorstufe zu 1984. Computer und die Breitbandverkabelung. Da gab's nur eins: Angreifen und zerstören. Der einzige Rechner, dem ich damals immer wieder begegnete, war der in der Unibibliothek. Ich weiß noch, wie ich Blödmann mir jedes Mal, wenn ich mir Bücher ausgeliehen habe, überlegte, wie man die Anlage wohl sabotieren könnte. Es gab Broschüren, da standen Tipps drin. Zum Beispiel: Kaffee über den Rechner schütten und es wie ein Versehen aussehen lassen. Zig Mal habe ich mir vorgestellt, wie ich den Bibliothekscomputer mit einem Kaffeebecher lahm lege. Die Schwierigkeit war nur, Kaffee in die Bibliothek zu bringen. Das war nämlich verboten. Dazu stand nichts in der Broschüre, und deshalb hat der Bibliothekscomputer auch überlebt. Aber das muss man sich mal vorstellen: Einen Bibliothekscomputer zu zerstören galt damals als fortschrittlich.»

In den neunziger Jahren entzündete sich der eine oder andere Streit an der Tatsache, dass das Internet auch unanständige Texte und Abbildungen enthielt (keine Videos allerdings, die passten noch nicht hinein). Die Zeitschrift *Emma* deckte einen «Porno-Skandal» auf, der darin bestand, dass Männer an den Universitäten die Newsgroups des Usenet zum Konsum von Pornographie nutzten. Die Verheißungen und Bedrohungen des zukünftigen «Cybersex» wurden in vielen Zeitungsartikeln erforscht: «Während die Ehe als Lebensform zerbröckelt, arbeitet die High-Tech-Industrie am partnerlosen Glückssurrogat: Cybersex – virtuelle Erotik mit dem Computer», hieß es 1993 im *Spiegel*. Schon bald würden dem Cyberspace «chipgesteuerte Wunschpartner entsteigen: fühlbar, hörbar, betörend schön, immer willig und auf alle heimlichen Wünsche programmierbar», das saugende und knetende Equipment sollte «bis 1995 verkaufsreif» sein.

Gleichzeitig war Computernutzung der sichere Weg in die soziale Vereinsamung, die Aussage «wir kennen uns aus dem Internet» löste noch bis in die frühen nuller Jahre Irritationen aus. Die Vorstellung, Mitfahrgelegenheiten, WG-Mitbewohner, Beziehungs- oder Wohnungstauschpartner im Netz zu finden, war auch vielen erfahrenen Nutzern suspekt. Am Beispiel von AOL wurde die unmittelbar bevorstehende Ersetzung des freien Internets durch eine Art beaufsichtigten Vergnügungspark diskutiert. Die Ende der neunziger Jahre angekündigten «Set-Top-Boxen», mit deren Hilfe man das Internet ganz ohne Computer auf dem Fernseher betrachten, aber natürlich nichts hineinschreiben können sollte, verhießen das baldige Ende des Mitmachmediums.

So ähnlich geht das bei jeder Neuerung eine Weile, dann lassen Warnungen wie Versprechungen wieder nach. Das ehemals Neue löst keine Kontroversen mehr aus, mal wird es zur Kunstform, mal einfach zum Alltag. Dahinter stecken Gewöhnung an den Anblick und eigene Nutzungserfahrungen. Das bedeutet nicht etwa, dass das Neue seine Harmlosigkeit in einer Art wissenschaftlicher Evaluation unter Beweis stellt und verworfen wird, wenn es sich nicht bewährt. Der Historiker Wolfgang Schivelbusch schreibt: «Man kann den Vorgang der Gewöhnung der Menschen an neue technische Apparaturen, die sie zunächst mit Misstrauen und Angst erfüllen, geradezu als Prozess der Angstverdrängung, oder neutraler: des Angstschwunds charakterisieren.» Sein Beispiel war dabei nicht der Computer, sondern die Einführung der Eisenbahn[3]. Die Auslöser der Angst werden jedoch nicht vollständig abgeschafft, sondern nur «für das Empfinden abgepolstert». Der Reisende fühlt sich sicher, «weil er vergessen hat, wie beunruhigend eigentlich die technische Apparatur immer noch ist, wie gewaltig und potentiell destruktiv die in ihr gebundenen Energiemassen. Dies Vergessen ist möglich, weil die technische Apparatur dabei hilft, indem sie alle ihre ursprünglich beunruhigenden Äußerungen (Vibration, mechanische Stöße usw.) durch technische Perfektionierung ausgeschaltet oder weniger fühlbar gemacht hat.»

Gleichzeitig entwickeln die Nutzer der neuen Technik auch neue Verhaltens- und Wahrnehmungsweisen. Charles F. Brush, ein Entwickler von Kohlebogenlampen, musste seine Kunden geduldig darüber aufklären, dass man nicht direkt in den Lichtbogen sehen durfte, «es dauerte Jahre, bis sie diese Gewohnheit ablegten». Der Genuss einer Zugfahrt verlangt den Passagieren die Fähigkeit ab, die vorbeiziehende Landschaft als Ganzes wahrzunehmen und den Blick nicht auf die vorbeihuschenden Details zu heften. Die Reisenden mussten das offenbar erst erlernen, genau wie heutige Internetnutzer nicht mit der Fähigkeit geboren werden, das schnelle Vorbeiziehen der Informationsströme entspannt zu verkraften. Hat man diesen Lernprozess einmal hinter sich, ist es bald nicht mehr das Neue, das gefährlich erscheint, sondern die Vorgängertechniken. Wer heute seine Bahnfahrten gelangweilt verschläft, dem kommen angesichts einer Pferdekutsche vielleicht Befürchtungen in den Sinn, ob diese großen Tiere wohl Passagiere beißen.

In Vergessenheit gerät auch die «Künstlichkeit», die man dem Neuen anfangs häufig zum Vorwurf macht. Das heute als quasi ursprünglicher und technikfreier Gegenentwurf zum Internet diskutierte gedruckte Buch ist nicht weniger künstlich als seine elektronischen Nachfolger. Es wird in einem komplizierten technischen Verfahren hergestellt, seine Nutzung setzt langes schulisches Training voraus, und alle Schritte des Herstellungs- und Nutzungsprozesses erfordern soziale Standards und Normen, die nicht vom Himmel gefallen sind. Landschaften, die als besonders natürlich gepriesen werden, sind das Ergebnis harter Kultivierungseinsätze: das heutige Erscheinungsbild der Alpen,[4] die weiten Gebiete Deutschlands, die durch die Trockenlegung von Sümpfen überhaupt erst nutzbar gemacht wurden, und auch der vom Förster bewirtschaftete Mythosort «Deutscher Wald».

Die optimistische Erzählung, die neue Technologien umgibt, ist aber kein bloßer Denkfehler, sondern ein wesentlicher Bestandteil ihres Erfolges. Die zeitgenössische Wahrnehmung einer neuen Technologie hat wenig mit dem zu tun, was sie tatsächlich leistet. Die Einführung einer verbesserten Straßenbeleuchtungstechnik im Paris des 18. Jahrhunderts bewog Bewohner und Besucher zu Hymnen auf die hell erleuchteten Straßen, in denen von «neuen Sternen» und «künstlichen Sonnen» die Rede war. (Es handelte sich um Öllampen.) Über die Anfänge des Buchdrucks äußerte man sich mit derselben vorauseilenden Begeisterung: «Es gibt kein Buch mehr, das ein Mensch, und wäre er auch noch so unbemittelt, entbehren müsste», der Buchdruck vertreibe «die finstere Macht der Unwissenheit», Lügen und Betrug hätten keinen Platz mehr. «Diese Kunst lernet die Narren kennen / machet die Hoffertigen offenbar / die Gelehrten bekandt / nimmet die Unwissenheit hinweg / vnd erhebt die Tugend vnd Wissenschaft zum Leben.»[5] In China und Südkorea war der Buchdruck mehrere Jahrhunderte früher eingeführt worden, ohne dass die neue Technik den Alltag der Bürger verändert hatte. Gedruckt wurden nur Geldscheine, Gesetzbücher und Verlautbarungen. Die großen Erwartungen, die man in Deutschland in den Buchdruck setzte, wurden nicht von der Technik als solcher geweckt. Sie entstehen unabhängig von der Neuerung und tragen zu deren Erfolg bei.

Eine neue Technologie muss sich nicht an einem Paralleluniversum messen lassen, in dem gar nichts Vergleichbares erfunden wurde, sondern an ihren bereits existierenden Alternativen. Diese Alternativen gibt es immer, und im Vergleich zu ihnen sieht das Neue zu jedem Zeitpunkt nur wenige Prozent besser aus. Das macht viele der zitierten, heute absurd kurzsichtig wirkenden Ablehnungen des Neuen verständlicher. Die Bahnstrecke von Berlin nach Potsdam kostete viel Geld, und es war wirklich nicht ohne weiteres ersichtlich, warum die Bürger nicht die bewährte Postkutsche nehmen oder reiten sollten. Die heutigen Nutzungsformen, die diese Bahnstrecke unmittelbar einleuchtend erscheinen lassen – zum Beispiel das Pendeln von einer Wohnung in Berlin zum Potsdamer Arbeitsplatz –, existierten noch nicht, und für die vorhandenen Bedürfnisse reichten Kutschen und Pferde gerade so aus.

Neue Technologien können sich nur dann durchsetzen, wenn sie auf ein vorhandenes, starkes Bedürfnis stoßen. Nicht das Neue bringt die optimistische Erzählung hervor, sondern die Erzählung den Erfolg des Neuen. Wenn sich das Neue einmal etabliert hat, verlieren die überzogenen Behauptungen ihre Kraft: die Straßenbeleuchtung hat dann doch nicht ganz alleine das Verbrechen auf nächtlichen Straßen abgeschafft. Aber solche Versprechungen werden auch nicht mehr so dringend benötigt, es zeigen sich ja inzwischen andere, reale Vorzüge. Das Neue kann jetzt auf eigenen Füßen stehen.

Optimisten verlangen von Skeptikern gern, sie sollten das Neue doch erst einmal ausprobieren, anstatt es ungesehen zu verdammen. Das leuchtet einerseits ein, denn es ist zweifellos hilfreich, eigene Erfahrungen mit einer Neuerung zu sammeln, wenn man sich qualifiziert über sie äußern will. Andererseits liegt auch das Gegenargument auf der Hand, gerade dann sei man nicht mehr zu einer rationalen Abwägung in der Lage, sondern bereits korrumpiert und verblendet. Soll man erst eigene Erfahrungen mit Heroin sammeln, bevor man sich eine Meinung zur Drogenpolitik bildet?*

Außerdem sind optimistische wie skeptische Zeitgenossen der Veränderung zu sehr in sie verstrickt, um sich überhaupt einen Überblick über deren Folgen verschaffen zu können. Abwarten bringt allerdings auch nichts, denn das führt wiederum dazu, dass man die Denkweisen, Praktiken und sozialen Verhältnisse vergisst, die es vor der Einführung des Neuen gab. Selbst eine Zeitmaschine wäre keine Hilfe: Man könnte zwar fünfzig oder hundert Jahre in die Zukunft reisen und die dort herrschenden Verhältnisse mit dem eigenen Wissen über die heutigen abgleichen. Aber man würde nur die Oberfläche dieser Zukunft betrachten, ohne viel zu verstehen. Der eine oder andere Leser mag sich an seine Reaktion beim ersten Anblick eines Computers, eines Mobiltelefons oder eines Cafés voller Laptoparbeiter erinnern. Wir sehen nur das Gehäuse gut. Das Wesentliche an einer Neuerung ist für die Augen unsichtbar.

«Eine Technik sollte bei ihrer Einführung verständlich und durchschaubar sein», erklärten Mitglieder des Chaos Computer Clubs den Grünen 1987 in ihrer Studie «Trau keinem Computer, den du nicht (er-)tragen kannst – Entwurf einer sozialverträglichen Gestaltungsalternative für den geplanten Computereinsatz der Fraktion ‹Die Grünen im Bundestag›». Aber das ist selbst bei weniger komplexen Veränderungen als der Digitalisierung schlicht nicht möglich. Keine Technik ist bei ihrer Einführung «durchschaubar» in dem Sinne, dass ihre Folgen sich durch gründliches Nachdenken, Studien oder Prognosen vorhersehen ließen. Und wenn die Folgen schließlich offenkundig werden, ist es zu spät, die Veränderung rückgängig zu machen.

* Manche sagen, ja.

Der *Wired*-Herausgeber Kevin Kelly schlägt in «What Technology Wants» eine andere Strategie vor: «Es müsste die angemessene Reaktion auf eine neue Idee sein, sie sofort auszuprobieren. Und dabei zu bleiben und sie weiter zu testen, solange sie existiert. Anders als das Vorsorgeprinzip suggeriert, kann Technologie nie ‹erwiesenermaßen sicher› sein. Sie muss ständig getestet und ständig überwacht werden, weil sie ständig überarbeitet wird – von ihren Nutzern und dem Technium[6], mit dem sie sich gemeinsam entwickelt.»

Genau die entgegengesetzte Haltung, nämlich die kompromisslose Ablehnung aller technischen Neuerungen, wird oft den Amish unterstellt. Dabei haben sie mit einer Verzögerung von jeweils ungefähr fünfzig Jahren viele Innovationen übernommen, die jünger sind als ihre Religion: das Pflügen mit Pferden anstatt mit Ochsen, den Traktor und den Benzinmotor, Silos, Mischfaserstoffe, mechanische Rasenmäher, Kettensägen, Tretroller und Sonnenkollektoren. Telefone gibt es in speziellen Telefonhäuschen außerhalb des Hauses, und mit Zustimmung der Gemeindeältesten ist auch das Experimentieren mit Mobiltelefonen erlaubt. Wenn sich herausstellt, dass die neue Technologie das Gemeindeleben stört oder gefährdet, kann die Zustimmung jederzeit widerrufen werden. Das ist für weite Teile der übrigen Welt keine Lösung, es geht nur, weil die Amish keine individualistische und keine pluralistische Gesellschaft sind. In ihrem Wertesystem steht das Wohlergehen der Gemeinde ganz oben. Die in anderen sozialen Gemeinschaften – also zum Beispiel in Deutschland – übliche Frage, wie wichtig die Freiheit des Einzelnen ist, der gern ein Handy benutzen möchte, stellt sich gar nicht erst.

Außerhalb von Amish-Gemeinden gibt es zumindest in der westlichen Welt niemanden, der explizit seine Zustimmung zur Einführung von Neuem erteilt. Hin und wieder werden

Sehnsüchte danach laut wie bei Werner Sombart, einem deutschen Soziologen, der 1935 in seiner Broschüre «Die Zähmung der Technik» forderte: «Sodann aber werden Vorkehrungen getroffen werden müssen, die in grundsätzlicher Weise ein Irregehen der Technik verhindern. Jede Erfindung ist anmeldepflichtig und auf ihren Wert zu prüfen (...) Über die Zulassung von Erfindungen entscheidet ein oberster Kulturrat, dem Techniker mit beratender Stimme angehören. Der Kulturrat entscheidet, ob die Erfindung kassiert, dem Museum überwiesen oder ausgeführt werden soll.» Im Museum könnten die Bürger ihrer «Bewunderung über die Schöpferkraft des Menschen reinen Ausdruck geben (...), ohne durch die möglicherweise mit der Nutzung der Erfindung verbundenen Unzuträglichkeiten belästigt zu werden».

Noch ist Sombarts Wunsch aber nicht in Erfüllung gegangen. Eines Tages ist das Neue einfach da. Manchmal verschwindet es auch freiwillig wieder, wie das Überschall-Passagierflugzeug oder der automatische Sicherheitsgurt[7]. Die ausdrückliche Rückholaktion durch Gemeindeälteste aber funktioniert nur in Ausnahmefällen (Drogen, Stammzellforschung, Gentechnik), mit hohem Aufwand und nicht besonders gut. Das hat in weiten Kreisen zu der Vorstellung des Wandels als einer unausweichlichen Entwicklung geführt, gegen die jeder Widerstand zwecklos ist. Nicholas Negroponte nennt im Epilog seines optimistischen Buchs «Being Digital» die Schattenseiten der Digitalisierung[8], schreibt dann aber: «Das digitale Zeitalter lässt sich so wenig leugnen oder aufhalten wie eine Naturgewalt.» Das ist ein bequemes Argument, weil man so seine Wünsche an die Zukunft nicht erklären und mit anderen über Prioritäten und Kompromisse verhandeln muss, sondern behaupten kann: «Weil es halt so ist! Die Fakten erzwingen es!» Die Annahme, dass die Technik sowieso ihren eigenen, unbeirrten Weg geht, heißt Technikdeterminismus und wird in diesem Buch noch zur Sprache kommen.

«There ain't no such thing as a free lunch», alles hat seinen Preis: Diese Wendung ist im Englischen so gebräuchlich, dass es sogar eine (zumindest im Netz) allgemein bekannte Abkürzung dafür gibt: TANSTAAFL. Das gilt auch für den Einsatz neuer Technologien. Irgendetwas geht immer verloren. Auch wenn es zu keiner Zeit möglich ist, einen vollständigen Überblick über die Vor- und Nachteile des Neuen zu gewinnen, könnte man sich dieses fehlenden Überblicks wenigstens bewusst sein. Man könnte aufhören, die Vor- beziehungsweise die Nachteile zu leugnen oder pro forma der Gegenseite einen kleinen Punkt zuzugestehen und den Rest zu bestreiten*. Wer sich die Vorteile nicht eingestehen will, verdrängt die Wünsche, die das Neue erfüllen könnte. Wer die Nachteile leugnet, verdrängt den Gedanken an die verborgenen Kosten des *free lunch.*

Diese Verdrängung zieht unfreundliches Benehmen nach sich. Mal machen die Skeptiker die Anhänger des Neuen lächerlich: «Eine Frau auf dem Rade! Grinsend standen sie da in Stadt und Land, sahen mir nach, und höhnische Redensarten, gemeine Schimpfworte, wenn nicht Schlimmeres, trafen mein Ohr und ließen mich trotz meines Alters vor Scham erröten. Die Kutscher schlugen mit der Peitsche nach mir und trafen leider oft genug, und die Kinder hatten, von den Großen angestiftet, ganze Batterien von Schmutzlumpen aufgehäuft, um mich damit möglichst gründlich bombardieren zu können.» Das war 1883, und der Bericht stammt von der damals 48-jährigen Dreiradfahrerin Frau Schneider aus Nei-

* Das ist uns in diesem Buch nicht immer gelungen. Aber versuchen Sie's mal selbst, es ist gar nicht so einfach.

ße, dem heutigen Nysa in Polen. Heute geht es etwas manierlicher zu, aber auch die ersten Handybesitzer hatten es nicht leicht, und wer derzeit mit Selbstvermessungstechniken[9] experimentiert, dem schlägt in der Presse dieselbe Mischung aus Mitleid und Spott entgegen wie den «Computerfreaks» der achtziger Jahre.

Diejenigen, die das Neue nicht auf Anhieb attraktiv finden, müssen sich ebenfalls einiges anhören. Sie sind ängstliche, rückwärtsgewandte Fortschrittsfeinde, die nichts begreifen, und außerdem womöglich gar nicht so jung und attraktiv. Die Erwartungen, die man bisher in die Vorgängertechnologie setzte, waren schon immer zu einem Großteil irrational. Sobald eine neue Technologie auftaucht, in die der alte Mythos übersiedeln kann wie ein Einsiedlerkrebs in ein neues Gehäuse, steht der Erkenntnis dieser Irrationalität beim Vorgänger nichts mehr im Weg. Jetzt wird das entzauberte Alte zusammen mit seinen Anhängern verhöhnt.

Wenn man die allgemeine Rätselhaftigkeit des Neuen akzeptiert, wird man auch weniger dazu neigen, die eigene Entscheidung für das Neue für rational und die Ablehnung der anderen für irrational zu halten oder umgekehrt. Auf beiden Seiten sind Überlegungen im Spiel, die weniger mit den tatsächlichen Leistungen des Neuen zu tun haben als mit Signalen, die man aussenden möchte: «Nee! So was brauch ich nicht!» bedeutet meistens nicht, dass man nicht doch irgendeine Verwendung für den neuen Spongomaten fände, sondern eher «Ich bin ein kritischer Bürger und möchte nicht mit euch willfährigen Marketingopfern verwechselt werden. Außerdem besitzen die Menschen, die mir wichtig sind, auch keine Spongomaten». Ebenso wenig bedeutet «Ja! Das muss ich haben!», dass das Leben ohne das neue Flingofon ab sofort ein Ding der Unmöglichkeit wäre, sondern unter anderem «Ich bin ein fortschrittlicher Bürger, ebenso wie alle meine Freunde, die bereits Flingofone besitzen. Man könnte mich versehentlich für desinteressiert an der Gegenwart halten, wenn ich auf Zugfahrten das Vorgängermodell ohne Teilchenbeschleuniger auspacke». Beide Haltungen sind irrational. Und beide sind rational, wenn man davon ausgeht, dass alle Beteiligten korrekt einschätzen, welchen sozialen Nutzen ihnen die ausgesendeten Signale bringen.

Noch vor nicht allzu langer Zeit galt es als Provokation, wenn Frauen Hosen oder Männer keinen Hut tragen wollten. Inzwischen gibt es in der Mode ein deutlich breiteres Spektrum an Erlaubtem und Akzeptablem, auch wenn Männer außerhalb kleiner Subkulturen immer noch keine Röcke tragen dürfen. Vielleicht wird es eines Tages auch beim Umgang mit dem Neuen mehr Optionen geben, die einen so wenig zum Modeopfer oder Fortschrittsfeind abstempeln wie heute die Entscheidung für oder gegen einen Hut.

Nicht so gute Argumente

«Das Neue ist doch nur dasselbe in schneller / anders / billiger»

Andere Quantitäten bedeuten manchmal auch andere Qualitäten, nicht nur mehr desselben. Man könnte argumentieren, der Buchdruck sei nur schneller und vielleicht etwas billiger als das handschriftliche Abschreiben eines Buchs. Tatsächlich brachte er ganz andere Strukturen und soziale Folgen mit sich. Der Fernsehjournalist Friedrich Küppersbusch befand 1996 im *Spiegel* unter dem Titel «Wer nichts wird, wird virtuell», das Internet sei nur «die Neuerfindung des Telefons, jetzt mit Bild und Datenleitung», «nichts anderes als der CB-Funk der siebziger Jahre», und die Interaktivität habe das Fernsehen schon zwanzig Jahre vor dem Internet erfunden, schließlich könne der Zuschauer im

Studio anrufen. Irgendetwas am Neuen ähnelt immer einer Vorgängertechnologie. Und in irgendeiner Hinsicht ist es auch ganz anders. Die Ähnlichkeiten sind nur leichter zu erkennen als die unbekannten neuen Seiten.

«Es ist doch ganz offensichtlich, dass die Welt / das Internet heute schlechter / besser ist als vor zwanzig Jahren.»
Erstens ist nie etwas offensichtlich, und zweitens hat dieses Argument verdächtig oft mit der Frage zu tun, ob sich die Lebensumstände des Vortragenden in den letzten zwanzig Jahren verbessert oder verschlechtert haben. Es ist ohne weiteres möglich, dass die Behauptung über die Gegenwart stimmt. Aber man sollte von diesem Argument vorsichtshalber ein paar Glaubwürdigkeitsprozente abziehen, wenn sich die eigene Geschichte in dieselbe Richtung entwickelt hat wie angeblich die gesamte Welt. Dasselbe gilt, wenn man eine zukünftige Entwicklung als vorteilhaft preist, von der man mehr als andere profitieren würde, oder allgemeine Verschlechterungen sieht, wo die eigene Lebensweise gefährdet wäre.

«Jaja, so wie mit dem Jetpack, das man mir versprochen hat.»
Machen Sie es nicht wie die Autoren dieses Buchs, die 2005 im Blog RIESENMASCHINE über ewig angekündigte, nie eintreffende «Godot-Trends» spotteten, darunter das durch «hartnäckige Nichtexistenz» glänzende E-Paper. Fünf Minuten später wird das eben noch Verlachte nämlich doch noch erfunden, und dann steht man da. Flugmaschinen, das Ende von Hungersnöten (zumindest in einigen Ländern) und die Verwandlung anderer Elemente in Gold[10] blieben ziemlich lange Godot-Trends. Dass etwas bisher nicht eingetreten ist, heißt nicht, dass es niemals eintreten wird. Wer weiß, vielleicht klappt es ja auch noch mit den Jetpacks oder dem Weltfrieden, das Internet erweist sich als «Mode, die wieder vorbeigeht», oder wir werden alle von machthungrigen, intelligenten Maschinen aufgefressen.

«Aber es passiert doch in Literatur/Musik/Technologie gar nichts wirklich Neues mehr.»

Solange das Neue noch neu ist, ist es gut getarnt. Thomas Bell saß 1858 dem Treffen der Linnean Society vor, bei dem Darwins Evolutionstheorie erstmals vorgestellt wurde, und schrieb in seinem Jahresbericht: «Das vergangene Jahr trug nicht den Stempel einer jener herausragenden Entdeckungen, die ihr Fachgebiet über Nacht sozusagen revolutionieren.» Wer im ausgehenden 19. Jahrhundert versucht hätte, die musikalischen Umwälzungen des 20. Jahrhunderts vorherzusagen, der wäre vermutlich nicht darauf gekommen, dass die Musik, die schwarze Amerikaner nach der Arbeit zu ihrem Privatvergnügen machten, darin eine wesentliche Rolle spielen würde. Die ersten Patente auf Transistoren wurden 1925 angemeldet, aber es dauerte noch fast fünfzig Jahre, bis der Transistor seine weltverändernde Wirkung in Radios, Taschenrechnern und Computern entfaltete. Das Neue ist bereits da. Wir sehen es nur noch nicht.

«Ist so, bleibt so»

«Nach allem glaube ich nicht, dass das Internet gedruckte belletristische Literatur verdrängen wird. Wer mag schon einen PC mit ins Bett, in den Garten, an den Strand nehmen?», fragte die Autorin Ingrid Noll 1999 im *Spiegel Spezial*-Heft «Die Zukunft des Lesens». Aber Technik kann sich ändern, und auch die Gewohnheiten der Menschen bleiben nicht dieselben. Nicht nur kleine, technikbegeisterte Minderheiten sind bereit, ihr Verhalten innerhalb weniger Jahre umzustellen, wie die Ausbreitung von Mobiltelefon, E-Mail und Online-Reisebuchung zeigt.

Karl Poppers Falsifizierbarkeitsthese besagt, dass eine wissenschaftliche Aussage niemals bewiesen, aber, wenn sie falsch ist, widerlegt werden kann. Daraus lässt sich der Ratschlag ableiten: Wenn man schon Vorhersagen aussprechen will, prophezeit man besser das Eintreten eines Ereignisses, zum Beispiel des Weltuntergangs. Streng genommen hat man nach Popper zwar verloren, wenn der Weltuntergang zum angekündigten Datum nicht eintritt, aber in der Praxis kann man immer behaupten, es dauere eben etwas länger als gedacht. Macht man den Fehler, vorherzusagen, dass eine bestimmte Veränderung *nicht* eintreten wird, ist man unter Umständen unangenehm schnell und gründlich widerlegt.* Vor allem, wenn es sich um den Weltuntergang handelt.

* Der Schriftsteller Wolfgang Herrndorf schlägt unsere Warnungen in den Wind: «Den für ihre Technikfeindlichkeit nicht gerade bekannten Japanern ist es bis heute nicht gelungen, einen Go-Rechner zu bauen, der auch nur einen starken Amateur in Schwierigkeiten bringt. Man jubelt stattdessen einem Programm zu, das einen Profi mit neun Steinen Vorgabe versenken konnte. Um in eurem Buch vorzukommen, prophezeie ich hiermit, dass es ein solches Programm auch niemals geben wird, solange ich lebe. In den folgenden hundert Jahren auch nicht.»

4. More forwards please
Was ist das eigentlich, der Fortschritt?

Fortschritt in eine Richtung kommt nicht ohne Aufhebung der Möglichkeit zum Fortschritt in andere Richtung zustande.
Paul Feyerabend, Erkenntnis für freie Menschen

In einem Honda-Imagespot von 2006 sieht man den Roboter *Asimo* die technischen Errungenschaften vergangener Epochen bestaunen: eine Schiffsschraube, große Zahnräder, ein Teleskop, einen Computerbildschirm mit Webcam, einen Astronautenanzug, Flugzeuge. Am Ende des Clips wird dem Zuschauer die Kernaussage dann noch als Merksatz mitgeteilt: «Technology – making better better. Onwards, upwards, any way but backwards. Tapping progress on the shoulder and saying: ‹more forwards, please!›» Das ist die Kinderbuchversion der Fortschrittsidee: große Zahnräder führen dazu, dass es vorangeht und das Bessere noch besser wird. In Wirklichkeit ist die Sache ein bisschen komplizierter.

Zwar lässt sich der Fortschritt nicht lange auf die Schulter tippen. Er hat allein in den letzten zweihundert Jahren unter anderem Schreibmaschinen hervorgebracht, Glühbirnen, mit Strom fahrende Züge, Telefone, Kameras, MP3-Player, Registrierkassen, Computer, Impfstoffe, Taschenrechner, Waschmaschinen, Flugzeuge, Klimaanlagen, Mikrowellen, Kreditkarten, Kopierer, CAD-/CAM-Maschinen, Laserdrucker, Satelliten, GPS, Segways, Antibiotika, Airbags, Herzschrittmacher, Sicherheitsglas, künstliche Gelenke, Kontaktlinsen, schusssichere Westen, das Internet, und vielleicht am wichtigsten von allem: die Anästhesie beim Zahnarzt. Die Lebenserwartung hat sich in den letzten zweihundert Jahren weltweit fast verdoppelt, die Zahl der in Deutschland pro Kopf geleisteten Arbeitsstunden seit 1900 halbiert, die Zahl der demokratischen Länder stieg im selben Zeitraum von sechs auf über hundertdreißig. Nassrasierer haben viel mehr Klingen als noch vor zehn Jahren und Spülmaschinentabs eine separate Phase für jeden einzelnen Teller. Wer könnte also am Fortschritt zweifeln?

Wenn man genauer hinsieht, gar nicht so wenige. Sie weisen darauf hin, dass es in letzter Zeit zwei Welt- und ein paar hundert weitere Kriege gab, außerdem Genozide und Giftgasunfälle, Hiroshima, Tschernobyl und Fukushima. Täglich sterben mehrere Tierarten aus. Zwischen sechzig und siebzig Millionen Landminen liegen in rund siebzig Ländern herum. Der Anteil der Hungernden an der Weltbevölkerung geht zwar zurück, ihre absolute Zahl aber steigt. Das Coltan in Handys und Computern stammt unter anderem aus der Demokratischen Republik Kongo, wo es unter ungesunden und umweltzerstörenden Umständen abgebaut wird und den dortigen Bürgerkrieg finanzieren hilft, der seit den neunziger Jahren über fünf Millionen Opfer gefordert hat. Rund eine Milliarde Menschen leben in Slums, Tendenz steigend. Überweidung, Übernutzung und Abholzung führen zu einer Ausbreitung der Wüsten. Die globale Erwärmung hat sich von der bisherigen Klimaschutzpolitik nicht stören lassen. «Wenn man mit wachen Augen alles betrachtet, was gegenwärtig geschieht, kann man einem Gläubigen nicht widersprechen, der die Ansicht vertritt, der Antichrist sei los.»[1] (Konrad Lorenz, 1973)

Genau genommen geht aus der Aufzählung fortschrittlicher Geräte im zweiten Absatz zunächst einmal nur hervor, dass es jetzt Eisenbahnen und Waschmaschinen gibt, nicht aber, dass die Welt dadurch besser geworden ist. Das eine folgt nicht zwangsläufig aus dem anderen. Die Arbeitszeit, die Hausfrauen für den Haushalt aufwenden, hat seit 1926 nicht abgenommen, wie die Soziologin Joann Vanek 1974 in einer Untersuchung im *Scientific American* herausfand. Aus zweiundfünfzig Wochenarbeitsstunden im Haushalt waren fünfzig Jahre später fünfundfünfzig geworden. Dieses unerwartete Ergebnis wurde 2004 von einem australischen Forscherteam noch einmal bestätigt: «Keines der von uns untersuchten Geräte führt dazu, dass Frauen weniger Zeit mit Hausarbeit verbringen. Wäschetrockner verlängern die Zeit, die Frauen mit der Wäsche verbringen, während Mikrowellen, Spülmaschinen und Tiefkühlschränke keine signifikanten Auswirkungen auf die Anzahl der Stunden haben, die Frauen pro Tag der Hausarbeit widmen. Paradoxerweise führen manche Küchengeräte, etwa Spülmaschinen und Tiefkühlschränke, zu einer Reduktion der männlichen Haushaltsarbeit. Nur ein Rasenmäher oder ein Rasenkantentrimmer verlängert die Zeit, die Männer der traditionell männlichen Aufgabe der Grundstückspflege widmen.»[2]

Vaneks Hausfrauen der siebziger Jahre verbrachten weniger Zeit mit dem Kochen und Abwaschen, dafür aber mehr mit anderen Haushaltstätigkeiten. Die Erklärung der Forscher für dieses Phänomen lässt sich auf den Umgang mit vielen anderen effizienzsteigernden Geräten übertragen: In dem Moment, wo Geräte eine Aufgabe erleichtern, steigen rundherum die Ansprüche. Wer über eine Waschmaschine verfügt, der besitzt auch mehr Kleidung, wäscht sie öfter und bügelt mehr. Wer mehr Geräte zur Erleichterung der Haushaltsarbeit besitzt, der kauft und baut größere Häuser und investiert mehr Zeit in deren Verschönerung und Pflege. Die Ausbreitung von Brillen und anderen Sehkorrekturen hat dazu geführt, dass immer kleinere Texte, Beschriftungen und

Bedienelemente als zumutbar gelten. Schnellere Transportmittel verringern nicht die Reisezeit, sondern vergrößern nur die zurückgelegten Distanzen. Wer seine Texte nicht mehr auf der Schreibmaschine tippen muss, wendet mehr Zeit dafür auf, das Ergebnis attraktiv zu gestalten, und mit E-Mails verbringen wir mittlerweile mehr Zeit als früher mit Briefen.

Wer das Wort «Fortschritt» in eine Debatte einwirft, darf daher nicht nur Erfindungen aufzählen, sondern muss benennen, was er eigentlich meint. Hinter dem Fortschrittsbegriff steckt eine Überzeugung, die oft unausgesprochen bleibt und ungefähr folgendermaßen lautet: Es gibt eine – von Rückschlägen abgesehen – einigermaßen geradlinig verlaufende geschichtliche Entwicklung, und zwar vom Schlechteren zum Besseren: Ein Leben im 21. Jahrhundert ist einem Leben im 11. vorzuziehen. Und alle Betrachter sind sich darüber einig, was dieses anzustrebende Bessere ist.

Wenn Anhänger der fortschrittsgläubigen und der pessimistischen Weltanschauung aufeinanderstoßen, wird die Verständigung schwierig. Die Liste der möglichen Anzeichen dafür, dass die Welt besser beziehungsweise schlechter wird, ist endlos. Selbst wenn die Streitenden die Geduld hätten, erschöpfend alles aufzuzählen, was für ihre Anschauung spricht: Wie wollte man das Frauenwahlrecht gegen den Klimawandel aufrechnen, die Erfindung der Antibiotika gegen die Anzahl der Verkehrstoten? Und was ist mit den Punkten, die beide Seiten für sich verbuchen könnten – bedeutet eine steigende Scheidungsrate, dass weniger Menschen in unglücklichen Ehen festsitzen oder dass die Anzahl bindungsunfähiger Egoisten wächst? Sind mehr diagnostizierte psychische Störungen ein Anzeichen dafür, dass mehr Menschen unter der Belastung der modernen Lebensumstände zerbrechen oder dass sie in einem Land mit umfassender medizinischer Versorgung leben, in dem psychische Probleme allmählich enttabuisiert werden?

Vielleicht sind die beiden hypothetischen Gesprächspartner ja friedliche, kompromissbereite Menschen und einigen sich darauf, dass technische Fortschritte nicht nur Vorteile mit sich bringen, sondern auch Nachteile. Jetzt gibt es wiederum zwei Möglichkeiten. Man könnte sich auf den Standpunkt stellen, dass nur noch mehr Fortschritt die durch den Fortschritt erzeugten Probleme beheben kann. Die Zahl der Verkehrstoten sinkt dank Sicherheitsgurten, Airbags, elektronischer Fahrhilfen und Verkehrsleiteinrichtungen seit ihrem Höchststand in den siebziger Jahren kontinuierlich. Kläranlagen haben die Verschmutzung der Flüsse durch Industrieabwässer und Fäkalien[3] behoben, Rauchgasreinigungsanlagen und Katalysatoren die seit dem Mittelalter anhaltende Luftverschmutzung gelindert.

Man kann sich aber auch auf den Standpunkt stellen, dass das Konzept Fortschritt das eigentliche Problem ist und noch mehr Fortschritt die Symptome nur auf ein anderes Gebiet verschieben wird. Oder das Problem sogar noch verschlimmert, weil man sich jetzt doppelt so schnell in die falsche Richtung bewegt. Bedenken aus der Frühzeit der Computereinführung gingen in diese Richtung: Der Computer verstärke die ohnehin schon vorhandene Tendenz, Mensch und Gesellschaft als eine Art Maschine zu betrachten.

Selbst über der Frage, wozu der Fortschritt eigentlich gut sein soll, gehen die Meinungen auseinander. Rudolf Diesel, der Entwickler des gleichnamigen Motors, äußerte gegen Ende seines Lebens: «Es ist schön, so zu gestalten und zu erfinden, wie der Künstler gestaltet oder erfindet. Aber ob die Sache gar einen Zweck gehabt hat, ob die Menschen dadurch glücklicher geworden sind, das vermag ich heute nicht mehr zu entscheiden.» Der Glücksforschung zufolge sind die Bewohner von Industrieländern heute nicht glücklicher als vor fünfzig Jahren. Aber vielleicht ist es auch gar nicht die Aufgabe des Fortschritts, mehr Glück herbeizuführen. Vielleicht geht es darum, die Anzahl der Wahlmöglichkeiten zu vergrößern? Die vorhandenen Ressourcen besser auszunutzen oder gerechter zu verteilen? Mehr Wissen zu erlangen? Erst wenn man sich darauf geeinigt hat, was der Fortschritt eigentlich bezwecken soll, kann man sich der ihrerseits nicht unkomplexen Frage widmen, anhand welcher Kriterien man messen möchte, ob ein solcher Fortschritt stattfindet: Gestiegene Produktivität? Niedrigere Kindersterblichkeit? Ein längeres Leben? Oder eben doch das noch recht junge Bruttonationalglück[4]? Solange man sich nicht darüber verständigt – und womöglich noch nicht einmal darüber nachgedacht – hat, wohin der Fortschritt führen soll, hat es wenig Sinn, zu diskutieren, ob eine bestimmte Entwicklung fortschrittlich ist oder nicht.

Weil der Fortschrittsbegriff ein kompliziertes Ding ist, ergibt sich in den Debatten um das Internet keineswegs automatisch – etwa aus dem eigenen Wertesystem oder der Parteizugehörigkeit –, ob man für den Fortschritt ist oder dagegen und was das konkret bedeuten könnte. «Es ist wichtig zu verstehen», schrieb der Journalist Thierry Chervel Anfang 2012 im Online-Kulturmagazin *Perlentaucher*, «dass sich die Konfliktlinien in Internetdebatten durch alle politischen Richtungen ziehen. Es gibt Internetfeinde in der klassischen wie ökologischen Linken, bei den Liberalen und den Konservativen.» Das liegt zunächst einmal daran, dass «Internetfeinde» eine ähnlich vergröbernde Bezeichnung ist wie «Digital Immigrants». Das Internet hat viele Facetten, und die Anzahl derer, die es pauschal ablehnen, dürfte sich in Grenzen halten. Es liegt aber auch daran, dass in den Parteien weder intern noch untereinander Einigkeit darüber herrscht, wer momentan für den Fortschritt zuständig ist.

Wenn man an eine Entwicklung der Welt vom Schlechteren zum Besseren glaubt, dann liegt es nahe, eine progressive Partei zu wählen, die diese Entwicklung beschleunigen möchte. Glaubt man hingegen an eine Entwicklung zum Schlechteren, lässt eine konservative Partei hoffen, dass diese Entwicklung aufgehalten oder umgekehrt werden kann. Es herrscht aber keine Einigkeit darüber, an welchen Stellen die Welt wodurch und in welcher Hinsicht gerade besser oder schlechter wird. Außerdem ist das Progressive von heute das Konservative von morgen. Ein heutiger CDU-Politiker mit handelsüblichen Ansichten darüber, was Frauen, Unverheiratete, Homosexuelle und Fabrikarbeiter alles dürfen sollten, wäre im 19. Jahrhundert so fortschrittlich gewesen, dass man nach ihm einen Weltanschauungs-Ismus benannt hätte.

Für das Bewahren allgemeingültiger Werte, moralische Entrüstung über bestimmte Lebensweisen und die Einhegung individueller Freiheiten durch politische Eingriffe sind neben der CDU heute auch die Grünen zuständig. Winfried Kretschmann, der grüne Ministerpräsident Baden-Württembergs, sagte 2011 in einem Interview in der *Süddeutschen Zeitung*, konservativ sein bedeute, «die Werte zu pflegen, die schon immer durch die Zeiten hindurch galten», der Konservativismus sei bei CDU und CSU «zur Attitüde verkommen». Und weiter: «Meiner Meinung nach sind die Grünen in Baden-Württemberg inzwischen die einzige im echten Sinne konservative Partei. Wir wollen die Schöpfung bewahren und gute alte Werte ebenso.» Natürlich herrschte noch nie Einigkeit darüber, welche Werte es genau sind, die «schon immer durch die Zeiten hindurch galten».

Diese verworrenen Zustände spiegeln sich in den Internetdebatten wider. Wer mit welchen Argumenten für oder gegen welchen Fortschritt eintritt, ergibt sich nicht von allein aus der sonstigen Lebensführung oder der bisher gewählten Partei. Auch hier gibt es Fraktionen, darunter viele Anhänger der Piratenpartei, die sich progressiv fühlen, aber für die Bewahrung des Bestehenden oder Wiederherstellung der Zustände von früher eintreten. Ein Beispiel ist die Debatte um die Privatsphäre.

Immerhin haben die Anhänger der These, dass (zumindest auf diesem oder jenem Gebiet) langfristig alles schlechter oder besser wird, eine Gemeinsamkeit: Beide glauben an eine lineare Entwicklung in eine bestimmte Richtung. Diese Meinung wird nicht von allen geteilt. Ein Vertreter einer Gegenposition ist der britische Sozialphilosoph John Gray[5]. Gray zufolge ist der seit der Aufklärung populäre Glaube an den sozialen Fortschritt aus einer bastardisierten Version des christlichen Erlösungsglaubens entstanden. In der babylonischen, chinesischen, römischen und griechischen Antike herrschte dagegen der Glaube an einen zyklischen Verlauf der Geschichte vor, und viele Religionen kommen ganz ohne eine Erzählung aus, die auf ein Ziel hinsteuert. Für Hindus und Buddhisten ist das menschliche Leben sogar nur ein Augenblick im Kreislauf der Dinge. Nur weil das Christentum auf die Idee mit der Erlösung gekommen sei, dass also am Ende alles gut werde, habe sich die Vorstellung eines allgemeinen Fortschritts in den Köpfen festsetzen können.

Die humanistische Zuversicht, dass Menschen ihre biologische Neigung zu Aggression, Grausamkeit und Zerstörung überwinden können, ist für Gray nur die weltliche Version der christlichen Idee einer Sonderstellung des Menschen in der Natur. Dieser Glaube ist Voraussetzung für die Annahme, auf den Gebieten der Ethik oder der Politik seien ähnlich dauerhafte Fortschritte zu erwarten, wie sie die technische Weiterentwicklung für den Lebensstandard ermöglicht hat. Während die Dampfmaschine nicht mehr so leicht aus der Welt zu schaffen ist, war es für die USA einfach, im Umgang mit Terrorismusverdächtigen im 21. Jahrhundert zur Folter zurückzukehren. «Wissen kann man kumulieren, ethische Verbesserungen nicht», sagt Gray in einem *Spiegel*-Interview 2010. Der Fortschrittsglaube ist für ihn nichts anderes als die christliche Heilserwartung im weltlichen Gewand, ein «säkularer Monotheismus», der zu ideologischen Grabenkriegen und zu unschönen Taten im Dienste der guten Sache führt. «Wann immer ein Staatsmann sich als Instrument der Vorsehung begreift, ist das Schlimmste zu befürchten.»

Kritiker halten Gray unter anderem entgegen, Reaktionäre hätten zu allen Zeiten versucht, den sozialen Fortschritt mit dem Argument aufzuhalten, Demokratie oder die Gleichberechtigung der Frau seien wider die menschliche Natur. Aber auch wenn man die Meinung des britischen *Telegraph* teilt, Grays Buch «Politik der Apokalypse» sei «kompletter Quatsch» und könne «kaum absurder sein, wenn Reptilien drin herumkrauchten»*, kann man der Gray-Debatte doch entnehmen, dass es unterschiedliche und miteinander unvereinbare Ansichten über den Fortschritt gibt. Der Fortschritt ist kein Naturgesetz wie die Schwerkraft, und man kann in Diskussionen nicht so einfach die «Das ist der Fortschritt! Da müsst ihr durch!»-Karte zücken.

* Grays britischer Verlag bewirbt die Taschenbuchausgabe mit diesem Zitat.

5. Disruption ist kein Kindergeburtstag
Vom Entstehen und Vergehen

Viele Kinos müssen wegen Einführung des Tonfilms und Mangel an vielseitigen Programmen schließen!
Tonfilm ist wirtschaftlicher und geistiger Mord!
Seine Konservenbüchsen-Apparatur klingt kellerhaft, quietscht, verdirbt das Gehör und ruiniert die Existenzen der Musiker und Artisten!
Darum: Fordert gute stumme Filme! Fordert Orchesterbegleitung durch Musiker! Fordert Bühnenschau mit Artisten!
Lehnt den Tonfilm ab!

Aus einem Flugblatt der Internationalen Artisten-Loge e. V. und des Deutschen Musiker-Verbands, um 1929

Wo etwas Neues in die Welt kommt, da muss etwas anderes beiseiterücken. Alle heute existierenden Elemente im Universum[1] sind auf Kosten des Wasserstoffs entstanden. Wo eine Wiese ist, da kann kein Wald sein. Wo mehr Aufklärung ist, da ist weniger Religion. Wer eine Kippfigur betrachtet, sieht nur entweder das Kaninchen oder die Ente, und während man das Internet betrachtet, kann man kein gedrucktes Buch lesen. Die steigenden Mieten in Trendstadtteilen verdrängen ärmere Bewohner, und wenige Minuten später beklagen die neuen Trendstadtteilbewohner, dass man vor lauter Touristen ja schon nicht mehr vor die Tür gehen kann. Die einzige Ausnahme von dieser Regel sind Steckernetzteile und Adapter: Ständig wachsen neue nach, man darf aber auf keinen Fall die alten wegwerfen.

Wenn eine neue Technologie nicht nur ein existierendes Produkt etwas besser oder billiger macht, sondern die Spielregeln einer ganzen Branche verändert, bezeichnet man das in der Wirtschaftstheorie als «Disruption» oder «Schöpferische Zerstörung»[2]. Dieser Begriff enthält schon das ganze Dilemma: Das Schöpfen wird in Volkshochschulkursen gelehrt, das Zerstören ist weniger beliebt. In den letzten Jahren wird das Problem der Disruption vor allem am Beispiel der Zeitungen diskutiert, die gerade die Auswirkungen des Internets zu spüren bekommen[3]. Die Musikindustrie hat die Auseinandersetzung bereits hinter sich, in der Buchbranche beginnt sie gerade erst, und es zeichnet sich ab, dass unter den nächsten Austragungsorten die Universitäten sein werden.

Von den kleineren disruptiven Innovationen hört man außerhalb der betroffenen Branchen nicht so viel, aber auch sie krempeln ganze Industrien um. Als Diskettenlaufwerke immer kleiner wurden, gelang es den Herstellern der 14-Zoll-Laufwerke nicht, sich im Markt für 8-Zoll-Laufwerke zu etablieren, die 8-Zoll-Hersteller scheiterten am 5,25-Zoll-Laufwerk, und deren erfolgreiche Produzenten schafften den Sprung zum 3,5-Zoll-Laufwerk nicht.

Berufe wandeln sich, seit es Berufe gibt. In der frühen Neuzeit klagten Kleriker, es sei ja wohl sinnlos geworden, zu predigen, wenn jeder die Heilige Schrift zu Hause habe und selbst darin lesen könne. Im 18. und 19. Jahrhundert kam es zu Weberaufständen, als das deutsche Weberhandwerk und die Heimweberei durch in- und ausländische Billiganbieter unter immer stärkeren wirtschaftlichen Druck gerieten. In England war die Zerstörung von Webstühlen durch aufgebrachte Arbeiter so beliebt, dass sie 1812 unter Todesstrafe gestellt wurde. Landarbeiter protestierten in den 1830er Jahren gegen die Dreschmaschine, und Nagelschmiede aus Mittweida zerstörten 1848 eine Nagelfabrik. Es wäre ein Fehler, in diesen Protesten nur engstirnige Technikfeindlichkeit oder umgekehrt ein lobenswertes, wenn auch am Kapitalismus gescheitertes Eintreten für «menschlichere» Produktionsweisen zu sehen. Es ging nicht primär um eine Ablehnung der neuen Maschinen, sondern – ein aus der Gegenwart bekanntes Problem – um den Erhalt des eigenen Arbeitsplatzes. Protestiert wurde auch gegen die Vernichtung von Branchentraditionen durch neue Organisationssysteme wie die Fabrik, gegen das sich ausbreitende Prinzip der ungezügelten Konkurrenz, und nicht zuletzt fand man die neuen Produkte genau wie heute häufig schlechter als die alten.

Wenig überraschend ist, dass Neuerungen vor allem von denjenigen für segensreich gehalten werden, die von ihnen profitieren oder hoffen, das in Zukunft tun zu können. Diese Hoffnung ist insbesondere bei jenen beliebt und berechtigt, die am Anfang ihres Berufslebens stehen. Zum einen ist man dann mit den bisherigen Gepflogenheiten einer Branche ohnehin nicht besonders vertraut und hat daher keinen Anlass, ihnen nachzutrauern. Zum anderen bedeutet die Unlust der etablierten Kräfte, sich mit neuen Techniken oder Strategien zu befassen, eine bessere Auftragslage oder Einstellungschancen für Anfänger, die die Vorteile des Neuen erkennen. Das ändert sich im Laufe einiger Jahre: Dann hat jeder Erfahrungen in seinem Beruf gesammelt und hängt an bestimmten Konventionen und Regeln, egal ob älteren oder neueren, weil er ihren Sinn erkannt hat – und natürlich auch schlicht aus Gewohnheit. Dann ist es unerfreulich, wenn wiederum neue Ahnungslose mit ihren schmutzigen Stiefeln über alles Bewährte trampeln dürfen, nur weil sie sich mit einer modischen Technologie auskennen, die man selbst für gar nicht so nützlich hält. Diese lobbyesken Verstrickungen erwähnen beide Seiten nur ungern. Das private, biographisch bedingte Behagen oder Unbehagen an einer Innovation wird in die scheinbar objektive Diskussion ihrer technischen Vorzüge und Nachteile verschoben.

Keine Seite will zugeben, dass die andere vielleicht auch ein bisschen recht haben könnte. «Es scheint ein Gesetz zu geben», schreibt der Kommunikationsforscher Michael Giesecke, «dass die Ambivalenzen der Medien und Technologien in der öffentlichen Diskussion immer unterdrückt werden müssen. Wie von selbst vollzieht sich in Anbetracht technischer Errungenschaften eine mechanische Aufspaltung der Meinungen in der öffentlichen Diskussion. Es gibt nur ein Entweder-Oder und man vergisst nur zu leicht, dass die Stärken aller neuen Medien zugleich auch ihre Schwächen sind. Je gewaltiger die Versprechungen eines Mediums sind, desto gewaltiger fallen seine Zerstörungen auf anderen Feldern aus.»

Was diese Versprechungen und Zerstörungen für die eigene Branche bedeuten, ist vor und während der Umwälzung gar nicht so einfach zu erkennen. Um zu begreifen, wie sich der eigene Beruf verändert, müsste man zunächst einmal wissen, welche Funktionen dieser Beruf eigentlich hat, für andere und für einen selbst. Und diese eigentlichen Funktionen liegen nicht unbedingt auf der Hand. Vielleicht hat man den Beruf einmal aus Gründen ergriffen, die schon zu diesem Zeitpunkt überholt waren. Das Prestige eines Berufs etwa überdauert dessen Abwertung oft noch eine Weile, so ist beispielsweise Apotheker immer noch ein angesehener, weil medizinisch-akademischer Beruf, der ein Studium erfordert, obwohl der Arbeitsalltag dem eines Einzelhandelskaufmanns entspricht. Vielleicht sind einem Wesen und Funktion des Berufs, den man ergriffen hat, auch einfach nicht so wichtig. Statt sich darüber Gedanken zu machen, sieht man eine Art wohlwollende Magie am Werk: Ich bin täglich von 8 bis 17 Uhr am Arbeitsplatz anwesend, dafür taucht auf meinem Konto Geld auf. Einer Studie der Unternehmensberatung Proudfoot zufolge verbringen Beschäftigte in deutschen Betrieben jährlich im Durchschnitt 32,5 Tage mit sinnloser Arbeit, einer der Gründe dafür sei, dass viele Mitarbeiter gar nicht wüssten, was genau ihre Aufgabe sei. Besonders in großen Konzernen ist selten allen Beschäftigten klar, was eigentlich das Wichtigste an der eigenen Stelle ist, und vielleicht lohnt es sich für sie sogar, nicht genauer nachzufragen. Am Ende käme sonst die Führungsebene auf die Idee, den tatsächlichen, wirtschaftlichen Beitrag von Abteilung 17-Z zum Unternehmenswert präzise ermitteln zu wollen.

Auch wenn die Arbeit weder sinnlos wirkt noch sinnlos ist, steckt nicht unbedingt derjenige wirtschaftliche Sinn dahinter, den man selbst in ihr sieht. Unternehmensberater etwa sollen häufig nicht zwingend etwas Neues über ihre Klienten herausfinden. Das Wesen ihres Berufs liegt vielmehr darin, mit Hilfe ihres Prestiges und Außenseiterstatus unpopuläre Entscheidungen gegen unternehmensinterne Widerstände durchsetzen zu helfen. Will man sich also eine Meinung über die Zukunft des eigenen Berufs bilden, dann hilft es, wenn die eigene Vorstellung von dessen Zweck und Nutzen nicht allzu weit von den Vorstellungen der Kunden oder Klienten abweicht. So hat man gute Chancen zu erkennen, aus welcher Richtung eigentlich Konkurrenz droht. Ein Tankstellenbetreiber wird wissen, dass er einen Großteil seiner Umsätze mit Alkohol und Lebensmitteln macht, dass also weniger die Launen des Ölpreises als eine Lockerung der deutschen Ladenschlussgesetze sein Geschäft bedrohen könnten. Für Journalisten, die sich im Geschäft mit hochwertigen Texten wähnten, lag es dagegen viel weniger klar auf der Hand, dass das Abwandern des Kleinanzeigengeschäfts ins Internet eine Gefahr für ihre Branche darstellte. Kaum jemand hat einen Röntgenblick für alle entscheidenden Funktionen, die sein Beruf erfüllt. Und ob er sie erfüllt.

Für ganze Unternehmen, die sich von der Disruption so ungern überrollen lassen wie Arbeitnehmer und Selbständige, analysiert der Innovationsforscher Clayton M. Christensen in «The Innovator's Dilemma: Warum etablierte Unternehmen den Wettbewerb um bahnbrechende Innovationen verlieren», welche Faktoren darüber entscheiden, ob Firmen Umbrüche bewältigen. Kurz zusammengefasst sind es folgende: Das Neue sieht für die Nutzer eines vorhandenen Produkts immer erst mal schlechter aus. Dampfschiffe waren zunächst langsamer als Segelschiffe, MP3s klingen schlechter als CDs, frühe Digitalkameras konnten mit analogen nicht mithalten. Aber solange das neue Produkt in irgendeiner Hinsicht billiger, praktischer oder attraktiver ist als das alte, kann es einen bisher nichtexistenten Markt, bislang unerreichbare Käuferschichten erschließen. Es hilft nicht, die vorhandenen Kunden nach ihren Wünschen zu befragen, weil sie ebenfalls konservativ am bisherigen Produkt hängen. Die Abnehmer der frühen Großrechner waren eine völlig andere Zielgruppe als die späteren Käufer kleiner PCs für den Privatgebrauch. Die Menschen, die in den fünfziger Jahren die ersten Transistorradios kauften, waren keine Audiophilen, die sich für verbesserte Klangqualität interessierten, sondern wollten ein transportables Radio. Außerdem neigen Kunden dazu, die Zukunft der Produkte selbst völlig falsch einzuschätzen. Hätte man 2003 jemanden gefragt, ob er ein Handy mit Touchscreen wollte, hätte der normale Kunde an den groben und unempfindlichen Touchscreen des Geldautomaten gedacht und gesagt: «Was soll ich denn mit so einem untauglichen Quark?»

Unternehmen, die von disruptiven Neuerungen profitieren wollen, dürfen sich also gerade nicht auf das verlassen, was ihre Kunden wollen oder nicht wollen. Sie müssen sich an neue Käufergruppen wenden, die in der Innovation nicht eine schlechtere Version des bisherigen Produkts sehen, sondern ihre Eigenschaften von vornherein zu schätzen wissen. Da in diesen neuen Märkten zunächst einmal weniger Geld zu verdienen ist als in den bisherigen Geschäftsfeldern, wird ein etabliertes Unternehmen nicht einfach seine achtundzwanzig kostspieligen Hierarchieebenen über das neue Produkt stülpen können. Christensen rät zu kleinen, selbständig agierenden Ausgründungen aus dem vorhandenen Unternehmen, deren Struktur den anfangs geringen Gewinnen auf dem neuen Feld besser angepasst ist.

Aber auch wenn man einen Trend richtig erkannt hat, kann sich die einzelne Innovation als Sackgasse erweisen. Im 1910 erschienenen Band «Die Welt in 100 Jahren» kommt kaum eine Zukunftsvision ohne Zeppeline aus. Dass das Fliegen hundert Jahre später eine wichtige Rolle spielen würde, war eine korrekte Vorhersage, dass der Himmel heute voller Zeppeline hängt, nicht. Im Privatleben neigt der Mensch dazu, schnell wieder zu vergessen, dass er einmal behauptet hat, dem Marmeladenbrot mit Marmelade auf *beiden* Seiten gehöre unbedingt die Zukunft. Im Nachhinein hat er dann aber alle Entwicklungen frühzeitig und treffsicher vorhergesehen, die jeweiligen Branchen wollten nur einfach nicht auf ihn hören. Und wenn er seinerzeit nicht gerade durch wichtigere Dinge abgelenkt gewesen wäre, hätte er zweifellos Millionen mit Aktien der richtigen, damals noch kleinen Unternehmen verdient. Von dieser selektiven Vergesslichkeit sind auch Unternehmen nicht frei. Die *ZEIT* berichtete über die Forschungen des Technikhistorikers Reinhold Bauer zum Thema «fehlgeschlagene Innovationen»: «Als Reinhold Bauer für seine Habilitationsarbeit deutsche Unternehmen anschrieb, konnte sich dort niemand an Misserfolge erinnern. Manche versicherten, trotz intensivster Recherche sei es nicht gelungen, in der eigenen Firmengeschichte einen Fehlschlag zu entdecken (beziehungsweise die entsprechenden Unterlagen seien leider alle vernichtet).» Bauer kommt zu dem Schluss, dass fünfundachtzig bis fünfundneunzig Prozent aller Entwicklungen nie zur Marktreife gelangen, «Erfolg ist die Ausnahme, Scheitern die Regel».

Wir können den Erfolg des Neuen nur sehr begrenzt vorhersehen, und nur energische Beschönigung der Vergangenheit lässt uns selbst und die Mitmenschen das Gegenteil glauben. Wenn er dann einmal da ist, haben wir in der Regel wenig dazu beigetragen. Es ist wenig vorausschauend, jetzt auf der Vergangenheit herumzutrampeln und dabei «Wir sind das Neue! Das Neue ist toll!» zu rufen. Es geht immer auch etwas verloren, an dem die Herzen netter Menschen hingen. Schneller, als man denkt, steht man in diesem Prozess auf der anderen Seite, und dann tut einem die frühere Verurteilung des Alten ebenso leid wie alles, was man einst in jugendlicher Hartherzigkeit über Bäuche, Haarausfall und Falten geäußert hat. Nur wenige Menschen können sich wie geschickte Surfer ein bisschen länger auf dem Wellenkamm des Fortschritts halten, und auch ihnen gelingt das nur in manchen Bereichen ihres Lebens.

Die Menschen, deren uneinsichtiges Kleben am Ewiggestrigen man anprangert, sind Opfer einer Entwicklung, für die sie wenig können. Wer sich also einredet, die Mitarbeiter der Musik-, Buch- oder Zeitungsbranche hätten sich ihre Probleme durch jahrelange Untätigkeit oder Begriffsstutzigkeit selbst eingebrockt, der versichert sich damit in erster Linie selbst, dass ihm nicht morgen dasselbe passieren kann. Denn wenn nicht das sich immer weiterdrehende Rad der Veränderung schuld ist, sondern die Fortschrittsfeindlichkeit anderer Menschen, dann hat man selbst als aufgewecktes, zukunftszugewandtes Geschöpf ja nichts zu befürchten.

Die Wahrheit sieht anders aus: Diese vermeintlich am Gestrigen klebenden Menschen sind nicht wesentlich unflexibler oder denkfauler als man selbst. Wenn Sie nicht bei jedem Einkauf aufs Neue die Vor- und Nachteile aller Marmeladensorten gegeneinander abwägen, wenn Sie in festen Beziehungen am Wochenende lieber zu Hause bleiben, als auszugehen, wenn Ihre Lieblingsband dieselbe ist wie vor fünf Jahren und wenn Ihre freiwillige berufliche Weiterbildung ungefähr zehn Minuten pro Woche einnimmt, dann ist es Ihr eigenes Spiegelbild, auf das Sie da mit dem Finger zeigen. Häufen Sie kein schlechtes Karma durch Verhöhnung derer an, die ein paar Tage früher als Sie selbst herausgefunden haben, dass die schöpferische Zerstörung nicht nur das zerstört, was man sowieso nicht leiden konnte.

Alle Branchen durchlaufen immer wieder Phasen der Disruption. Die Branche gibt es danach vermutlich immer noch, aus der Faustkeilmanufaktur wird lediglich die Rüstungsindustrie, aus der schlesischen Heimweberei die Textilherstellung in Bangladesch. Aber weder einzelne Personen noch ganze Unternehmen können sich darauf verlassen, dass sie weiterhin Teil dieser Entwicklung sein werden. Die Telegraphie brachte Mitte des 19. Jahrhunderts eine klassische Nerdkultur hervor, nur wenige Spezialisten beherrschten die Technik und die damit einhergehenden sozialen Gebräuche. Schon nach wenigen Jahrzehnten wurde das Telegraphieren dank technischer Vereinfachungen zu einer Hilfstätigkeit, die keine besonderen Vorkenntnisse erforderte und viel schlechter bezahlt wurde. Schließlich verschwand es ganz.

Es gibt Anzeichen dafür, dass der eigene Beruf gerade von solchen Vorgängen zerlegt und neu zusammengesetzt wird. Wenn Sie selbständig sind, bekommen Sie weniger Geld für dieselbe Arbeit als früher, wenn Sie angestellt sind, regnet es Entlassungen und «Umstrukturierungen». Auftraggeber und

Auftragnehmer verhalten sich immer mehr wie verfeindete Lager. Warten Sie nicht darauf, dass es von alleine wieder besser wird oder der Staat rettend eingreift. Wenn Sie über fünfzig sind, hält das wackelige Gebilde mit etwas Glück noch, bis Sie in Rente gehen. Sind Sie jünger, sollten Sie weiterziehen. Auf rationaler Ebene lässt sich nicht viel gegen die Unannehmlichkeiten der Disruption ausrichten. Im Hinduismus ist der Gott Shiva für die schöpferische Zerstörung zuständig. Vielleicht hilft die Einrichtung eines Hausaltars, auf dem Sie Shiva hin und wieder eine Kerze oder ein veraltetes Gadget zum Opfer bringen.

Nicht so gute Argumente

«Die Automatisierung wird uns demnächst alle arbeitslos machen.»
Arbeitsplätze fallen schon immer technischen Neuerungen zum Opfer. Durch die Einführung des Buchdrucks wurden in kirchlichen Institutionen ganze Schreiberabteilungen wegrationalisiert – nicht nur dort, wo man bisher Handschriften illuminierte, die heute in Museen unter Glas liegen, sondern vor allem in der Verwaltung, wo Ablassbriefe und andere Formulare von Hand geschrieben wurden. Zum Ausgleich entstehen in anderen Bereichen neue Arbeitsplätze, vielleicht ermöglicht die Innovation der Branche erst die Expansion, sodass die Beschäftigtenzahl sogar wächst. Das war etwa im 19. Jahrhundert bei der Einführung der Schnellpresse im Buchdruck der Fall, die die preisgünstige Buchproduktion für den Massenmarkt erlaubte.

«Für die verschwindenden Arbeitsplätze entstehen mindestens genauso viele neue.»
Kann sein, muss aber nicht. Es gibt kein Naturgesetz, das besagt, dass für jeden verschwindenden Arbeitsplatz ein neuer entsteht. Außerdem profitieren von den neuen Arbeitsplätzen selten dieje-

nigen, deren alter Beruf gerade durch die Automatisierung verschwunden ist. Was ist, wenn zwar neue Arbeitsplätze zum Ausgleich für die entfallenden entstehen, diese neuen Arbeitsplätze aber in China liegen? Was, wenn sie zwar im eigenen Land entstehen, aber für die ehemaligen Beschäftigten der Vorgängerbranche unerreichbar sind, weil sie ganz andere Qualifikationen erfordern?

«Die neuen Arbeitsplätze stehen nur einer kleinen Elite offen.»

Im 18. Jahrhundert hätte man mit Verwunderung auf die Behauptung reagiert, dass es ohne Lese- und Schreibfähigkeiten eines Tages schwierig werden würde, auch nur einen Hilfsarbeiterjob zu bekommen. Um 1900 galt dasselbe für die Fähigkeit, eine Kraftdroschke zu lenken, um 1970 war es der berufliche Umgang mit Computern, heute sind wir beunruhigt, wenn jemand behauptet, Programmierkenntnisse seien das Lesen und Schreiben von morgen.

«Mein Geschäftsmodell wird es immer geben, das besagt das Riepl'sche Gesetz.»

Das Riepl'sche Gesetz sagt, dass niemals ein Medium durch ein anderes vollständig ersetzt wird, und bisher scheint es recht zu behalten. Allerdings bezog sein Erfinder Wolfgang Riepl sich damit in seiner Dissertation von 1913 auf das Nachrichtenwesen der alten Römer, unter besonderer Berücksichtigung der Signalfeuer-Türme. Und ob das Vorgängermedium vollständig verschwindet oder in einer stark reduzierten, hochspeziellen, womöglich rein künstlerisch genutzten Form erhalten bleibt – so wie heute die Vinylplatte oder die Handweberei –, ist eher nebensächlich für diejenigen, deren Arbeitsplätze damit ebenso stark reduziert werden.

6. Faster, Pussycat!
Von der Beschleunigung

24 bilder pro sekunde? das kann das gehirn
doch gar nicht verarbeiten.
Michael Seemann / @mspro, Twitter, 23. September 2009

Die digitale Welt ist zweifellos schnell. Sie fühlt sich jedenfalls schnell an. Zu schnell, sagen die einen. Schon schnell, aber nicht zu schnell, sagen die anderen. Im unter Netznerds beliebten Comic *xkcd* war 2010 davon die Rede, dass sich Twitterbotschaften schneller verbreiteten als Erdbebenwellen. Im August 2011 wurde der Witz wahr, an der Ostküste der USA ereignete sich ein Erdbeben. Tweets aus der Nähe des Epizentrums erreichten Leser in New York, bevor auch dort die Erde bebte.[1]

Tempo und Beschleunigung des digitalen Informationsstroms geben häufig Anlass zur Beschwerde, denn der reißende digitale Informationsfluss macht vermutlich irgendetwas mit der Gesellschaft. Die Kritik an der digitalen Beschleunigung hat in den letzten Jahren vor allem die Wirkung auf das Gehirn in den Blick genommen. Der Netzkritiker Nicholas Carr bemerkte 2010 an sich selbst besorgniserregende Veränderungen: «Ich wollte ständig mit der Welt verbunden sein. So ... verwandelte mich das Internet nun offenbar in eine Art Hochgeschwindigkeits-Datenprozessor, einen menschlichen HAL. Ich vermisste mein altes Gehirn.»

Es scheint, als habe diese Beschwerde noch jede neue gesellschaftsprägende Technik begleitet – weil das jeweilige neueste Medium nun aber wirklich im Bereich der unerträglichen, ja schädlichen Geschwindigkeit und Informationsflut angekommen sei. Im ausgehenden 20. Jahrhundert waren Kapitalismuskritik und Beschleunigungskritik eng verbunden. Mit der Allgegenwart des Internets hat sich die Beschleunigungskritik entpolitisiert, sie ist heute weniger kapitalismus- und stärker technologiebezogen.

Wenn im 19. und 20. Jahrhundert die Beschleunigung der Welt kritisiert wurde, dann stand neben Medientechnologien vor allem der Verkehr im Mittelpunkt. In «Emil und die Detektive» beschrieb Erich Kästner 1929 die städtische Beschleunigung aus der Sicht eines Landbewohners: «Diese Autos! Sie drängten sich hastig an der Straßenbahn vorbei; hupten, quiekten, streckten rote Zeiger links und rechts heraus, bogen um die Ecke; andere Autos schoben sich nach. So ein Krach! Und die vielen Menschen auf den Fußsteigen! Und von allen Seiten Straßenbahnen, Fuhrwerke, zweistöckige Autobusse!» Neben der Verkehrsgeschwindigkeit ist auch die Entwicklung der Arbeitsmaschinen für die Beschleunigung verantwortlich. In den Stuttgarter Bosch-Werken führte eine Rationalisierungswelle um 1907 zu einem neuen Akkordsystem. Daraus entstand der später vorübergehend sprichwörtliche Begriff «Boschtempo». An der Werkbank wurde die immer schnellere Produktionstechnik mit spürbar geringerer Begeisterung aufgenommen als in den Büros über der Fabrikhalle.

Joachim Radkau stellte in seinem Buch «Das Zeitalter der Nervosität – Deutschland zwischen Bismarck und Hitler» (Hanser, 1998) eine große These auf: gegen Ende des 19. Jahrhunderts habe sich eine «von Nervosität geprägte Grundhaltung» entwickelt, die schließlich im Ersten Weltkrieg gemündet habe. Eine Art Modekrankheit kam auf, die Neurasthenie, eine Nervenschwäche oder nervöse Reizbarkeit, die Radkau direkt mit der Industrialisierung und dem gesellschaftlich-technologischen Wandel verbindet. Sigmund Freud glaubte 1887, dass «Neurasthenie die allerhäufigste Krankheit in unserer Gesellschaft» sei.

Auch vorher schon wurden die Beschleunigung der Welt und ihre psychischen Folgen intensiv diskutiert. Der Nationalökonom Gustav Schmoller, einer der Urväter der sozialen Marktwirtschaft, schrieb 1873: «Immer schneller soll es gehen. Immer hastiger stürzt sich das junge Geschlecht in die Bahn des Lebens. Keine Minute verlieren ist die Losung; das ganze Leben gleicht einem dahinbrausenden Eisenbahnzug.»

1868 hielt der New Yorker Geschäftsmann William E. Dodge eine Rede darüber, dass die Beschleunigung der Geschäftsvorgänge durch die Telegraphie kein reiner Segen sei. Täglich würden jetzt Berichte über die wichtigen Weltmärkte veröffentlicht, die Kunden ständig per Telegramm auf dem Laufenden gehalten. Anstatt wenige große Warentransporte jährlich zu organisieren, müsse der Kaufmann nun ständig aktiv sein, mit fernen Geschäftspartnern korrespondieren, schon nach Wochen über Liefervorgänge Bescheid wissen, von denen er früher monatelang nichts erfahren habe. «So wird er in ständiger Aufregung gehalten, ohne Zeit für Ruhe und Erholung.» Nach einem anstrengenden Arbeitstag geht der Kaufmann nach Hause und möchte im Kreise seiner Familie bei einem späten Abendessen die Geschäfte vergessen, aber da erreicht ihn ein Telegramm aus London, der arme Mann muss sein Essen hinunterschlingen, um Antwort zu geben. Will er seine Familie ernähren, bleibt ihm gar nichts anderes übrig, «Er *muss* sich des Telegraphen bedienen.»

Und schon vor der Einführung des Telegraphen prägte

die Geschwindigkeit das Wirtschaftsleben. Joachim Radkau berichtet, wie die frühe Industriegesellschaft Anfang des 19. Jahrhunderts eine Vielzahl von zusammengesetzten Begriffen für Waren und Dienstleistungen hervorbrachte, die das Wort «schnell» enthielten: Schnellbleiche, Schnellgerberei, Schnellseifensieder, Schnellpost, Schnellpresse. Im Jahr 1772 schrieb der Mathematiker und Aphoristiker Georg Christoph Lichtenberg in einem Brief an seinen Verleger: «... unter uns, ich glaube, ich habe die Hektik» – Hektik und das «hektische Fieber» galten zu Lichtenbergs Zeit als Krankheit der nervlichen Anspannung.

Noch früher haftete schon dem gedruckten Buch etwas bedrohlich Hastiges an, jedenfalls aus der Perspektive der jeweiligen Zeitgenossen. Der Zisterziensermönch Conrad Leontorius empfand um 1500 den aufgekommenen Buchdruck als viel zu hektisch. Leontorius schreibt von «der mannigfaltigen und verwerflichen Hetze des [Druckens], die fast für alle oberstes Gesetz ist». Die Klagen über die Beschleunigung des Lesens hatten sich schon vorher gehäuft. Es kann als sehr wahrscheinlich gelten, dass die Erfindung des Rades zu massiven Beschwerden über die immense Beschleunigung in der damaligen Fußgängergesellschaft geführt hat.

Leicht ließe sich lachen über die technologiekritischen Bremser und ihr Geschwindigkeitslamento. Würden nicht auf der anderen Seite die Beschleunigungseuphoriker ebenso vehement und subjektiv argumentieren. Im Januar 2011 veröffentlichte der industrienahe Netzkolumnist Sascha Lobo auf *Spiegel Online* einen Beitrag mit dem Titel «Plädoyer für die Beschleunigung». Darin spottete er billig: «Aber Entschleunigung stinkt. Dahinter steht der reaktionäre Fetisch der Langsamkeit. [...] Beschleunigung ist wie die Effizienzsteigerung unbedingter Teil des Fortschritts.»

Es handelt sich dabei nur bedingt um die zugespitzte Meinung eines Möchtegern-Provokateurs. Vielmehr ist das Lob der Beschleunigung in der Smartphone-Ära zu einer Art Pflichthaltung der Netzavantgarde geworden. Kritikern hält man entgegen, sie sollten sich mal nicht so anstellen, oder verdächtigt sie pauschal des Altseins. Freunde macht man sich auf diese Weise sowieso nicht, aber «Friss oder stirb» war noch nie ein Mittel, um irgendjemanden zu überzeugen. Genauer gesagt hat es sich als zweitkontraproduktivstes Argument überhaupt herausgestellt, übertroffen in seiner Wirkungslosigkeit nur noch durch den Vorwurf der völligen Ahnungslosigkeit.

Ebenfalls typisch für die Pro-Geschwindigkeits-Fraktion ist, dass die Veränderungen durch die Beschleunigung nicht etwa insgesamt geleugnet werden. Man erklärt stattdessen die Auswirkungen einfach für positiv. Das geht recht leicht, weil sich die Beschleunigung in vielen Bereichen tatsächlich günstig interpretieren lässt und die entsprechenden Effekte komfortablerweise viel leichter messbar sind als die von den Gegnern bemühten Veränderungen im Gehirn – die schließlich auch von Onanie herrühren könnten. Wissenschaft und vor allem Ingenieurwesen konzentrierten sich zu Beginn des 20. Jahrhunderts auf effektivere und effizientere Produktionsverfahren für die Industrie. Spätestens seit Frederick Taylors Effizienzlehre war die Beschleunigung von Arbeitsprozessen fast gleichbedeutend mit Fortschritt. Der geschwindigkeitsfixierte Taylorismus führte zu ungeahnter industrieller Produktivität.

Schon vorher, in der fortschrittsfixierten Gründerzeit, war die Beschleunigung mit naiver Begeisterung beschrieben worden. In einem Text von 1865 aus dem «Stammbuch der neueren Verkehrsmittel. Eisenbahnen, Dampfschiffe, Telegraphen und Luftschiffe» heißt es: «Auf unterirdischen Eisenbahnen reisen die Passagiere, durch die pneumatischen Tuben fliegen die Briefe und leichten Packete, auf elektrischen Drähten eilen die Menschengedanken mit Blitzesschnelle in alle Welt hinaus, während eiserne Schienennetze und schnelle Dampfer See und Land umspannen und verbinden. Das ist ein Stück Märchenpoesie der Industrie und der Eisenbahnen!» Hurra, alles wird immer schneller – solche Positionen sind allerdings gar nicht so sehr auf die tatsächliche Geschwindigkeit bezogen. Hier geht es vielmehr um das Aufbruchsgefühl, um den Eindruck, dass endlich etwas passiere. In einer Talkshow zum Phänomen «Illegale Autorennen» irgendwann in den 1990er Jahren wurde ein junger Mann gefragt, warum er gerade in den Kurven so sehr beschleunige, dass die Reifen ausbrechen würden. «Dann spüre ich wirklich, dass ich lebe.» Diese simple Erkenntnis verbindet ihn mit einem der Begründer der modernen Wissenschaften, dem Mathematiker und Astronomen Johannes Kepler. Lange bevor die neuen Verkehrsmittel auch nur erahnbar gewesen wären, notierte er im Jahr 1606, wie wunderbar der Buchdruck den Takt der Welt erhöht habe: «Ich glaube wirklich, dass die Welt jetzt erst wirklich lebt, dass sie geradezu rast.»

Es stehen sich also zwei Parteien gegenüber, die seit fünfhundert Jahren eine Beschleunigung spüren, aber diese Empfindung unterschiedlich interpretieren. Ist also auch in dieser Diskussion alles eine Frage des subjektiven Standpunktes? Könnte man annehmen, schließlich gehört die eingangs erwähnte Klage über die Beschleunigung der Welt ebenso zum festen Repertoire des modernen Kulturpessimisten wie Lamentos über Jugendkriminalität, allgemeine Verwahrlosung der Sitten und schlechte Sprache in Wort und Schrift.

Tatsächlich lautet die Antwort: Nein. Es ist eine objektive Beschleunigung messbar (bloß der ICE braucht seit 2011 von

Berlin nach Hamburg wieder zwei Minuten länger als 1931*). Der Jenaer Soziologe Hartmut Rosa hat 2005 in seinem Buch «Beschleunigung» den Wandel der Zeitstrukturen in der Moderne untersucht. Viele Indizien weisen darauf hin, dass die Beschleunigung nicht nur in der Einbildung von Leuten im fortgeschrittenen Alter stattfindet, sondern sich messen lässt, zum Beispiel in der Kultur: «In der Musik ist immer wieder beobachtet worden, wie sehr sich das Aufführungstempo klassischer Werke seit dem 19. Jahrhundert beschleunigt habe – vergleicht man die durchschnittliche Spieldauer der Aufnahmen eines Werkes über die Jahrzehnte, so lassen sich ungeachtet einiger gezielt ‹entschleunigender› Gegenbewegungen tatsächlich eindeutige ‹Schrumpfungstendenzen› feststellen. Das Gleiche scheint für die Dialoggeschwindigkeit im Theater zu gelten, so berichtet Eriksen, die Aufführungsdauer von Ibsens ‹Rosmersholm› sei in weniger als einem Jahrhundert von vier auf unter zwei Stunden gesunken.»

Ein Phänomen aus der Akustik könnte als Modell für die Empfindung der Beschleunigung taugen, die Shepard-Skala. Der Psychologe Roger Shepard entdeckte 1964 spezielle Tonfolgen, die bei Zuhörern einen merkwürdigen Effekt erzielen. Es scheint, als steige eine Tonleiter beständig an, über Minuten, Stunden, Tage, solange man zuhört. Doch erreichen die Klänge nie das physisch nicht mehr wahrnehmbare Spektrum. Dieser Effekt kommt, grob gesagt, dadurch zustande, dass mehrere ansteigende Tonfolgen ständig ineinandergreifen. Sie bilden eine Art akustische Spirale, die sich dreht und

* 1931: eine Stunde und achtunddreißig Minuten. 2012: eine Stunde vierzig. Redlichere Menschen als wir würden zugeben, dass es sich bei der Fahrzeit von 1931 um einen einmaligen, vom *Schienenzeppelin* aufgestellten Geschwindigkeitsrekord handelte, aber dann wäre ja der Witz dahin.

dreht, in die der Betrachter immer tiefer hineingezogen zu werden scheint. Mit der Wahrnehmung der Beschleunigung in der Gesellschaft könnte es sich ähnlich verhalten: einzelne Prozesse werden messbar schneller, andere aber bremsen sich ab oder verschwinden.

Das Leben besteht schließlich, wie bei der Shepard-Skala, aus vielen ineinandergreifenden Prozessen, es ist kein gleichförmiges Geschehen. Vorgänge, die sich gerade nicht beschleunigen, stehen allerdings viel seltener im Fokus, weil zunehmende Geschwindigkeit die Aufmerksamkeit auf sich zieht, abnehmende aber nicht. Ungefähr so, wie bei der Fernsehübertragung eines Radrennens die Kamera in der Regel auf die schnelle Spitzengruppe gerichtet ist und selten auf die zurückfallenden Fahrer weiter hinten. Die Beschleunigung hat im Kampf um die Aufmerksamkeit einen, haha, Geschwindigkeitsvorteil gegenüber der Verlangsamung.

Die Beschleunigung scheint sich vor allem auf zwei verschiedene Arten zu reduzieren. Die erste ist naheliegend: Manche schnellen, stresserzeugenden Tätigkeiten verschwinden einfach. Eine Telefonistin im späten 19. Jahrhundert beschrieb ihren Arbeitsplatz: «Sitzen Sie einmal, die siebente oder achte Stunde am Tag, das Mikrophon am Ohr, ein paar Dutzend Schnüre und Lampen und zehntausend Klinken vor sich, und alles durcheinander: Rufzeichen und Fragen, Verbindungen, Mithören, wieder Trennen und Zwischenfragen, Schlusszeichen und sieben Beschwerden; (...) ungeduldiges Lämpchenblinken und ‹nochmals rufen› und einmal ‹Feuerwehr› und dann die Aufsicht und dann das Fernamt und wieder trennen. Und finden sie einmal unter zehntausend Nummern die richtige in einer halben Sekunde und hauen Sie nicht daneben und behalten Sie im Kopf, dass der gelbe Stöpsel in dieser Klinke das, der grüne in jener dies, und der gekreuzte wieder etwas anderes bedeutet.»[2] Der damals höchst beschleunigte Beruf des «Fräulein vom Amt» existiert heute nur noch als großonkelhafte Redewendung.

Das zweite Verschwinden der Beschleunigung entspricht eher einem Verblassen. An manche der früher ungeheuer beschleunigungsintensiven Vorgänge gewöhnen wir uns einfach. Das Thema des hupenden, quiekenden Verkehrs ist heute weitgehend aus dem Beschwerdewesen verschwunden. Und das liegt nicht ausschließlich daran, dass sowieso alle im Stau stehen, einem Ort, an dem sich selbst erklärte Beschleunigungsfeinde nur selten zu Klagen über die rasende Welt hinreißen lassen.

Aus ehemaligen Schrecknissen der Beschleunigung können sogar entspannende Tätigkeiten werden. Das geschieht nicht nur, weil inzwischen alle anderen Lebensbereiche noch stärker beschleunigt worden wären, so wie die Mieten in einem einstmals teuren Wohnviertel nicht etwa sinken, sondern nur durch die noch stärker steigenden Mieten der anderen Viertel irgendwann wieder relativ bezahlbar erscheinen. Auf vielen Gebieten kommt es zu einer sozialen Umdeutung der ehemals stressigen Tätigkeit. Aus der nervenzerfetzenden Allgegenwart aktueller Nachrichten, die im 19. Jahrhundert beklagt wurde, ist das beschauliche morgendliche Zeitunglesen geworden, ein Gegenentwurf zur nervenzerfetzenden Allgegenwart aktueller Nachrichten im Internet. Der Blick aus dem Zugfenster auf die vorbeiziehende Landschaft – frühe Reisende empfanden ihn als höchst beunruhigend, Mediziner warnten vor Schädigungen von Auge und Gehirn – dient heute der Entspannung. Zug- und Schiffsreisen sind etwas für Leute mit sehr viel Zeit, und das Motorradfahren existiert in Parallelversionen sowohl als Hobby für Hochgeschwindigkeitsfans wie als zeitvergessenes Dahintuckern auf der Harley, das ein Zeichen gegen die Hast der übrigen Gesellschaft setzt.

Der Dokumentarfilm «Koyaanisqatsi», der einer indianischen Prophezeiung folgend vor der ständigen Beschleunigung der Welt warnen sollte, rüttelte im Erscheinungsjahr 1982 die Kinozuschauer mit seinen Zeitrafferaufnahmen visuell auf und wurde als cineastischer Aufschrei der Zivilisationskritik empfunden. Heute wirkt er meditativ und kann am Sonntagmorgen in jeder Chill-out-Area gezeigt werden. Inzwischen hat sich herumgesprochen, dass man beim Fernsehen nicht vor Anspannung zittern muss, weil man beim Sehen eines Kanals gleichzeitig vierzig andere verpasst. Angeblich soll der Pulsschlag eines Fernsehenden sogar den Puls eines Schlafenden unterschreiten – Tiefenentspannung mit Hilfe eines Apparates, der in den 1990er Jahren mit MTV und seinen schnellen Schnitten als Altar der Hektik galt.

Auch die von Conrad Leontorius bemängelte Hetze des Buchdrucks kommt nicht erst seit dem Internet als Fanal der Bedächtigkeit daher. Neil Postman argumentierte in seinem kulturpessimistischen Sachbuchhit «Wir amüsieren uns zu Tode» 1985 gegen das Fernsehen: «Wir haben es heute mit dem raschen Zerfall der Grundlagen einer Bildung, in deren Mittelpunkt das langsame gedruckte Wort stand, und mit dem ebenso raschen Aufstieg einer neuen Bildung zu tun, die auf dem lichtgeschwinden elektronischen Bild beruht.» Das gedruckte Buch brauchte noch 500 Jahre von «Hetze» bis «langsam», Musikfernsehen brauchte fünfzehn Jahre, vermutlich wirkt ein durchschnittlicher Twitter-Hagel schon in ein paar Monaten geradezu erstarrt. Sogar die Entschleunigung beschleunigt sich.

Einige Erklärungsmodelle zur Beschleunigungsdebatte lassen vermuten, dass hier ein Stellvertreterkrieg ausgefochten wird. Hinter der Klage, dass irgendetwas schneller oder gleichzeitiger passiert als früher, stecken womöglich ganz andere Probleme und Veränderungen. Die Soziologin Nicola Green weist zum Beispiel darauf hin, dass sich die Organisation privater wie beruflicher Aktivitäten gewandelt hat: Früher waren unsere Beschäftigungen stark nach Orten sortiert, man hatte eine Telefonnummer für Privates und eine für Geschäftliches, Arbeit fand am Arbeitsplatz statt und Freizeit woanders. Das hat sich erst vor kurzer Zeit geändert. Das häufig geäußerte Unbehagen könnte daher rühren, dass soziale Anpassungsstrategien an diesen Wandel noch fehlen.

Manche Forscher vertreten die Ansicht, technische Entwicklungen seien gar nicht das Thema, man müsse stattdessen die Umstrukturierungen in der Familie genauer betrachten. Die größten Zeitprobleme träten auf, wo beide Elternteile arbeiteten, wo also der einzelne Haushalt mehr Zeit in bezahlte Arbeit investiere. Die Soziologin Judy Wajcman schreibt: «Die Wahrnehmung, dass sich das Leben unangenehm beschleunigt hat, geht auf die reale Zunahme der kombinierten Arbeitsverpflichtungen aller Familienmitglieder zurück, nicht auf die Veränderung der Arbeitszeit des Einzelnen. Dieser Wandel in der Familienzusammensetzung und den Geschlechterverhältnissen, der sich in den letzten Jahrzehnten vollzogen hat, ist der Schlüssel zu einer Erklärung des Zeitdefizits.»

Eine letzte Handreichung für alle, die gar keine Doppelverdienerfamilie managen müssen und trotzdem das Gefühl haben, es bleibe am Ende des Tages zu wenig Zeit übrig: Beschleunigung bedeutet nicht selten, dass Dinge einfacher werden. Vereinfachung ist ein wohlklingendes Wort und gibt selten Anlass zur Klage. Aber wir sind immer gleichzeitig Leidtragende und Nutznießer der Beschleunigung: Wenn man selbst etwas schneller erledigen soll, ist das anstrengend, aber wenn Amt X für Vorgang Y nur noch drei Wochen statt sechs Monate braucht, wird das allgemein begrüßt. Außer vielleicht von den Mitarbeitern von Amt X. Verwirrenderweise sind es oft genau dieselben Techniken und Praktiken, die mit der einen Hand Vereinfachung schenken und sie mit der anderen Hand wieder wegnehmen.[3] Bürokratie etwa beschleunigt manche Vorgänge und macht das Leben dafür an anderen Stellen mühsamer, die Digitalisierung ermöglicht eine flexiblere Gestaltung von Arbeitszeit und -platz, führt aber dazu, dass sich die Arbeit dann eben auch in allen Tageszeiten und Räumen einnistet. Vielleicht ist die Beschleunigung nicht zuletzt deshalb so unbeliebt, weil sie uns mit der Nase darauf stößt, dass jede Vereinfachung immer auch irgendetwas anderes komplizierter macht – und sei es nur, indem die gewonnene Lebenszeit den Menschen dazu anstachelt, sich neue Kompliziertheiten auszudcnken.

7. Das Bücherrad neu erfinden

Der Ärger mit der Informationsüberflutung

> Die unnützesten Informationen in der Informationsflut
> des Internet sind die Warnungen vor der Informationsflut
> des Internet.
> *@formschub, Twitter, 30. Januar 2012*

Die Informationsmenge im Netz verdoppelt sich – je nachdem, was man zählt und wem man glaubt – alle anderthalb bis fünf Jahre. Anfang 2012 kamen in jeder Minute 1800 Terabyte neue Daten hinzu[1]. Der ehemalige Google-CEO Eric Schmidt schätzte 2010, dass alle zwei Tage so viel Information produziert würde wie von Anbeginn der Menschheit bis einschließlich 2003. Wie sich in anschließenden Diskussionen herausstellte[2], hatte er damit vermutlich nicht recht. In Wirklichkeit weiß niemand so genau, wie viel Information von Anbeginn der Menschheit bis 2003 produziert wurde oder was «Information» in diesem Zusammenhang eigentlich heißt. Einigkeit herrscht aber darüber, dass das Netz sehr viel von diesem informationsartigen Zeug enthält und dass es täglich mehr wird.

Dabei war die Lage schon vor der Erfindung des Internets nicht gerade übersichtlich: 1990 beschrieb der *Spiegel* unter dem Titel «Der Mensch wird immer dümmer» das «Informations-Bombardement» durch das immer größere Angebot in Bahnhofsbuchhandlungen, die «Anzeigenblätter in einer Millionenauflage», die «blinkenden Nachrichten auf Leuchtschrifttafeln», die raschen Bildwechsel bei MTV und das

«Abgrasen (Fachjargon: ‹Zapping›) der TV-Kanäle». Der amerikanische Autor Warren Bennis wird in diesem Beitrag als «eingefleischter Informations-Junkie» und «Opfer der Informationsflut» vorgestellt, weil er 225 Magazine abonniert hat. «Bennis stapelt die Druckwerke nach ihrer ‹Wichtigkeit›. Das hat auf seine Lesetätigkeit allerdings keinen Einfluss, da er einen Großteil seiner Zeit damit verbringt, ‹sich schuldig zu fühlen, weniger als ein Prozent des Stapels *Absolut wichtig* zu lesen›.»

Auch vor der Erfindung von Fernsehen und Bahnhofsbuchhandel hatten es die Menschen nicht leicht. Der französische Enzyklopädist Denis Diderot kam 1755 zu dem Schluss, weil die Anzahl der Bücher immer weiter wachse, könne man «eine Zeit vorhersagen, in der es fast so schwierig sein wird, aus Büchern zu lernen wie aus der direkten Betrachtung des ganzen Universums». 1685 befürchtete der französische Forscher Adrien Baillet, die von Tag zu Tag zunehmende Vielzahl der Bücher werde die kommenden Jahrhunderte in einen Zustand der Barbarei zurückfallen lassen. 1680 beklagte Leibniz die «schreckenerregende und immer weiter anwachsende Menge der Bücher», die schließlich in ein «fast unüberwindliches Chaos»[3] führen werde. Der Schweizer Naturforscher Conrad Gesner schrieb schon 1545 von einem «verwirrenden und schädlichen Überfluss an Büchern». Natürlich stehen alle diese Klagen ihrerseits in Büchern und vermehren so das Problem.

Wenn man noch weiter zurückgeht, kommt man aber nicht etwa bei Menschen an, die finden, es müsse jetzt aber mal Schluss mit den vielen Höhlenmalereien sein. In der Zeit vor dem Buchdruck bestand das Hauptproblem im Umgang mit Informationen im Gegenteil darin, dass sie rar, kostbar und vom Verschwinden bedroht waren. Handschriften etwa gingen gar nicht so selten unwiederbringlich verloren, zum

Beispiel durch Bibliotheksbrände. Der Buchdruck löste dieses Problem um den Preis eines neuen.

Die Zeiten, in denen es für den einzelnen Leser möglich war, die gesamte existierende Literatur selbst zu sichten, waren schon in der Antike Vergangenheit, auch die Bibliothek von Alexandria überstieg das Lesevermögen jedes Menschen. Danach blieb es noch einige Jahrhunderte lang möglich, ein bestimmtes Fachgebiet zu überblicken. Heute ist das Gebiet, in dem Experten die Literatur einigermaßen erfassen können, auf ein winziges Eckchen der jeweiligen Wissenschaft zusammengeschnurrt. Zuweilen gelingt es ein paar Jahrzehnte lang etwas besser, zu verdrängen, wie groß das Missverhältnis zwischen Informationsmenge und menschlicher Lebenszeit ist. Aber mit der Digitalisierung ist die gewaltige Menge des Geschriebenen wieder einmal deutlich ins allgemeine Bewusstsein gerückt.

Dass das Problem bereits älter ist, hat den Vorteil, dass andere Menschen schon Techniken und Praktiken zu seiner Linderung gefunden haben. Beim Umgang mit der aktuellen Version der Informationsüberflutung sind diese Bewältigungsstrategien von früher zwar keine Hilfe, es lohnt sich aber trotzdem, einen Blick darauf zu werfen. Man kann an ihnen ablesen, dass viele Techniken der Informationshandhabung, die wir heute für selbstverständlich halten, erst mühsam erfunden werden mussten. Daraus lässt sich schließen, dass auch wir voraussichtlich demnächst solche Verfahren entwickeln werden und dann der Schmerz nachlässt. Vorübergehend.

Eine Gruppe, die früh mit dem Problem der Informationsflut zu tun bekam, waren die Botaniker. Bis ins 16. Jahrhundert lebten sie in dem Glauben, es gebe ein paar hundert verschiedene Pflanzen, die alle bereits von den Autoren der Antike beschrieben worden seien. Aber die Zahl der Botaniker nahm zu, und damit auch die Zahl der Pflanzen, die überall in Europa gefunden und in Büchern festgehalten wurden. Die neuen Pflanzen brauchten Namen. Unterschiedliche Autoren entschieden sich für unterschiedliche Bezeichnungen, schon bald war jede Pflanze unter mehreren Bezeichnungen bekannt. Die Lage wurde unübersichtlich, Anfänger und Fachleute kämpften mit dem Chaos.

Ab der Mitte des 16. Jahrhunderts entstanden botanische Enzyklopädien, die neue Entdeckungen zusammenfassten. Man einigte sich auf standardisierte Begriffe und Beschreibungsformen. Stichwortverzeichnisse und Nachschlagewerke der konkurrierenden Pflanzennamen erleichterten die Orientierung. Die Autoren der neuen Übersichts- und Nachschlagewerke begannen die Quellen einzelner Informationen zu benennen. Neben den Büchern, die sich um Vollständigkeit bemühten, entstanden solche, die nur die Flora einer kleinen, übersichtlichen Region beschrieben. Ähnliche Pflanzen wurden in Gruppen zusammengefasst, die teilweise schon den modernen Arten entsprachen, teilweise aber auch eher an Jorge Luis Borges' erfundene chinesische Enzyklopädie erinnerten: etwa «Pflanzen mit schönen Blüten». Der Bedarf an einer eindeutigen und logischen Taxonomie, die noch um 1500 niemand vermisst hatte, war unübersehbar geworden. Es dauerte dann nur noch weitere zweihundert Jahre, bis Carl von Linné diese Taxonomie entwickelte.

Auch in den anderen Wissenschaften wurden die Hilfsmittel und Systeme zum Auffinden und Ordnen der neuen Informationsfülle immer weiter ausgebaut: Stichwortverzeichnisse, Merkmallisten, Bibliographien. Der bereits erwähnte Conrad Gesner unternahm 1545 den Versuch, alle gedruckten Bücher aufzulisten, seine *Bibliotheca universalis* enthält rund 10 000 Titel. Gegen Ende des 17. Jahrhunderts begann die große Zeit der Enzyklopädien. Als der Brite Ephraim Chambers 1728 seine zweibändige *Cyclopaedia* veröffentlichte, begründete er die Notwendigkeit wieder einmal mit «der lange beklagten Vielzahl der Bücher: es sind ihrer zu viele geworden, zu viele nicht nur, um sie zu erwerben und zu lesen, sondern auch um sie zu betrachten, ihre Namen zu kennen oder auch nur ihre Zahl». Die *Cyclopaedia* enthielt als erstes Nachschlagewerk Querverweise zwischen den Einträgen. Verzeichnisse von Verzeichnissen entstanden. Diese Lösungen brachten neue Sorgen mit sich. Forscher beklagten einen Niedergang der Gelehrsamkeit, der um 1600 eingesetzt habe, seit der wissenschaftliche Nachwuchs sich so vieler Arbeitserleichterungen und Nachschlagewerke bediene, anstatt ordentlich die Originalquellen zu studieren.

Auch die persönlichen Lesestrategien passten sich an. In frühmittelalterlichen Darstellungen sieht man Gelehrte einen einzigen Text lesen. Etwa ab dem Jahr 1400 werden Bilder üblich, auf denen die Lesenden mehrere Schriften gleichzeitig studieren. Kurze Zeit später umgibt ein Chaos aus aufgeschlagenen Büchern und Manuskripten die dargestellten Forscher. Im 16. Jahrhundert tauchen vereinzelt «Bücherräder» auf, rotierende Lesepulte, mit deren Hilfe man abwechselnd in bis zu zwölf Büchern lesen konnte. Die Literatur selbst ist voller Ermahnungen, dem erhöhten Pensum mit mehr harter Arbeit und Selbstdisziplin zu begegnen, aber guter Wille war nicht genug. Techniken des flüchtigen Lesens breiteten sich aus: Der britische Philosoph Francis Bacon erklärte 1612, manche Bücher seien nur zu verkosten, andere hinunterzuschlingen, einige wenige zu kauen und zu verdauen. Forscher beschrieben ihre privaten Techniken im Umgang mit den großen Informationsmengen: Kürzel und Anmerkungen in farbiger Tinte an den Texträndern, die von Isaac Newton bevorzugten Eselsohren, das Markieren mit dem Fingernagel, das Ausschneiden und Zusammenkleben handschriftlicher und gedruckter Texte. Speziell die deutschen Gelehrten des 17. Jahrhunderts schätzten offenbar komplizierte, mehrstufige Systeme zur Verwaltung ihrer Notizen. Der Hamburger Professor Vincent Placcius beschrieb 1689 ein nach seinen Vorgaben angefertigtes Schränkchen, in dem er Notizzettel an Haken mit bestimmten Überschriften aufbewahrte. Leibniz ließ sich angeblich ein solches *scrinium literatum* nach Placcius' Vorgaben anfertigen. Es war nicht unüblich, Handlanger mit dem Lesen und Exzerpieren zu beschäftigen.

Alle Hilfsmittel werden früher oder später von der immer weiter wachsenden Informationsmenge eingeholt, und eine bloße Vergrößerung des Hakenschränkchens, des Bücherrades oder der Enzyklopädie bringt dann keine weitere Linderung. Immer wieder werden neue, ganz anders geartete Techniken nötig. Ein Beispiel aus der Wissenschaft des 20. Jahrhunderts ist der *impact factor* (IF). Er geht auf den amerikanischen Wissenschaftler Eugene Garfield zurück, der 1955 das *Institute for Scientific Information* sowie die Forschungsrichtungen «Bibliometrie» und «Szientometrie» mitbegründete. Auch Bibliometrie und Szientometrie sind Antworten auf die Frage, wie man sinnvoll mit einer viel zu großen Informationsmenge zurechtkommt.

Weil es viel zu viele wissenschaftliche Zeitschriften gibt, als dass Forscher sich auch nur innerhalb des eigenen Fachgebiets einen vollständigen Überblick verschaffen könnten, brauchen sie irgendeine Entscheidungsbasis, was sie in ihrer begrenzten Arbeitszeit lesen sollen und was nicht. Eine Möglichkeit ist, nur die relevantesten Zeitschriften zu lesen, und bei der Identifikation dieser Zeitschriften hilft der besagte *impact factor*. Er misst, wie oft andere Wissenschaftler Beiträge zitieren*, die in einer bestimmten Zeitschrift erschienen sind: 2011 zählt man nach, wie oft die 2009 und 2010 in «Mitteilungen zur Angewandten Hypnohydraulik» erschienenen Beiträge in anderen wissenschaftlichen Veröffentlichungen zitiert wurden. Wenn jeder Beitrag im Schnitt dreimal von anderen Forschern als Quelle erwähnt wurde, hatte die Zeitschrift im Jahr 2011 einen IF von 3. Wer sich hier an Googles PageRank-Algorithmus erinnert fühlt, täuscht sich nicht, es handelt sich beim IF tatsächlich um einen frühen Vorläufer. Wenn man jetzt noch Zitate in Zeitschriften mit höherem Impact stärker gewichten würde als Zitate aus weniger wichtigen Zeitschriften, dann hätte man das Google-System[4]. Der IF war zu seiner Zeit ein Fortschritt, inzwischen sind aber auch viele Schwächen der Methode an den Tag getreten. Von diesen Problemen und den aktuellen Bewältigungsansätzen wird im nächsten Kapitel die Rede sein.

Die «Informationsüberflutung» ist nur die andere Seite des alten Menschheitstraums vom schnellen, ungehinderten Zugang zu möglichst allen Informationen, die andere bereits zusammengetragen haben. Es ist viel einfacher geworden, Informationen zu suchen, zu sammeln und bei Bedarf zur Hand zu haben. Noch nie gab es so umfangreiche, auch außerhalb der Universitäten verfügbare Möglichkeiten, sein Wissen in einem beliebigen Fachgebiet zu vertiefen. Wie unsere Vorfahren schwanken wir angesichts der neuen Möglichkeiten zwischen Sehnsucht und Überforderung. Einerseits wollen wir alles, und zwar sofort und ohne Schlangestehen in der Bibliothek, andererseits aber dann doch lieber nicht *alles*, sondern nur das, was wir gerade suchen. Im günstigen Fall herrscht ein fragiles Gleichgewicht zwischen Findeglück und Überfor-

* Mit «zitieren» ist bei Wissenschaftlern so etwas wie «verlinken» gemeint.

derung, ein Gleichgewicht, das durch jede Veränderung aufs Neue bedroht wird.

In manchen Wissensbereichen befinden wir uns heute in derselben Situation wie die Botaniker des 16. Jahrhunderts: Viel zu viele Daten aus allen möglichen Bereichen strömen auf uns ein, ohne dass wir über ein Modell verfügten, in das wir sie einbauen könnten. Das stiftet Unruhe und Verwirrung, die Linderungstechniken hinken den Problemen hinterher, und bis ein Gebiet durch das Äquivalent einer Linné'schen Taxonomie grundlegend neu geordnet wird, kann es lange dauern.

Ein angenehmer Aspekt der Informationsüberflutung ist, dass sie – anders als andere Themen dieses Buchs – wenig Zwietracht verursacht. Die Beschleunigung, um die es im vorigen Kapitel ging, ist in den Städten spürbarer als auf dem Land, bietet also beispielsweise die attraktive Möglichkeit, Zivilisation, Industrialisierung und die zweifelhaften Interessen der Städter zu beschuldigen. Aber die Informationsüberflutung ist allgegenwärtig, sie betrifft uns alle, und wir alle tragen dazu bei, aber niemand kann so richtig etwas dafür. Daher wird ausnahmsweise auch niemand beschimpft, nicht einmal Google, Apple oder Facebook. Uneinigkeit herrscht nur darüber, wie neu und wie fatal die Informationsflut wirklich ist.

Freizeitnutzer des Internets können zwar Hilfsmittel einsetzen, die andere schon für sie erfunden haben und an leicht auffindbaren Orten zur Verfügung stellen, zum Beispiel die Vorsortierung der Welt durch Google. Viele andere Techniken aber bleiben ihnen verschlossen, weil man dafür weniger naheliegende Anlaufstellen im Netz aufsuchen oder Software einsetzen müsste. Und diejenigen Strategien, die man sich erst einmal aneignen müsste, fehlen ihnen ganz. Gerade die Wenignutzer des Netzes spüren die Überfülle daher am schmerzhaftesten. Aber es ist nicht so, dass das Problem nach einer kurzen Zeit der individuellen Eingewöhnung einfach verschwindet. Den Umgang mit der Informationsflut lernt man nicht wie Fahrradfahren einmal und für alle Zeiten. In den letzten zwanzig Jahren haben viele erfahrene Internetnutzer öffentlich erklärt, bisher sei ja alles gut und schön gewesen, aber seit – hier eine beliebige aktuelle Entwicklung einsetzen – sei die Überfülle endgültig von niemandem mehr zu bewältigen.

Das ganze Problem existiert nicht nur im Kopf seltsamer Gestalten, die von allen Medien außer dem Vier-Seiten-Bilderbuch aus kaufreundlichem Plastik überfordert wären. Es betrifft uns alle, und es ist unbestreitbar lästig. Aber unsere Vorfahren haben für ähnliche Probleme Hilfsmittel gefunden, die uns heute so selbstverständlich und natürlich erscheinen wie das Eselsohr. Und wir werden auch diesmal wieder Bewältigungstechniken finden.

Der erste Schritt ist die Gewöhnung. Das Ignorieren von Informationen ist eine der wichtigsten Fähigkeiten, über die der Mensch verfügt. Abermillionen Sinnesreize prasseln jeden Tag auf die Neuronen ein, viel mehr, als sich sinnvoll verarbeiten ließen. Zur Grundausstattung des Menschen gehört daher ein intelligentes Filtersystem, das nur ausgewählte Informationen überhaupt im Gehirn verarbeitet und noch weniger, noch sorgsamer ausgewählte Informationen durch das Filtersekretariat zum Bewusstsein vorlässt. Zweifellos war es ein Evolutionsvorteil, angesichts eines hungrigen Löwen nicht noch aufwendige Nachdenkenergie und Zeit bei der Analyse der Flugbahn eines zufällig vorbeiflatternden Vogels zu vergeuden.

Mit jedem Zuwachs an verwirrenden Informationen schuf sich die Gesellschaft neue Filter, die wiederum durch persönliche Wahrnehmungsfilter ergänzt werden. Ohne Panik am Straßenverkehr einer Großstadt teilzunehmen, im Fernsehen nicht alle Kanäle ansehen zu müssen, vor dem Kiosk nicht den Lesedruck der hunderttausend bedruckten Seiten zu spüren – das ist gelerntes Filterverhalten. In den digital vernetzten Medien funktioniert so ein für andere Bereiche erlerntes Filterverhalten leider nicht auf Anhieb. Der Autor und Internetintellektuelle Clay Shirky sieht die Problematik der Informationsflut ausschließlich in diesem Mangel begründet: «Es gibt keinen Informations-Overload. Es gibt nur Filterversagen.»

Damit verschiebt man die Frage nach einer Lösung allerdings nur, denn auch Filterversagen ist ein ernstzunehmendes Problem. «Bei Twitter folgen einem ja so viele, man kann und will das gar nicht mehr alles lesen», sagte die Grünen-Politikerin Tabea Rößner Anfang 2012 bei einer Podiumsdiskussion der Böll-Akademie. Man *kann und will* nicht – man muss aber auch gar nicht. Niemand ist verpflichtet, seinen Twitter-Followern zurückzufolgen, und wenn er es doch tut, braucht er nicht alles zu lesen, was sie schreiben. Man kann ja auch nicht alle Gespräche in der U-Bahn zugleich mithören. Gleichzeitig müssen die Mitmenschen auch signalisieren, dass sie keineswegs in jedem Feld das gründliche Durchlesen alles theoretisch Durchlesbaren erwarten, dass man also mit Fachliteratur und Facebook-Updates so selektiv umgehen darf wie Francis Bacon mit den Büchern.

Ein weiterer Teil der Bewältigungsstrategien sind technische Hilfsmittel. In den letzten Jahren sind viele von ihnen entstanden. Zum Teil sind sie schon wieder überholt oder wirken so selbstverständlich, dass wir sie kaum mehr wahrnehmen. Ein früher Versuch, die Informationsflut im Netz zu bewältigen, waren in den neunziger und frühen nuller Jahren von Redakteuren erstellte «Internetverzeichnisse».

Dazu gehörten web.de, yahoo.com und das von Freiwilligen aktualisierte «Open Directory Project». Sie stießen schnell an ihre Grenzen: «Derzeit verzeichnet der deutschsprachige Internetkatalog ‹Web.de› 40791 Einträge», beschwerte sich Frank Patalong im Jahr 2000 im *Spiegel*. «Wie soll man da die Klasse von der Masse trennen? So viele Redakteure, wie für die Sichtung und Bewertung nötig wären, kann sich wohl kaum jemand leisten: Web.de wählt den einfachen Weg und sortiert die Angebote nach Städten und Regionen und dann nach dem Anfangsbuchstaben des Nachnamens des Homepage-Anbieters. Wer hier gefunden wird, der war schon vorher bekannt. So verdient die Sammlung der privaten Homepages bei den meisten Katalogen nur ein Prädikat: Nutzfaktor Null.» Etwa zehn Jahre lang gehörten solche Verzeichnisse trotzdem zu den wichtigeren Anlaufstellen im Netz.

Sie konnten mit den frühen Suchmaschinen konkurrieren, die ihrerseits nur wenig besser als gar keine Suchmaschinen waren. Altavista, Infoseek oder HotBot funktionierten im Grunde so wie die Suche nach einer Datei auf dem eigenen Rechner: Die Suchmaschine betrachtete alle ihr bekannten Seiten oder Dateien und lieferte dem Nutzer die Ergebnisse, in denen seine Suchbegriffe offenbar eine wichtige Rolle spielten, zum Beispiel weil sie besonders oft auf der Seite vorkamen. Einen Großteil der Suche leisteten die Nutzer selbst, indem sie sich mehr oder weniger geduldig durch die Ergebnisse klickten, bis auf Seite acht das erste brauchbare Ergebnis auftauchte.

«Ohne Redakteure, Rezensenten oder Kritiker ist das Internet zu einer Wüste ungefilterter Daten verkommen», beschwerte sich der Internetkritiker Clifford Stoll 1995 in dem bereits zitierten *Newsweek*-Beitrag über diese Zustände. «Man weiß nicht, was man ignorieren soll und was lesenswert wäre. Ich logge mich ins World Wide Web ein und versuche herauszufinden, wann die Schlacht von Trafalgar stattgefunden hat. Ich bekomme Hunderte von Dateien zurück und brauche fünfzehn Minuten, um mich darin zurechtzufinden – eine ist eine Biographie von einem Achtklässler, die zweite ein Computerspiel, das nicht funktioniert, und die dritte das Bild eines Londoner Denkmals. Eine Antwort auf meine Frage ist nicht dabei, und meine Suche wird immer wieder von Fehlermeldungen wie ‹Too many connections, try again later› unterbrochen.» Ende der neunziger Jahre entwickelte Google den «PageRank»-Algorithmus, der die Beziehungen der Seiten zueinander berücksichtigte: Je mehr Links auf eine Seite verwiesen, desto nützlicher war sie offenbar. Der Wikipedia-Eintrag zur Schlacht von Trafalgar ist jetzt der erste Suchtreffer, und das Datum der Schlacht lässt sich schon der Vorschau auf das Ergebnis entnehmen.

Bookmarks auf dem eigenen Rechner erleichterten das Wiederfinden von Informationen im Netz. Sie haben aber – nicht zuletzt dank besserer Suchmaschinenalgorithmen – inzwischen wieder an Bedeutung verloren. Dasselbe Schicksal ereilte die Portale, die um das Jahr 2000 herum die zentrale Orientierungshilfe für unerfahrenere Internetnutzer darstellten. Dafür sind ab 2003 Social-Bookmarking-Dienste wie Delicious, Digg, StumbleUpon oder Mister Wong entstanden, in denen die Nutzer gemeinsam interessante Links zusammentragen. Zu diesen «Aggregator»-Seiten kamen Aggregatorenaggregatoren wie popurls.com. Sammlungen von Links zu Inhalten sind mittlerweile zur Sammlung von Inhalten mutiert und in verschiedene Netzwerke abgewandert, zum Beispiel Pinterest für Bilder oder quote.fm für Textschnipsel. Als das Web in Bewegung kam und auf immer mehr Websites in kurzen Abständen neue Einträge auftauchten, boten RSS-Feeds Lesern die Möglichkeit, diese Updates zu abonnieren. Das 2006 gegründete Twitter erleichtert es durch seine leserfreundliche 140-Zeichen-Begrenzung, einen kontinuierlichen Strom kleiner Informationen aus dem Augenwinkel zu verfolgen. Um 2010 kamen lernende Filter wie der von Facebook (siehe Kapitel 15) hinzu.

Ein neues Konzept waren auch die ab 2003 eingeführten «Folksonomies». Neben hierarchische, eindeutige Taxonomien trat ein stichwortbasiertes Verfahren, das man etwa auf der Fotografie-Plattform Flickr im Einsatz sehen kann: Jeder Nutzer, der feststellt, dass auf einem Bild etwa ein Schmetterling zu sehen ist, kann dieses Bild mit selbstgewählten *Tags* versehen: «butterfly», «Schmetterling», «Edelfalter», «Tier», «Insekt», «Nymphalidae», «Schleswig-Holstein», «Morpho peleides» oder «blau». Das ist zwar unordentlich und führt oft dazu, dass widersprüchliche, redundante oder falsche Etiketten vergeben werden, hat aber verschiedene Vorteile. Die Nutzer brauchen keine komplizierte Einweisung, niemand muss hinter ihnen herräumen, wenn sie etwas falsch einsortieren, und die Suchbegriffe werden von denselben Leuten vergeben, die später auch die Suche verwenden. Wer einen Copyshop sucht, muss also nicht unter «Lichtpauserei» nachsehen, wie das in den Gelben Seiten lange der Fall war.

Manche zukünftige Linderungsverfahren werden technischer Natur sein, andere werden die Form neuer Angewohnheiten haben, wie die Fähigkeit, Informationsströme entspannt an sich vorbeiziehen zu lassen. An einigen Stellen ist zumindest bereits klar, dass Bedarf an neuen Techniken besteht, zum Beispiel fehlt eine einfache Möglichkeit, Dinge wiederzufinden, von denen man nur noch weiß, dass man sie *irgendwo* im Netz gelesen hat. Meist aber können wir heute gerade erst erahnen, welche Form das Problem überhaupt hat, für das jemand eine Lösung finden müsste. Zukünftige Leser dieses Buchs werden sich vielleicht nicht mehr vorstellen können, dass es einst keine Argupedia gab, die den Verlauf häufig geführter Debatten verzeichnet: «Wie, Großmutter, alle mussten in jeder Diskussion wieder ganz von vorn anfangen?» – «Ja, mein Kind, wir hatten ja damals nichts.»

Dass neue Bewältigungstechniken auftauchen werden, hat nicht nur Vorteile: Befürworter eines Internets ohne staatliche Eingriffe argumentieren gern, das Netz sei einfach zu groß, als dass es sich wirkungsvoll zensieren ließe: «Bei YouTube werden pro Sekunde 100 000 Jahre Video hochgeladen, deshalb können Anbieter auf gar keinen Fall Einfluss auf Inhalte nehmen oder für Inhalte haftbar gemacht werden.» Das stimmt leider genauso wenig wie die Annahme, das Netz sei einfach zu groß, als dass man darin jemals etwas Sinnvolles finden könne. Beide Seiten, die Nutzer wie die Regulierer, werden sich an die neuen Gegebenheiten anpassen.

Eines nahen Tages wird sich die Lage beruhigen. Die Nutzer lassen ohne schlechtes Gewissen knapp hundert Prozent der Information im Netz an sich vorüberziehen. Es gibt eine Suchmaschinenoption «Suche nach ähnlichen abstrakten Konzepten», und die Wikipedia führt Listen von Listen von Listen von Listen[5]. Regulierungswillige Stellen haben Möglichkeiten gefunden, die neuen Informationsmengen automatisch nach im jeweiligen Staat Unerwünschtem zu durchkämmen. Journalisten und Sachbuchautoren widmen sich anderen besorgniserregenden Entwicklungen, die unsere Gesundheit, die Jugend oder die Gesundheit der Jugend bedrohen. Und *dann* kommt jemand und erfindet ein Gerät zur automatischen Speicherung von Gedanken oder zur präzisen Standortbestimmung sämtlicher Moleküle auf der Erde einschließlich Versionsmanagement und Backup. Die Informationsmenge verdoppelt sich nicht mehr alle paar Jahre, sondern ab sofort jede Woche. Jetzt geht alles wieder von vorne los.

8. Das Gute, das Schlechte und das Hässliche

Von unzuverlässigen Informationen und unhaltbaren Meinungen

> Schade, dass man keiner Bewertung im Internet trauen kann, weil sie alle von Leuten verfasst wurden, die im Internet Bewertungen schreiben.
> *@durst, Twitter, 27. April 2012*

Ins Fernsehen kommt man, wenn man in einer Fußgängerzone «Also da bin ich auch dagegen!» in die Kamera gesagt hat. In die Zeitung darf man zwar hineinschreiben, was man will, aber nur in der Kreuzworträtselrubrik oder im Leserbriefzoo. Und dem Radio ist es völlig egal, ob man ihm Widerworte gibt. Im Internet kann hingegen fast jeder fast alles publizieren. Diese Möglichkeit wird eifrig genutzt, zum Beispiel beträgt die Gesamtlänge der im Jahr 2011 bei YouTube hochgeladenen Videoclips zehn Jahre – pro Tag. In jeder einzelnen Minute werden 1500 Blogbeiträge verfasst, 100 000 Tweets, 500 000 Facebook-Kommentare sowie 168 Millionen E-Mails.

Schon immer wurde mehr Unsinn gesprochen als Nichtunsinn. Dank Internet wird jetzt auch bedeutend mehr von diesem Unsinn digital verschriftlicht. Dass alle ihre Meinung sagen dürfen, ist schön. Dass davon auch wirklich Gebrauch gemacht wird, erfreut hingegen nicht immer. Die Berichterstattung über das Internet oszilliert zwischen den Polen «Da kann ja jeder alles reinschreiben! Die Brecht'sche Radiotheorie[1]! Hurra!» und «Da kann ja jeder alles reinschreiben! Das Ende des Guten und Richtigen! Hilfe!». Woher soll man in diesen schwierigen Zeiten wissen, welcher Teil des ins Netz Hineingeschriebenen stimmt? Wie unterscheiden, was sich zu lesen lohnt und was nicht?

Die Beschwerdeführer im vorangegangenen Kapitel, die eine unübersichtliche Zunahme des Geschriebenen beklagten, machten sich nicht etwa Sorgen über eine Zukunft, in der ein Überfluss an *klugen* Veröffentlichungen herrschen könnte. Das Unbehagen rührt daher, dass sich zu viele Unqualifizierte zu Wort melden. Der italienische Dichter Petrarca klagte im 14. Jahrhundert über die unübersichtlichen Zustände auf dem Buchmarkt: «Jedermann will jetzt Bücher machen / Jedermann will die Freiheit haben / so treibt ein Narr immer den andern / Lobet ein Esel den andern / Damit kommt in die Welt solcher Unrat / Wie dann vorhanden». Petrarca verstarb noch vor der Einführung des Buchdrucks. 1471, die Druckerpresse war gerade einmal zwanzig Jahre alt, schrieb sein Landsmann, der Gelehrte Niccolò Perotti, an einen Freund, er habe «das Zeitalter, in dem wir leben, gepriesen wegen des göttlichen Geschenks der neuen Art zu schreiben, die vor kurzem aus Deutschland zu uns kam». Das habe ihm Anlass zu schönen Hoffnungen gegeben. «Doch, ach, wie falsche und wie allzu menschliche Gedanken! Ich sehe, dass die Dinge eine ganz andere Wendung als von mir erwartet nehmen. Denn weil jetzt jeder weiß, dass er frei ist zu drucken, was immer er mag, wird nicht mehr nur geschrieben, was das Beste ist, sondern vieles nur, um zu unterhalten, und vieles, was besser vergessen würde und ausradiert aus all den Büchern. Und selbst wenn sie etwas schreiben, das es wert ist, drehen sie es so lange, dass es besser nicht existierte, und verbreiten Unwahres in Tausenden von Kopien über die ganze Welt.» So war die Lage vor einem halben Jahrtausend.

«Wenn es in diesem Tempo weitergeht», prophezeite 2007 der Autor Andrew Keen, «gibt es bis 2010 über 500 Millionen Blogs, die gemeinsam die öffentliche Meinung in allen Bereichen, von der Politik über das Geschäft bis zu Kunst und Kultur, verderben und verwirren. Die Blogs sind so schwindelerregend unendlich geworden, dass sie unseren Sinn für wahr und falsch, für wirklich und unwirklich untergraben. (...) Ein weiteres Web-2.0-Phänomen ist Wikipedia, eine Online-Enzyklopädie, in die jeder mit opponierbaren Daumen und Grundschulbildung einfach alles über jedes Thema (...) veröffentlichen darf. Seit ihrer Entstehung haben über 15 000 Personen fast drei Millionen Artikel in über 100 verschiedenen Sprachen verfasst, und keiner davon wurde redigiert oder auf seine Richtigkeit überprüft.»

Zwar werden die meisten Wikipedia-Einträge sehr wohl redigiert und kontrolliert, aber das ist nicht der zentrale Punkt in Keens Argument. Ihm geht es darum, dass sich das Falsche schneller vermehrt als das Richtige, weil es nur wenige Experten, aber viele Stümper gibt. Außerdem *verwirrt* das Falsche nicht nur, es *verdirbt* auch, indem es «den Sinn für wahr und falsch» untergräbt, also die Qualitätskriterien verwässert. Solche schleichenden geistigen Vergiftungsprozesse werden in Kulturdebatten häufiger beschrieben, ob sie jedoch wirklich stattfinden, ist nicht so leicht zu be- oder zu widerlegen. Aus kulturpessimistischer Perspektive dürfte das Abendland inzwischen acht bis elf Mal nachvollziehbar untergegangen sein. 1821 wurde vor der Lesesucht gewarnt, bei der man «das Wahre und das Falsche prüfungslos durcheinander» liest, 1908 hieß es, Groschenhefte zerstörten «den Sinn für Wirklichkeit und Wahrheit», und 1979 war zu lesen, das Fernsehen mache «die Zuschauer immer unfähiger, das Wirkliche vom Nichtwirklichen, das Innen vom Außen, Selbsterfahrenes von Eingetrichtertem zu unterscheiden». Der heutige Leser lacht, aber aus der Sicht der Kritiker von damals lachen wir gerade, *weil* Lesesucht, Groschenheft und Fernsehen unser Urteilsvermögen zerrüttet haben.

Die Konfliktlinie bei diesem Problem verläuft nicht so sehr zwischen zwei verschiedenen Gruppen, sondern zwischen zwei Wünschen, die durchaus in denselben Kopf passen: Einerseits teilt jeder gern mit, was er sich so ausgedacht hat – sei es als Tweet, Vampirroman oder in dicken Sachbüchern über das Internet. Andererseits haben Wolf Schneider und Paul-Josef Raue wenigstens teilweise recht, wenn sie im 2012 erschienenen «Neuen Handbuch des Journalismus und des Online-Journalismus» schreiben: «Das Internet gaukelt den Menschen vor, sie könnten alles erfahren, billig und schön. Doch sie erkennen nicht, was wahr ist und was falsch, sie kennen die Interessen nicht hinter der Auswahl, sie kapitulieren vor der schieren Fülle und langweilen sich über unattraktive Präsentationen mit flauen Bildern und irritierender Werbung. Die meisten Bürger haben weder Zeit noch Lust, stundenlang nach der Wahrheit zu suchen.» Und es ist tatsächlich anstrengend, in den vielen geäußerten Meinungen vielleicht nicht gerade «die Wahrheit» zu finden, aber doch zumindest etwas nicht durch und durch Falsches.

Eine einfache Lösung gibt es nicht, auch wenn hin und wieder jemand eine entwirft, wie der französische Schriftsteller Louis-Sébastien Mercier, der sich 1771 das Leben im Jahr 2440 ausmalte. In der französischen Nationalbibliothek findet er zu seiner Überraschung nur noch vier kleine Bücherschränkchen vor. Der Bibliothekar erklärt ihm: «Mit dem Einverständnis aller haben wir alle Bücher, die wir als seicht, nutzlos oder gefährlich erachteten, auf einem weiträumigen, ebenen Platz zusammengetragen ... Diesen ungeheuren Haufen haben wir angezündet, als ein Sühneopfer, das wir der Wahrheit, dem guten Geschmack und dem gesunden Verstande brachten.» Vorher haben «kluge Köpfe ... das Wesentliche aus tausend Foliobänden herausgeholt, das sie dann in einem kleinen Duodezbändchen zusammengefasst haben».

Die Annahme, dass ein zuverlässiges Expertenkomitee das Wahre, Gute und Schöne korrekt identifizieren könnte und es eigentlich am besten wäre, wenn der Rest gar nicht existierte, steckt unausgesprochen hinter vielen Diskussionsbeiträgen. Es wäre zweifellos praktisch, wenn die Welt so funktionierte, aber bisher sieht es nicht gut aus für das Mercier-Modell. Was dem einen Fachmann ein wichtiger neuer Forschungsbeitrag, das ist dem anderen ketzerischer Unfug, und die kulturelle Revolution des einen ist dem anderen der Niedergang der Künste. Selbst wenn die Experten einer Epoche übereinstimmen, ist die Nachwelt unangenehm oft anderer Meinung. Herman Melvilles heute weltberühmter Roman «Moby-Dick» erhielt bei Erscheinen vernichtende Rezensionen, verkaufte sich miserabel und beendete Melvilles literarische Laufbahn. Das Buch, das Melvilles damaligen Ruhm begründete, «Taipi», kennen dafür heute nur noch Spezialisten. Was in den fünfziger Jahren des 20. Jahrhunderts als «Schmutz und Schund» galt, erzielt heute bei Comicsammlern Höchstpreise und wird in Universitätsseminaren erforscht. Die bereits seit dem 16. Jahrhundert immer wieder vorsichtig erwogene Theorie einer Kontinentaldrift wäre in Merciers Welt vermutlich auf dem Scheiterhaufen für Quatschwissenschaft gelandet. Erst in den 1960er Jahren konnte sich die Idee allgemein durchsetzen.

Man kann die Welt nicht einfach in zwei Sorten von Menschen teilen, den Experten das Wort überlassen und die Laien zum Schweigen verurteilen: In jedem Menschen stecken ein oder zwei Experten für bestimmte Themen und neben ihnen sehr viele Laien. Die Angelegenheit wird erst recht nicht einfacher dadurch, dass sich die persönliche Sicht, auf welchem Gebiet man Experte ist und wo man nur so herummeint, vorsichtig ausgedrückt, nicht immer mit der Ansicht der Außenwelt deckt. Weil das Problem die Welt nicht erst seit gestern beschäftigt, gibt es verschiedene Lösungsansätze. Einige davon sollen im Folgenden vorgestellt werden.

Erst auswählen, dann (manches) veröffentlichen

Redaktionen und Verlage lehnen mehr Texte ab, als sie drucken. Das liegt nicht nur daran, dass viele unaufgeforderte Einreichungen davon handeln, dass der Autor das Perpetuum mobile erfunden oder Einstein widerlegt hat, sondern auch an der Begrenztheit der Ressourcen: Ein Verlag hat nicht beliebig viel Personal, in Bibliotheken und Buchhandlungen haben nicht alle Texte Platz, und in der Zeitung schon gar nicht. Die Menge der Veröffentlichungen auf Papier war noch nie dadurch begrenzt, wie viel Auswahl die Leser gerade noch verkraften, denn dann hätte in den letzten 1500 Jahren nichts Neues erscheinen dürfen. Die begrenzenden Faktoren waren Geld, Material und Platz.

Diese Knappheit bringt automatisch Auswahlkriterien hervor, die in einem Wechselspiel von Angebot und Nachfrage ausgehandelt werden. Es spricht viel dafür, dass dabei – neben Zufall, persönlichen Vorlieben, redaktionellen Leitlinien und finanziellen Erwägungen – ein Prinzip mitentscheidet, das mit Qualität nur bedingt zu tun hat: Allzu gern kopiert man erfolgreiche Konzepte. Im 18. Jahrhundert erfuhr der Buchmarkt einen Schub durch die Vielzahl der Abenteuer-Romane, die dem Erfolg von Daniel Defoes «Robinson» nacheiferten, eine eigene Romangattung entstand, die «Robinsonade». In der Folge gingen Abenteuer-Romane, speziell auf

Inseln spielende, ungefähr so gut wie Sachbücher mit dem Titel «Das Irgendwas-Prinzip» 2010 in Deutschland. Der Verdacht liegt nahe, dass die verlegerischen Kriterien für diese Bücher sich vom ersten großen Haufen ableiteten, auf den der Teufel anschließend zu scheißen pflegt.

Auch die besten Experten können nicht in die Köpfe der Zielgruppe sehen, sondern deren Interessen nur raten. Das Ergebnis entspricht nicht immer den Wünschen der Leser. Viel Gedrucktes findet keine Käufer und wird nach kurzer Zeit geschreddert und zu Klopapier verarbeitet. Anderes bleibt unveröffentlicht, obwohl vielleicht Interesse daran bestanden hätte. Richard Nash, Gründer des Independent-Verlags *Soft Skull Press* und des Buch-Start-ups *Cursor* schrieb 2011 in seinem Blog: «Wir neigen dazu, so zu tun, als sei das Verlagsmodell der letzten hundert Jahre perfekt gewesen, aber man braucht nur an die ganzen Kleinverlage zu denken, die in den letzten zwanzig Jahren entstanden sind und ‹National Book Award›-Preisträger herausgebracht haben, Pulitzer-Preisträger, Nobelpreisträger. Was war denn früher mit diesen Büchern? Sie wurden nicht veröffentlicht.»

Verlage, Agenturen und Redaktionen sind «Gatekeeper», also Türhüter: Ein Gatekeeper öffnet nicht nur die Tür, sondern verhindert auch Veröffentlichungen. Eine Buchhandlung, eine Bibliothek, die Google-Suche oder Textempfehlungen durch Facebookfreunde hingegen sind Filter. Sie machen bestimmte Inhalte sichtbarer, während andere etwas weiter in den Hintergrund rücken. Was der Google-Suchalgorithmus für irrelevant hält, existiert weiterhin, es ist nur ein paar Klicks weiter entfernt. Amazon-Chef Jeff Bezos wies Anfang 2012 in einem Brief an Investoren darauf hin, dass auch Gatekeeper, die es nur gut meinen, Innovationen ausbremsen: «Auf einer Selbstbedienungsplattform kann man auch Ideen mit geringen Erfolgsaussichten ausprobieren, weil es keine Experten gibt, die ‹das klappt nie!› einwenden könnten. Und dann kommt es doch anders – viele von diesen Ideen sind gut, und die Gesellschaft profitiert von dieser Vielfalt.»

Erst verbessern, dann veröffentlichen

Nach der grundlegenden Auswahl, was gedruckt werden soll, erfolgt eine genaue Überprüfung der einzelnen Argumente. Jedenfalls in der Theorie. In der Praxis hält sich die Qualitätskontrolle aus Zeit- und Geldgründen in Grenzen. Regelungen wie in den *Spiegel*-Statuten sind die Ausnahme: «Alle im *Spiegel* verarbeiteten und verzeichneten Nachrichten, Informationen, Tatsachen müssen unbedingt zutreffen. Jede Nachricht und jede Tatsache ist ... peinlichst genau nachzuprüfen.» Der *Spiegel* beschäftigt zu diesem Zweck eine Dokumentations- und Rechercheabteilung mit über achtzig Mitarbeitern. Wenn achtzig Personen nötig sind, um einmal pro Woche 150 Seiten zu überprüfen, dann ist das ein Aufwand, den nicht alle Redaktionen und Verlage leisten können. Dass nicht alles Gedruckte sorgfältig genug korrigiert wird, ist meistens nur lästig[2], manchmal aber auch gefährlich, wie ein Rechtsstreit um die *Encyclopedia of Mushrooms* aus dem Verlag Putnam's Sons zeigt. Die Kläger hatten sich bei der Bestimmung von Pilzen auf das Buch verlassen. Die angeblichen Speisepilze waren giftig, beide Kläger benötigten Lebertransplantationen. Im Buch waren zwei Bilder vertauscht worden, eines davon zeigte den Grünen Knollenblätterpilz. Der Verlag wurde freigesprochen.

Bei wissenschaftlichen Veröffentlichungen sind die Überprüfungs- und Korrekturverfahren stärker formalisiert. Wissenschaftliche Artikel durchlaufen in einem ersten Schritt denselben Prozess wie Bücher oder Zeitungstexte: Die Redaktion einer Zeitschrift begutachtet den Beitrag und lehnt alles ab, was zu unwichtig ist oder nicht den formalen und inhaltlichen Standards genügt. Bei den großen Wissenschaftszeitschriften fallen über neunzig Prozent der Einsendungen durch dieses Raster. Hat eine Einreichung diese Hürde genommen, folgt in einem zweiten Schritt das «Peer Review»-Verfahren: Ein Redakteur schickt den Beitrag an einen oder mehrere Wissenschaftler mit dem entsprechenden Fachgebiet. Die Texte sind anonymisiert, denn mit einer gewissen Wahrscheinlichkeit kennen sich Autor und Reviewer oder werden sich früher oder später begegnen. Die Reviewer äußern Änderungswünsche, der Verlag leitet sie an den Autor weiter, der Autor setzt die Änderungen um, und wenn es schließlich keine Einwände mehr gibt, wird der Text veröffentlicht. Dieses Verfahren kann sich schon mal ein bis zwei Jahre hinziehen.

Das 2006 gegründete Online-Wissenschaftsmagazin *PLoS ONE*, die größte Open-Access-Zeitschrift[3] der Welt, hält sich in vielen Punkten an das traditionelle Verfahren: Es gibt eine Redaktion, und jeder Beitrag wird vor der Veröffentlichung dem Peer-Review-Verfahren unterzogen. Der wesentliche Unterschied liegt darin, dass die Redaktion keine Entscheidung darüber trifft, ob ein Beitrag «zu unwichtig» für das jeweilige Fach ist oder überhaupt in dieses Fach gehört. Sie kontrolliert nur die Einhaltung wissenschaftlicher Standards, über die Nützlichkeit des Inhalts sollen die Leser sich selbst ein Urteil bilden.

Erst veröffentlichen, dann verbessern

Die ersten beiden Qualitätssicherungsverfahren sind durch die Rahmenbedingungen geprägt, die der Druck auf Papier vorgibt. Papier kostet Geld und braucht Platz. Wenn sich Gedrucktes nachträglich weder ergänzen noch korrigieren lässt, ist es nur vernünftig, vor der Veröffentlichung den größtmöglichen Aufwand in die Kontrolle zu investieren. Und wenn die gedruckten Aussagen lange Zeit unverändert für sich stehen sollen – und ohnehin niemand an derselben Stelle widersprechen kann –, liegt es nahe, sich auf möglichst solide gebaute Behauptungen zu konzentrieren.

Bei Veröffentlichungen im Netz ist das anders. Das bedeutet, dass es wirtschaftlich weniger wichtig wird, schon vor der Veröffentlichung bestimmte Inhalte auszusortieren. Und es bedeutet, dass es keinen Zeitpunkt mehr gibt, ab dem der Text eine dauerhafte, unveränderliche Form annimmt. Wenn Leser eines Blogs auf Fehler aufmerksam machen, dann erwarten sie, dass ihre Korrekturen in den Text übernommen werden, und zwar am besten nicht stillschweigend, sondern transparent gekennzeichnet. Onlineausgaben von Printmedien haben Kommentarspalten, die Blogkommentaren nicht unähnlich sehen, was dort ebenfalls den – auch 2012 noch nicht immer erfüllten – Leserwunsch weckt, gefundene Fehler korrigiert zu sehen.

In der 2001 gegründeten Online-Enzyklopädie Wikipedia kann jeder nach Belieben neue Beiträge anlegen und vorhandene bearbeiten, ohne sich vorher anzumelden. So ein Modell gab es vorher nicht, und vermutlich wirkte es auch 2001 noch sehr gewagt, denn es entstand nur versehentlich: Die Wikipedia war ein Nebenprojekt der «Nupedia», einer kostenlosen Online-Enzyklopädie, die ganz klassisch von Experten befüllt und kontrolliert werden sollte. Das Nebenprojekt erwies sich schnell als erfolgreich, Nupedia hingegen wurde 2003 eingestellt.

Nach anfänglicher Skepsis stellte sich heraus, dass die Wikipedia nicht so unzuverlässig wie angenommen war: Eine 2005 in *Nature* erschienene Studie fand in zweiundvierzig Artikeln aus dem Wissenschaftsbereich durchschnittlich vier Fehler in jedem Wikipediabeitrag, in den zum Vergleich herangezogenen *Encyclopædia Britannica*-Artikeln waren es drei. Der *Stern* verglich Ende 2007 die deutsche Wikipedia mit der ständig aktualisierten Onlineversion der fünfzehnbändigen *Brockhaus Enzyklopädie*. Bei dreiundvierzig von fünfzig zufällig ausgewählten Einträgen aus diversen Fachgebieten erzielte die Wikipedia bessere Noten als der Brockhaus. Zu Testzwecken eingebaute Fehler werden in aller Regel zügig entdeckt und entfernt – obgleich auch Fälle bekannt sind, in denen Fehler monate- und jahrelang unentdeckt blieben. In der Berichterstattung über solche Tests wiederholt sich der Hinweis, dass Enzyklopädien gleich welcher Art immer Fehler enthalten und nur als Ausgangspunkt für Recherchen dienen sollten. Vielleicht haben die Wikipedia-Diskussionen der letzten Jahre also dazu gedient, eine gesunde Skepsis gegenüber Nachschlagewerken im Allgemeinen zu etablieren.[4]

Vieles am Wikipedia-Konzept war und ist umstritten. Etwa die Frage, was wichtig genug ist, um einen Eintrag zu erhalten. Die «Inklusionisten» argumentieren, dass das Netz so bald nicht voll sein wird und das Nachschlagewerk daher Einträge zu wirklich jedem Thema enthalten sollte, das mindestens einem Menschen, nämlich dem Verfasser des Beitrags, wichtig genug erscheint. «Exklusionisten» plädieren aus Gründen der Wartbarkeit dafür, dass nur relevante Themen aufgenommen werden sollten, woraufhin die Inklusionisten respektlose Geräusche machen. Beide Seiten zerren permanent an den Kriterien für diese Relevanz und ihrer Interpretation[5].

Während anderswo im Internet bequemere und laienfreundlichere Verfahren zum Bearbeiten von Inhalten entstanden sind, verharrt die Wikipedia technisch auf dem Stand der frühen nuller Jahre[6]. Für Nutzer, die sich beteiligen wollen, ist es nicht einfach, in das Gestrüpp von Formatierungsbefehlen, historisch gewachsenen Konventionen und Richtlinien einzudringen. Alteingesessene Editoren verteidigen sich gegen neue, Unternehmen und Lobbyorganisationen werden immer geschickter darin, Wikipediaeinträge mit dem passenden Spin zu versehen, lang anhaltende *edit wars* toben um wichtige Themen wie die Frage, was im englischen Wikipediaeintrag zur Berliner Voßstraße mit dem ß geschehen soll.[7]

Wikipedia-Mitgründer Larry Sanger zog sich 2006 aus dem Projekt zurück und rief eine Alternative namens *Citizendium* ins Leben, die mehr Wert auf Qualitätskontrolle legen und Akademiker stärker einbinden sollte. *Citizendium*-Nutzer müssen sich mit ihrem wirklichen Namen anmelden und Auskünfte über ihre Qualifikationen geben. Alle Beiträge werden von Redakteuren geprüft. Mitte 2012 hatte *Citizendium* weniger als hundert aktive Mitglieder, und nur 160 der rund 16 000 Beiträge waren von Experten überprüft worden. Die Zukunft des Enzyklopädiekonzepts liegt offenbar nicht in einer Rückkehr zu stärkerer Kontrolle durch Experten. 2008 wurde die Brockhaus-Redaktion aufgelöst, die *Encyclopædia Britannica* von 2010 soll die letzte gedruckte Ausgabe des 250 Jahre alten Nachschlagewerks bleiben.

Alle Enzyklopädien müssen mit ihren Rahmenbedingungen zurechtkommen wie Tiere in einer ökologischen Nische: Die Leser wollen möglichst wenig bezahlen, verlangen große Aktualität und Themenvielfalt bei gleichzeitiger Zuverlässigkeit, und wenn man sie mitmachen lässt, dann wollen sie vorher nicht durch brennende Reifen springen und ihr Abiturzeugnis vorzeigen müssen. Die Wikipedia scheint trotz ihrer Probleme diese Anforderungen im Moment am besten zu erfüllen. Was nicht heißt, dass es nicht eines Tages eine ganz andere Lösung geben kann, die uns heute noch so absurd vorkäme wie vor fünfzehn Jahren ein von anonymen Freiwilligen verfasstes Nachschlagewerk.

Alles zulassen, Hilfreiches gemeinsam herausfiltern

Das Wikipedia-Modell hat mit dem Konzept der traditionellen Enzyklopädie gemein, dass es nur eine einzige Wikipedia gibt (zumindest pro Sprache) und man sich deshalb irgendwie darüber einigen muss, was sie enthalten soll. Ein anderer Ansatz ist, beliebig viele parallel existierende Auskünfte zu einer Sache zuzulassen. Das leuchtet vor allem für Fälle ein, in denen persönliche Vorlieben eine Rolle spielen, etwa bei der Bewertung von Produkten oder bei Antworten auf Fragen wie «Welche Programmiersprache ist die beste?».

Das Zusammentragen von Nutzermeinungen ist erst durch das Internet praktikabel geworden. Vorher gab es nichts Vergleichbares, abgesehen von Zeitschriften, die manchmal die Meinungen ihrer Leser zu Produkten erhoben, auf dem Postweg. Zur Beliebtheit von Amazon trugen Nutzerbewertungen von Anfang an entscheidend bei.

Wie jeder neue Lösungsansatz bringt auch dieser neue Probleme mit sich. Der Hauptvorwurf von Expertenseite lautet, die Nutzer seien gar nicht kompetent, um sich überhaupt ein Urteil etwa über Bücher zu bilden. Allerdings werden Bücher nicht in erster Linie für Rezensenten geschrieben, Hotels nicht nur für Hotelkritiker gebaut. Wer ein Buch gelesen oder in einem Hotel geschlafen hat, der hat eine Meinung darüber, und diese Meinung kann anderen Laien helfen. Ein Experte weiß zweifellos, dass man für neunundzwanzig Euro pro Nacht keinen frischgepressten Orangensaft zum Frühstück erwarten kann und ein wissenschaftliches Sachbuch nicht immer so spannend ist wie ein Krimi. Aber wenn es Hotelgäste gibt, die das Fehlen des frischgepressten Orangensaftes überraschend finden und in ihrer Bewertung anprangern, dann gibt es mit ziemlicher Sicherheit auch Leser von Hotelkritiken, die ebenfalls frischen Orangensaft im Billighotel erwarten. Nutzerbewertungen und Gerechtigkeit stammen von unterschiedlichen Planeten.

Denkbar ist auch, dass die bewertenden Nutzer sich beispielsweise von gutem Wetter oder Liebeskummer beeinflussen lassen. Und vielleicht werden generell eher schlechte Bewertungen abgegeben als gute, weil zufriedene Kunden ein geringeres Mitteilungsbedürfnis haben als verärgerte. Allerdings sind die Unterschiede zwischen Expertenurteil und gemittelter Nutzermeinung nicht so groß, wie man zunächst annehmen könnte. In einer Anfang 2012 vorgestellten Studie[8] wurden Sachbuchrezensionen aus amerikanischen Zeitungen mit Amazon-Nutzerbewertungen derselben Bücher verglichen. Die Urteile von Experten und Lesern deckten sich, mit zwei Ausnahmen: Die professionellen Kritiker waren strenger als die Amazon-Nutzer, wenn der besprochene Autor vorher noch nichts veröffentlicht hatte (was bei siebzehn Prozent der untersuchten Bücher der Fall war). Sie urteilten dagegen freundlicher, wenn der Autor bereits Preise erhalten (fünfzehn Prozent der Stichprobe) oder anderweitig Medienaufmerksamkeit auf sich gezogen hatte.

Diese Demokratisierung des Bewertens geht mit einer Demokratisierung des Betrügens einher. Verdeckte Einflussnahme ist keine neue Erfindung, und auch bei Produktbewertungen durch Experten waren oft genug Einladungen, Journalistenreisen oder größere Mengen Geld im Spiel. Dasselbe lässt sich jetzt einfacher und billiger bewerkstelligen. Wenn es zum «Jumbo Kauknochen Naturgranit» nur Bewertungen von Käufern gibt, die sich zu keinem anderen Produkt geäußert haben, ist der Hintergrund der Auskünfte schwer einzuschätzen. Vielleicht sind die begeisterten Anhänger Familienangehörige und Angestellte des Kauknochenherstellers*. Auch ein Nutzer mit Vorgeschichte muss nicht unbedingt objektiv sein. Anfang 2004 wurden auf der kanadischen Amazon-Website durch ein Versehen die Identitäten einiger tausend Buchrezensenten aufgedeckt, die sich bei Amazon US unter Nutzernamen wie «ein Leser aus New York» geäußert hatten. Prominente Autoren, die ihre eigenen Bücher mit Fünf-Sterne-Rezensionen versehen hatten, verteidigten sich damit, sie hätten nur der Schwemme unqualifizierter Verrisse etwas entgegensetzen wollen, es bleibe einem ja quasi gar nichts anderes übrig.

Das Nutzerempfehlungssystem ist eins von vielen in diesem Buch beschriebenen Systemen, in denen unvereinbare Interessen ständigen Weiterentwicklungsbedarf erzeugen. Wo eine Pflanze entsteht, da folgt bald ein Tier, dem sie schmeckt; die Pflanze lässt sich Stacheln wachsen, das Tier entwickelt ein robusteres Maul ... Es ist ein ewiges Hin und Her zwischen «gaming the system» – dem Ausnutzen von Schwächen im System – und der Einführung neuer Regeln, die die Funktionsfähigkeit des Filtersystems erhalten sollen.

In mancher Hinsicht wäre es sinnvoll, Bewertungsplattform und Verkäufer zu trennen, also zum Beispiel Produktbewertungen nicht bei Amazon abzugeben, sondern auf einer separaten Website. Dass bei Amazon beides zusammenfällt, verschafft dem Unternehmen verlockende Möglichkeiten der Einflussnahme. Andererseits treibt Amazon erheblichen Aufwand, um die Brauchbarkeit der Empfehlungen zu erhalten.

* Eine reine Mutmaßung, wir würden niemals behaupten, dass die Bewertungen tatsächlich gefälscht seien, schon weil es nur sehr wenig Demütigenderes geben dürfte als die Unterlassungsklage eines Kauknochenherstellers.

Das müsste auch jeder andere Anbieter einer Empfehlungsplattform tun – und dieser Aufwand ist teuer. Wenn von den Nutzern aber kein Geld an den Betreiber des Angebots fließt, wie das zum Beispiel bei vielen Restaurant-, Hotel- und Ferienwohnungsportalen der Fall ist, wird sich der Anbieter eher den Interessen der zahlenden Inserenten verpflichtet fühlen. Man wird also nur halbherzig versuchen, die Irreführung zu unterbinden. Da es Nutzerbewertungen aber erst seit fünfzehn Jahren gibt, besteht Hoffnung, dass sich eines Tages bestimmte Mindeststandards etablieren werden, vielleicht sogar anhand von Nutzerbewertungssystemnutzerbewertungen.

Im Laufe der nuller Jahre wurden Nutzerbewertungssysteme in verschiedene Richtungen weiterentwickelt. Amazon hat seine Verfahren zur Meta-Bewertung, also zur Einstufung der eigentlichen Bewertungen, immer weiter verfeinert[9]. Im heutigen System können Leser mit einer (und nur einer) Stimme angeben, wie hilfreich eine Bewertung ist. Amazon nutzt diese Stimmen mit Hilfe eines komplizierten Gewichtungssystems für die gesondert angezeigte «Hilfreichste positive Rezension», die «Hilfreichste kritische Rezension» sowie für die Reihenfolge, in der die Bewertungen angezeigt werden. So kann etwa jemand, der Amazon einmal als Freund, Verwandter oder Fan eines Rezensenten bekannt ist, dessen Rezensionen zwar noch bewerten, seine Meinung wird aber nicht mehr mitgezählt.

Nutzerbewertungen müssen nicht unbedingt aktiv abgegeben werden. Auch Verkaufsranglisten bei Büchern, Filmen oder Musik oder Googles PageRank-Verfahren messen indirekt die Meinung der Konsumenten. Auf solchen passiven Nutzerbewertungen beruht auch der im vorigen Kapitel besprochene *impact factor* in der Wissenschaft. Er besagt nichts anderes als «Die in dieser Zeitschrift erscheinenden Beiträge wurden in den vergangenen zwei Jahren von überdurchschnittlich vielen Forschern für relevant gehalten». Der IF war zu seiner Zeit ein Fortschritt, inzwischen sind aber auch viele Schwächen an den Tag getreten. Achtzig Prozent des Ergebnisses gehen auf nur zwanzig Prozent der in einer Zeitschrift erschienenen Beiträge zurück, das Messverfahren ist intransparent und liegt in den Händen eines privaten Unternehmens, Forscher und Herausgeber haben gelernt, die Lücken des Systems zu ihren Gunsten zu nutzen, und über die Nützlichkeit einzelner Beiträge sagt der IF überhaupt nichts aus.

In der Wissenschaft herrscht derselbe Trend wie im Rest der Welt, bei Bedarf den Links zu Artikeln zu folgen, anstatt einmal im Monat eine ganze Zeitschrift durchzublättern. Daher wäre es schön, wenn man auch messen könnte, inwieweit ein einzelner Beitrag von den Lesern als nützlich empfunden wird. Zitate sind dabei keine Hilfe, denn wie beim IF wüsste man dann erst nach mehreren Jahren, ob es sich lohnt, einen bestimmten Artikel zu lesen. Passive Nutzerbewertungen dienen heute aber wenigstens stellenweise schon zur Orientierung: Das *British Medical Journal* veröffentlicht seit 2004, wie oft Artikel im Netz angesehen wurden, ebenso wie seit 2009 alle Zeitschriften aus der «Public Library of Science (PLoS)»-Reihe. Das *Journal of Medical Internet Research* zeigt seit 2008 auch an, wie oft ein Artikel bei Twitter erwähnt wird, und diese Zahl erwies sich als so zuverlässige Vorhersage der späteren Zitierhäufigkeit, dass der deutsche Forscher Gunther Eysenbach 2011 analog zum *impact factor* den *twimpact factor* vorschlug.

Fortschritte gab es auch an vielen Orten im Netz, wo Nutzer Fragen stellen und andere Nutzer antworten. Lange Zeit dominierten hier Angebote, in denen Frage und Antworten (oder Kommentare) chronologisch aufeinanderfolgen. Gelangt man aus den Ergebnissen einer Suchmaschine auf eine solche Seite, stößt man dort oft nicht auf die gesuchte Antwort, sondern landet auf der fünfzehnten von dreißig Seiten einer Diskussion, die Abschweifungen, schlechte Antworten und Witze über die schlechten Antworten enthält – alles, nur kein hilfreiches Ergebnis. Das änderte sich zumindest für den englischsprachigen Raum 2008 mit stackoverflow.com und 2010 mit quora.com. Beide Seiten spülen dank verbesserter Moderations-, Bewertungs- und Kommentarsysteme gute Antworten zuverlässiger als ihre Vorläufer nach oben.

Auch 2012 ist das Problem des Unfugredens in Diskussionen online noch ungelöster als offline. Bis vor wenigen Jahren gab die Anzahl der Sitzplätze an Kneipentischen die Größe von Diskussionen vor. Im Netz können sich im Prinzip beliebig viele Menschen schriftlich an Debatten beteiligen. Die Annahme vieler Zeitungen, ihre hochintelligenten Leser würden, sich selbst überlassen, ganz von allein hochintelligente Gespräche führen, erwies sich schnell als Irrglaube. Die Leserkommentarseiten von Printmedien gehören zu den undurchdringlichsten Unfugsurwäldern im Netz. Mit den möglichen Begründungen, warum das so ist, ließe sich ein eigenes Buchkapitel füllen[10].

Sehr kurz zusammengefasst gehört zu den Hauptproblemen der Glaube, zivilisiertes Kommunikationsverhalten stelle sich von alleine ein, wenn man nur die richtigen Nutzer hereinlässt und die falschen draußen hält. In den meisten Lebensbereichen hat die Menschheit Hilfsmittel entwickelt, die so wenig Druck wie möglich und so viel wie nötig ausüben, um eine kritische Masse zum erwünschten Verhalten zu bewegen. Zum Teil sind diese Hilfsmittel technischer Natur wie das Türschloss oder die Straßenmarkierung. Zum Teil sind es Konventionen, zu deren Erhaltung es genügt, hin und wieder die Stirn zu runzeln, wenn jemand dagegen verstößt. Und zum Teil sind es hochkomplexe soziale Organisationssysteme wie die parlamentarische Demokratie.

Im Vergleich dazu funktionieren viele Diskussionsorte im Netz wie eine Art steinzeitlicher Polizeistaat. Der Betreiber erwartet, dass alle Anwesenden sich ganz von allein gut benehmen, und wenn nicht, kommt der Schutzmann und löscht den Beitrag. Wenn sich partout keine Kommentarkultur einstellen will, dann muss eben mehr Polizei her, bezahlte Moderatoren sollen zwischen neun und achtzehn Uhr jeden einzelnen Kommentar kontrollieren, und die anonyme Teilnahme wird verboten. Vereinzelt gibt es immerhin Ansätze für zivilere Systeme, aber eine allgemein akzeptierte Lösung, die nicht nur kurzfristig für kleine, homogene Kreise funktioniert, ist bisher nicht in Sicht.

Insgesamt schrecken wir aus guten Gründen davor zurück, umstrittene Inhalte einfach abzuschaffen wie in Merciers Utopie. Auch wenn man sich damit begnügt, das Relevantere nach oben zu filtern und das weniger Hilfreiche weiter unten zu verstecken, werden nie alle mit dem Ergebnis glücklich sein – Relevanz liegt im Auge des Betrachters. Ein Teil der anstrengenden Vielfalt kommt durch unterschiedliche Interessen zustande. Wenn sich alle darüber einig wären, welche Sachverhalte wie dargestellt werden sollen, hätte schon vor dem Internet eine einzige Zeitung und ein einziges Nachschlagewerk genügt. Selbst wenn es möglich wäre, Unerwünschtes wegzufiltern, würde das nur zu vermehrten Klagen an einer anderen Internet-Diskussionsfront führen: Die kritische Stimme des Einzelnen, die Anliegen von Minderheiten, die Gegenöffentlichkeit gehe unter im Getöse der Mehrheit.

Einerseits verlangen wir, dass das Netz jedem eine Stimme

geben und dafür sorgen soll, dass wir nicht nur diejenigen Nachrichten zur Kenntnis nehmen, die uns in den Kram passen. Andererseits sieht ebendieses breite Spektrum von Meinungen und Informationen einem Riesenhaufen schlecht sortierten Unfugs zum Verwechseln ähnlich. Es wird auch nicht besser, wenn man erklärt, andere Menschen dürften ja ruhig anderer Meinung sein, solange sie sie nur auf eine bestimmte Art vorbrächten. Denn für Diskussionskulturen und Argumentationsmuster gilt dasselbe wie für Inhalte: Es gibt sie in verschiedenen Geschmacksrichtungen, und die eigene ist nicht unbedingt das Maß aller Dinge.

Zusätzlich erschwert wird die Problematik durch das Sperrfeuer von Einzelinteressen, denn die decken sich nicht immer mit denen der Allgemeinheit. Unternehmen versuchen, durch Suchmaschinenoptimierung und Linkfarmen die Schwächen in Googles PageRank System auszunutzen, Wissenschaftler bilden Zitierkartelle, Amazon-Anbieter schönen ihre Produktbewertungen, Prominente ihre Wikipedia-Einträge. Auch offensichtliche Regelverstöße werden nicht nur von gewissenlosen Schurken begangen. Dahinter steckt vielleicht lediglich der Glaube, ein bisschen Suchmaschinenoptimierung zugunsten des eigenen Unternehmens könne ja wohl der großen Googlesortierung der Welt keinen echten Schaden zufügen. Schließlich verträgt jedes robuste System ein paar Regelbrüche, und der Mensch ist nur eins von vielen Tieren mit ausgeprägtem Gespür dafür, mit wie vielen kleinen Vergehen zugunsten der eigenen Sippschaft man gerade noch ungestraft durchs Leben kommt.

Die Welt ist voll von Unnützem und Unfug, schlechtem Wetter, Wespen, den Zumutungen des Kunstbetriebs und Imbissbuden voll halbvertrockneter Käsebrötchen. Der Wunsch, das alles einfach abzuschaffen, beschäftigt jeden von Zeit zu Zeit. Aber derselbe Regen, der den Gartenfestgast ärgert, erfreut den Landwirt, und sogar Wespe und Kunstbetrieb erfüllen vermutlich irgendeine Funktion. Weise ist es daher, nicht die Abschaffung des Regens zu fordern, sondern sich unter ein Dach zu begeben. Genauso verhält es sich mit dem Unfug im Internet.

9. Generation Swimmy

Kollektive und Kollaborationen

Borg Queen: «Congratulations.»
Seven of Nine: «Regarding?»
Borg Queen: «Assimilation is complete.»
Seven of Nine: «300 000 individuals have been transformed into drones. Should they be congratulated as well?»
Borg Queen: «They should be. They've left behind their trivial, selfish lives, and they've been reborn with a greater purpose. We've delivered them from chaos into order.»
Seven of Nine: «Comforting words. Use them next time instead of ‹Resistance is futile›. You may elicit a few volunteers.»
Star Trek: Voyager

«Swimmy» ist ein kleiner schwarzer Fisch, Held des gleichnamigen Bilderbuchs von Leo Lionni. Er lebt in einem Schwarm roter Fischlein, denen er beibringt, gemeinsam in Form eines großen Fischs zu schwimmen. So getarnt, trauen sich die kleinen Fische hinaus ins große Meer. Das aus dem Amerikanischen übersetzte Buch erhielt 1965 den Deutschen Jugendliteraturpreis, inzwischen sind mehrere Generationen damit aufgewachsen und haben sich im Erwachsenenalter mit anderen kleinen Fischlein zusammengeschlossen. Gemeinsam nehmen sie die Form von Enzyklopädie-Redaktionen an, von Nachrichtenmedien, Bildungs- und Kulturförderungsinstitutionen.

Neben dem identitätsstiftenden Bilderbuch spielte für diese Formierung auch das Internet eine gewisse Rolle. Es wurde von Programmierern und Wissenschaftlern für Programmierer und Wissenschaftler (okay, und für das Militär) ersonnen: Branchen, in denen man bereits daran gewöhnt war, in größeren Gruppen an Projekten zu arbeiten. Und zwar an Projekten, die – anders als etwa ein gemeinsam erbauter Todesstern oder ein Baumhaus – keine räumliche Nähe der Beteiligten erforderten. Daher entstanden schon bald allerlei Werkzeuge, die die digitale Zusammenarbeit erleichterten: Wikis gibt es bereits seit 1994, und zehn Jahre später, nach dem Erfolg der Wikipedia, fanden sie weite Verbreitung. Ab 2005 kamen kollaborative Texteditoren wie Google Docs[1] und Etherpad dazu, die das gleichzeitige Schreiben am selben Text ermöglichten. Zudem breiteten sich soziale Netzwerke aus, die es noch einmal leichter machten, andere für gemeinsame Projekte zu mobilisieren.

Grob unterteilt sind es vier verschiedene Dinge, die gemeint sein können, wenn von der «Weisheit der Vielen» die Rede ist. Erstens ist da der schnelle Zugriff auf das gesammelte Wissen vieler Menschen. In den achtziger und neunziger Jahren hatten manche Zeitungen Rubriken, in denen Leser Fragen stellen konnten und andere Leser – stark zeitversetzt – Antworten gaben. Ob es wirklich wahr sei, dass auf der Südhalbkugel das Wasser im Uhrzeigersinn in den Badewannenabfluss strudelt, war eine typische Frage. War man damals nicht gerade zufällig mit Physikern oder Australiern befreundet, hatte man geringe Chancen, anderweitig zu einer Antwort zu gelangen. Unter den Lesern fanden sich Fachleute, die diese Fragen (wenn auch nicht immer einhellig) beantworteten.

Diese Erschließung des Wissens einer größeren Zahl von Menschen fand im Netz zunächst in den Newsgroups des Usenet statt, dann in Diskussionsforen, sie wanderte im Laufe der Jahre in eher mäßig funktionierende Frage-Antwort-Plattformen wie Yahoo Answers oder wer-weiss-was.de und ist im Moment bei deren Nachfolgern wie Quora angelangt.

Viele Probleme, die noch vor kurzer Zeit auch im Netz das Befragen anderer Menschen erforderten, sind mittlerweile leicht durch Suchmaschinen zu lösen, zum Beispiel die Badewannenabfluss-Frage. In anderen Fällen ist das Fragen zwar noch der schnellste Weg zur Antwort, aber es ist bereits absehbar, dass sie demnächst durch den Abfluss strudeln werden: «Hat zufällig jemand folgendes Buch und könnte kurz was für mich nachschlagen?» Zukunftssicher sind bis auf weiteres alle Probleme, die so formlos oder abstrakt sind, dass eine Suchmaschine nicht weiterhilft: «Gesucht: Reiseziele, die sich anfühlen wie aus einem Roman». Auch wenn es nicht darum geht, eine bereits irgendwo auf der Welt vorhandene Antwort lediglich ausfindig zu machen, sondern diese Antwort erst in der Diskussion mit anderen entsteht, bleibt das Fragenstellen sinnvoll: «Welche technischen und sozialen Regelungen fördern zivilisierte Diskussionen im Netz, welche nützen nichts und welche richten Schaden an?» Viele bei Quora behandelte Fragen decken auch Diskussionen ab, die ansonsten eher in Interviews ablaufen: Etwa, wenn Experten Fragen zu ihrem Unternehmen oder Fachgebiet beantworten. Während bei Quora zuerst die Frage gestellt wird und sich dann ein antwortender Experte einfindet, ist es bei Reddit[2] oft umgekehrt: Hier hat sich das Format «I am a … Ask me anything» etabliert, also etwa: «Ich arbeite an der Rezeption eines Hotels – fragen Sie mich, was Sie wollen». Wer bei Reddit und anderswo auf solche Fragen antwortet, legt sich zu diesem Zweck oft einen anonymen Zweitaccount zu, um offener berichten zu können. Es gibt also weiterhin Bedarf nach dem Format des Frage-Antwort-Spiels, nur die Art der behandelten Fragen verlagert sich allmählich.

In einer zweiten Variante der Kollaboration der vielen geht es nicht um die Erschließung von Spezialwissen, sondern um die Summe einzelner kleiner Leistungen. Der britische Astrophysiker Chris Lintott stand Mitte der nuller Jahre vor einem Problem. Beim *Sloan Digital Sky Survey*, einem internationalen Projekt zur Durchmusterung eines Himmelsgebiets, hatten sich Fotos von einer knappen Million Galaxien angesammelt. Es waren zu viele, als dass Nachwuchswissenschaftler sie auch nur in die elementaren Kategorien «spiralförmig», «elliptisch» und «irregulär» hätten einsortieren, geschweige denn genauer untersuchen können. Lintott berichtet, er habe empirisch herausgefunden, dass ein Doktorand 50 000 Galaxien klassifiziert, «bevor er einem sagt, wohin man sich die anderen 850 000 stecken kann». Dieser Doktorand hieß Kevin Schawinski, und gemeinsam riefen Schawinski und Lintott 2007 die Website galaxyzoo.org ins Leben, eins der ersten «Citizen Science»-Projekte. Freiwillige durften dort, nach einer kurzen Einweisungs- und Trainingsrunde, eigenständig Galaxien klassifizieren. Die Gründer hofften, die Bilder auf diesem Weg innerhalb von zwei Jahren zu sortieren. Schon am zweiten Tag nach dem Start gingen 70 000 Ergebnisse pro Stunde ein, und nach dem ersten Jahr waren über fünfzig Millionen[3] Galaxien sortiert. Aus Galaxy Zoo sind bis Mitte 2012 fünfundzwanzig wissenschaftliche Veröffentlichungen hervorgegangen, darunter einige über bisher noch gar nicht beschriebene Erscheinungen wie «Hannys Voorwerp» und «grüne Erbsen», die den Zoobesuchern auf den Bildern aufgefallen waren. Selbst wenn die Weisheit der Vielen von Wissenschaftlern dereinst als Unsinn enttarnt würde, allein schon für die Entdeckung grüner Erbsen im All ist ihr zu danken.

Galaxy Zoo hat inzwischen sein Angebot erweitert: Nutzer können dort Planeten und Supernovae suchen, die Sprache der Wale entschlüsseln helfen, Schiffslogbücher oder ägyptische Papyrusfunde transkribieren (zooniverse.org). Die britischen Bodleian Libraries lassen ihre digitalisierten Musiksammlungen durch Freiwillige mit Beschreibungen versehen (whats-the-score.org), der *Guardian* forderte Leser nach einem Spesenskandal auf, in den Abrechnungen der Parlamentarier nach verdächtigen Posten zu forschen, die sich die Journalisten genauer ansehen sollten (mps-expenses.guardian.co.uk). Bei Guttenplag und Vroniplag durchsuchen die Teilnehmer Dissertationen von Personen des öffentlichen Lebens nach Plagiaten, was seit 2011 die Aberkennung bzw. «Rückgabe» von neun Doktortiteln nach sich gezogen hat. Ebenso wie bei Galaxy Zoo sind die Ergebnisse jedermann zugänglich. Einige dieser Projekte sind vermutlich deshalb attraktiv, weil sie den vielen kleinen Fischen die Möglichkeit bieten, die großen Fische zu beißen. Das ist aber nicht der einzige Grund für ihre Beliebtheit. Die Motivationen der Teilnehmer sind im letzten Jahrzehnt mehrfach wissenschaftlich untersucht worden. Das wenig überraschende Ergebnis: Eine einfache Antwort gibt es nicht, die Begründungen sind vielfältig. Interesse am Thema, Spaß und der Wunsch, sich nützlich zu machen, werden am häufigsten genannt. Die befragten Galaxy-Zoo-Teilnehmer geben an, die für die Galaxien aufgewendete Freizeit vorher mit Fernsehen verbracht zu haben.

Die dritte Variante der «Weisheit der Vielen» sind Projekte, bei denen größere Gruppen unbezahlter Freiwilliger Arbeit tun, die noch vor kurzem von bezahlten Fachleuten erledigt wurde. Das bekannteste Beispiel ist die Wikipedia, aber das Prinzip ist auf vielen Gebieten zu beobachten. Fans untertiteln gemeinsam Serien und übersetzen Comics und Bücher[4]. Die Übersetzungen sind zwar nicht immer herausragend, aber man sollte nicht übersehen, dass auch im regulären, oft schlecht bezahlten Übersetzungsgeschäft im Unterhaltungsbereich nur selten eine Qualitätskontrolle stattfindet und die Tarife der Branche nicht viele hochqualifizierte Übersetzer anlocken. Die Augen vieler unterschiedlich begabter Freiwilliger sehen manchmal mehr als die eines einzigen bezahlten Übersetzers. Verlage setzen Lesercommunitys zunehmend bei der Vorfilterung von Buchvorschlägen oder beim Lektorat entstehender Bücher ein[5]. Das US-Patentamt versucht seit 2009 die wachsende Zahl der beantragten Patente mit Hilfe des Pilotprojekts «Peer to Patent» in den Griff zu bekommen, bei dem Freiwillige recherchieren, ob Vergleichbares bereits erfunden wurde. Für die Helfer ist die Teilnahme aus den bereits erläuterten Gründen attraktiv, hinzu kommen soziale Anerkennung und die Möglichkeit, über diese Plattformen an Aufträge zu gelangen oder Mitarbeiter für eigene Projekte zu finden.

Crowdfunding ergänzt die herkömmliche Kulturförderung und die Vorschüsse der Verlage oder Musiklabels: Bei Plattformen wie kickstarter.com und den deutschen Nachfolgern startnext.de oder inkubato.de kann jeder ein Projekt vorstellen und den für die Umsetzung nötigen Geldbetrag benennen. Wenn sich innerhalb eines bestimmten Zeitraums genügend Unterstützer bereit erklären, einen Betrag ihrer Wahl zu spenden, zieht der Plattformanbieter die Gesamtsumme ein und behält einen Anteil. Die Unterstützer werden später nicht am Erfolg beteiligt, sondern erhalten – je nach Höhe ihres Zuschusses – zum Dank das fertige Buch, eine Einladung zur Filmpremiere, ein T-Shirt oder auch einfach nur die Befriedigung, Geburtshelfer einer guten Sache gewesen zu sein. Über Kickstarter wurden seit der Gründung im Jahr 2008 bis Mitte 2012 über 220 Millionen US-Dollar eingesammelt, einige Projekte erhielten Spendensummen von mehreren Millionen. Beim Sundance Film Festival 2012, dem wichtigsten amerikanischen Festival für unabhängige Produktionen, waren zehn Prozent aller Filme kickstarterfinanziert.

Auch die in Kapitel 7 erwähnten *Folksonomies* spiegeln diese Philosophie wider. Hier erzeugen Freiwillige Ordnungssysteme – zum Beispiel für Bilder oder Musik –, indem sie die Inhalte nach ihrem eigenen Gutdünken in Kategorien einsortieren. Die Vorteile liegen auf der Hand. Für den Einzelnen bedeutet dieses Ordnen keine nennenswerte Mühe, und das System passt sich problemlos an große Nutzerzahlen an. Eine Zusammenarbeit ist auch dann möglich, wenn viele Beteiligte unterschiedliche Ansichten haben, in welche Kategorien ein Objekt gehört.[6] Auch die Nachteile sind offensichtlich: Das neue System ist unordentlicher, redundanter und fehlerhafter als eine von Experten betreute Taxonomie in klassischen Lexika oder im Netz. Man wird zum Beispiel mit einer Flickr-Suche nach «Rabe» nicht alle vorhandenen Rabenbilder finden, dafür aber viele Krähen, Dohlen und Fotos der Schweizer Zugbaureihe RABe. Der Ansatz ist nicht immer ideal, doch er bewährt sich dort, wo zentral verwaltete Ordnungssysteme keine Option sind. Und das ist angesichts der großen Datenmengen, die im Netz anfallen, immer häufiger der Fall.

Die vierte Variante der «Weisheit der Vielen» wurde erstmals von dem Naturforscher und Darwin-Cousin Francis Galton beschrieben, nachdem er 1906 ein Volksfest in Plymouth besucht hatte. Bei einem Wettspiel hatten dort 800 Besucher versucht, das Schlachtgewicht eines Ochsen zu erraten. Der Durchschnitt ihrer Schätzungen lag mit 1197 Pfund näher an der Wahrheit von 1198 Pfund als jeder Tipp jedes einzelnen Teilnehmers. Die Menge war in diesem Fall also tatsächlich klüger als das Individuum, sogar klüger als die Ochsenzüchter und -schlachter, die es unter den Teilnehmern gegeben haben mag. Das Phänomen ist seither oft untersucht worden:

Sobald es um Wissensfragen mit eindeutiger Antwort geht, um Größenabschätzungen oder um räumliche Orientierung, sind die gemittelten Antworten einer Gruppe mindestens so zuverlässig und oft besser als die Auskünfte einzelner Experten. Die gängige Erklärung dafür lautet: Jedes Urteil ist durch persönliche Präferenzen, Erfahrungen, Wissenslücken gefärbt, die Abweichungen in alle Richtungen verursachen. Bei einer ausreichenden Zahl von Antworten heben sich diese Abweichungen aber gegenseitig auf.

Auf die Schwarmintelligenz ist nicht immer Verlass. Ein einziger charismatischer Rinderbratenexperte, der öffentlich seine Meinung über das Gewicht des Ochsen verkündet, kann sämtliche abgegebenen Schätzungen so stark beeinflussen, dass auch der Mittelwert falsch wird. Und immer wieder halten große Menschenmengen es für eine gute Idee, ihr Geld in ein Börsenphänomen zu investieren, das sich dann als schmerzlich kurzlebig herausstellt. Untersuchungen zur beliebten Methode des Brainstormings zeigen, dass in einer Gruppendiskussion weniger Ideen entstehen, als wenn die Teilnehmer für sich nachdenken und ihre Ergebnisse später zusammenwerfen. Die Klugheit von Gruppen leidet offenbar vor allem dann, wenn sich die Einzelnen über ihre Ansichten austauschen, und wenn sie einander ähnlich oder räumlich nahe sind. In der Praxis ist der Austausch leider oft unvermeidlich.

Dass die Welt durch die ersten beiden Formen massenhafter Zusammenarbeit nicht schlechter und eventuell sogar ein bisschen besser wird, ist nicht weiter umstritten. Und doch gab es in den letzten Jahren nicht wenig Kritik am Crowd-Konzept. Diese Kritik entzündet sich vor allem an der dritten und vierten Variante: dem Wikipedia-Prinzip und der These der Schwarmintelligenz.

Wertvolles wird immer von Einzelnen geschaffen, lautet ein konservatives Argument. Der britische Wissenschaftstheoretiker Norman Campbell schrieb bereits 1921 in einem Aufsatz mit dem Titel «What is Science?»: «Ohne Galileo, Newton oder Lavoisier wäre die Wissenschaft heute nicht, was sie ist, und Ähnliches gilt für die Musik, wenn Bach, Beethoven und Wagner nie gelebt hätten. Die Welt, wie wir sie kennen, ist das Produkt ihrer Genies, und die Leugnung dieser Tatsache ist eine Verdummung der geistigen wie der Wirtschaftsgeschichte.» Diese Position ist bis heute weit verbreitet. Die Welt darf die Werke der Genies betrachten, aber das Berühren der Hochkultüren mit den Pfoten ist verboten. «User-generated content» sei nur ein beschönigender Ausdruck dafür, dass Narrenhände Tisch und Wände beschmieren. Die Beliebtheit des Konzepts rühre nur daher, dass es einfach mehr Masse als Klasse gebe. Und wenn jetzt auch noch die Entscheidung, welche Kulturprodukte gefördert werden sollen, nicht mehr in den Händen von Experten liege, dann adieu, Opernhaus, hallo, lebensgroße Robocop-Statue in Detroit[7].

Auch für die, die nicht ganz so fest an kulturelle Eliten und das Originalgenie glauben, ist es nicht angenehm, wenn die Konkurrenz durch unbezahlte Freiwillige das eigene Geschäftsmodell bedroht. Nicholas Carr, neben Jaron Lanier, Lee Siegel und Andrew Keen einer der Hauptvertreter der Crowd-Kritik, wies 2005 in seinem Blog roughtype.com auf diese Gefahr hin: «Das Internet verändert die ökonomischen Rahmenbedingungen kreativer Arbeit (...) und es kann sein, dass das unsere Wahlmöglichkeiten einschränkt, anstatt sie zu erweitern. Die Wikipedia mag nur ein Schatten der Britannica sein, aber weil sie von Amateuren erstellt wird statt von Fachleuten, ist sie kostenlos. Und das Kostenlose gewinnt immer gegen das Hochwertige.» Dasselbe gelte für den Konkurrenzkampf zwischen Blogs und anderen Anbietern von Gratis-Inhalten einerseits und traditionellen Zeitungen und Zeitschriften andererseits. «Die Kündigungswellen, die wir zuletzt bei den großen Zeitungen beobachten konnten, waren womöglich nur der Anfang, und diese Kündigungen sollten nicht zu selbstgefälligem Gekicher Anlass geben, sondern zur Verzweiflung. Die ekstatischen Visionen vom Web 2.0 handeln immer auch von der Herrschaft der Amateure. Ich kann mir nichts Beunruhigenderes vorstellen.»

Jaron Lanier[8] kritisiert an der kollaborativen Texterstellung, dass sie den Autor aus dem Text entfernt. «Der typische Autor eines Wikipedia-Beitrags feiert (...) zumindest implizit das Ideal einer intellektuellen Herrschaft des Mob.» Wikipedia arbeite mit der «Illusion von einer Art Orakel, in der man das Wissen um den menschlichen Autor unterdrückt, um einem Text gleichsam übermenschliche Geltung zu verleihen. Die heiligen Bücher traditioneller Religionen funktionieren etwa in derselben Weise und bereiten ähnliche Probleme.»* Das bringe denselben Ärger mit sich wie das Fehlen individueller Verantwortlichkeit in großen Organisationen.

Speziell in der vierten Variante wird die Leistung Einzelner unbestreitbar etwas weniger wichtig. In der Softwareentwicklung hat sich seit den neunziger Jahren der «Busfaktor» eingebürgert, der angibt, wie stark das nötige Wissen sich in einzelnen Teammitgliedern konzentriert. Der Busfaktor gibt an, wie viele Entwickler gleichzeitig vom Bus überfahren werden müssten, damit das Projekt – zumindest für längere Zeit – zum Stillstand kommt. «Vom Bus überfahren werden» ist dabei nur eine Metapher, es gibt viele harmlosere Gründe,

* Der Vergleich ist ein wenig ungerecht, denn genauso verhielt es sich nicht nur mit den heiligen Büchern, sondern lange Zeit auch mit der Wissenschaft.

warum Einzelne ihre Projektbeteiligung einstellen: ein Jobwechsel, Schwangerschaft oder ein Amt in der Piratenpartei genügen bereits. Diese relative Abwertung des Einzelnen tut ein bisschen weh. Die ihr zugrundeliegende Abwägung ist dieselbe, die man auch bei den Folksonomies oder der Frage nach der Haltbarkeit von Informationsträgern einsetzen kann: Ist es wichtiger, auf die relative Dauerhaftigkeit des Gedruckten zu setzen, oder hat die erleichterte Zusammenarbeit in den flüchtigen digitalen Medien Vorrang?[9]

Der Wikipedia-Mitgründer Larry Sanger hält Kritikern entgegen, das Neue und Erfreuliche an der Wikipedia sei nicht, dass ihre kollaborativ erstellten Beiträge der Auskunft eines einzelnen Fachmanns irgendwie überlegen seien. Eindrucksvoll sei vielmehr, dass sich auf diese Art enorme Mengen Arbeit zugunsten eines gemeinsamen geistigen Ziels bündeln ließe. Aber dieses Argument gibt Anlass zu neuer Kritik. Nicholas Carr vergleicht Anbieter wie MySpace[10] und Facebook mit Landeigentümern, die ihre Pächter ausbeuten, weil sie ihre Nutzer für sich arbeiten lassen und selbst den Gewinn einstreichen. Was aus der einen Perspektive nach den Regeln der Aufmerksamkeitsökonomie funktioniert, sieht aus der anderen wie althergebrachte Ausbeutung im modischen Gewand aus.

Die Überzeugung, Kollaboration mache alles besser, wird häufig von Leuten vertreten, die das Netz als Aufenthaltsort einer relativ homogenen Gruppe mit ähnlichen Überzeugungen empfinden. Da das Internet anfangs von (überwiegend amerikanischen) Universitätsangehörigen besiedelt wurde und CDU-Politiker dort bis heute nicht diskussionsbestimmend sind, entsprach diese Ansicht zeitweise sogar den Tatsachen. Es ist aber keineswegs so, dass das Internet allen, die sich dort umtun, automatisch dieselben Vorlieben und politischen Ansichten einflößt. Früher oder später kommen auch alle anderen dort an – im Internet, in den sozialen Netzen, in den bisherigen Refugien der Avantgarde – und verschaffen sich Gehör. Und sie sind dieselben Anderen wie immer. Größere Menschenmengen sind seit jeher dann beliebt, wenn sie den eigenen Interessen einen größeren Hebel verschaffen. Und entsprechend unbeliebt, wenn sie dasselbe für fremde Interessen leisten.

Nicht einmal die schärfsten Kritiker des Crowd-Konzepts halten kollektive Aktivitäten für grundsätzlich falsch. Sie plädieren nur dafür, nicht unterschiedslos alles für gut und richtig zu halten, was Gruppen hervorbringen. Jaron Lanier erklärte 2006 in einem *Spiegel*-Interview: «Mir bereitet die Vision Sorgen, nur das große Ganze, das Kollektiv sei real und wichtig – nicht aber der einzelne Mensch. Das war der Fehler in allen totalitären Ideologien, vom Nazi-Regime über Pol Pot bis zu den Islamisten.» Wenn die Arbeit von Gruppen an Bedeutung gewinnt, heißt das allerdings nicht automatisch, dass dadurch der Einsatz und Einfluss des Individuums zurückgeht. Wenn man kollektive Aktivitäten im Netz näher betrachtet, stellt sich schnell heraus, dass dort weder absolute Gleichberechtigung zwischen austauschbaren, anonymen Arbeiterameisen herrscht noch ein unerschütterlicher Glaube an die Überlegenheit des Kollektivs. Wikipedia-Gründer Jimmy Wales äußerte sich in einer Diskussion um Laniers Begriff des «digitalen Maoismus» bei edge.org dazu: «Inhalte der Wikipedia werden – so wie überall – von Einzelnen geschaffen, die von ihrer eigenen Urteilskraft Gebrauch machen.»

Der Kritik an Gemeinschaftsleistungen im Netz liegt nicht zuletzt der Wunsch nach Illusionen zugrunde, der auch in der Otto von Bismarck zugeschriebenen Aussage steckt: «Gesetze sind wie Würste, man sollte besser nicht dabei sein, wenn sie gemacht werden.» Mit Erkenntnissen verhält es sich ähnlich. Es ist eine schöne Vorstellung, dass Wissen sich in einem wohlgeordneten Denkprozess im Kopf eines einzelnen Genies formt und dann in die Welt entlassen wird. Dabei besteht auch der ganz traditionelle Wissenschaftsbetrieb überwiegend daraus, dass durchschnittlich begabte Menschen kleine Steinchen zusammensetzen, bis irgendwann etwas Größeres dabei herauskommt. Genauso laufen in Zeitungsredaktionen, Verlagen und Kulturförderungsinstitutionen Debatten ab, die längst nicht immer so unvoreingenommen und gründlich sind, wie man sich das als Außenstehender wünscht. Sobald solche Prozesse öffentlich einsehbar stattfinden und jeder dahergelaufene Freiwillige sich daran beteiligen darf, kratzt das an der Fiktion.

Bis sich die Debattenlage wieder beruhigt hat, mag man sich mit einer Erkenntnis behelfen, die bereits weitgehend unerkannt in unserer Einleitungsgeschichte herumschwimmt. Der große Schwarm kleiner Fischlein war auf Swimmy und seine Einzigartigkeit angewiesen, um sich überhaupt seiner Stärke bewusst zu werden. Denn die rote Fischgruppe hätte ohne den schwarzen Swimmy, der das Auge des von ihr geformten Riesenfisches bildete, nur halb so überzeugend ausgesehen. Auch an der Wikipedia wirken Experten mit, und viele der beteiligten Laien sind nicht Teil eines anonymen, formlosen Mobs, sondern unter ihrem Pseudonym oder bürgerlichen Namen bekannt. Sie haben dort Autorität aufgrund ihrer Leistungen erworben. Dass sie sich schon nach wenigen Jahren dieselbe Kritik gefallen lassen müssen, die anderswo den traditionellen Autoritäten entgegenschlägt, ist ein Zeichen dafür, dass sich in diesem Spannungsfeld kein dauerhaftes Gleichgewicht einstellen wird.

Die Spannung zwischen etablierten und weniger etablierten Autoritäten ist alt, ebenso wie die zwischen den Interessen des Einzelnen und denen größerer Gruppen. Neu hinzugekommen sind durch das Internet nur einige Werkzeuge und Verfahren. Sie machen die Welt nicht automatisch besser, offener, hierarchiefreier und demokratischer, sie führen aber auch nicht unausweichlich in eine düstere Zukunft. Die Frage ist nicht, ob der frühere Zustand besser war. Die finanziellen wie organisatorischen Kosten der Zusammenarbeit mit anderen sind gesunken, und es gibt keinen Weg zurück. Clay Shirky verglich 2008 in einem vielzitierten Vortrag die 100 Millionen Arbeitsstunden, die bis dahin in die Wikipedia geflossen waren, mit den 200 *Milliarden* Stunden, die allein die Bewohner der USA jährlich mit Fernsehen zubringen. Wenn die Wikipedia eines nahen Tages ganz vollgeschrieben ist, könnten wir ja vielleicht in den dann wieder freien Arbeitsstunden eine Diskussion darüber führen, was für technische und soziale Verbesserungsmöglichkeiten sich bei ganz konkreten Zusammenarbeitsformen bieten.

10. Mehr Demokratie wegen

Von Digitaler Demokratie und Facebookrevolutionen

Verleser des Morgens: «Facebook startet eigenen Militärdienst.»
Clemens Aufderklamm / @herrklamm, Twitter, 16. November 2010

Interessanterweise scheint beim Volk die Sorge um die politische Zurechnungsfähigkeit des Volkes recht populär zu sein. Ein wiederkehrendes Argument lautet: «Wenn das Volk direkt entscheiden dürfte, dann hätten wir doch übermorgen wieder die Todesstrafe!» Anschließend folgt die Vermutung, dass ein einzelnes scheußliches Verbrechen samt entsprechender Schlagzeile auf den Boulevard-Titelseiten dazu führen könnte, alle rechtsstaatlichen Prinzipien fallenzulassen.

Mit dem Internet ist in den letzten Jahren die Diskussion um eine direktere Beteiligung der Bürger an der Politik neu entflammt. Der Einzug der Piratenpartei in mehrere Landesparlamente hat eine deutlich sichtbare Verbindung zwischen Netz und aktiver Politik geschaffen. Alle großen Parteien mühen sich inzwischen, herauszufinden, was eigentlich los ist. Im Netz und auch ganz allgemein. Der Streit um die politische Kraft des Internets hat vordergründig viele Fronten: Was bringt das Netz Neues in die Politik ein? Erweitert, ergänzt, ersetzt es den Diskurs und den politischen Aktivismus? Ermöglicht es neue Formen der Mitbestimmung, läutet es gar das Ende der repräsentativen Demokratie ein? Wenn ja, wie? Wenn nein, was dann? Wo liegen Chancen, wo liegen Gefahren, und welche Chancen muss man als Gefahr begreifen?

Hinter den Kulissen aus Wahlkampf-Pappmaché und Bürgernähe-Phrasen aber schnurrt die vielschichtige Diskussion zusammen auf einen Kern aus drei eng zusammenhängenden Fragen:

- Kann man dem Volk über den Weg trauen?
- Kann man dem Netz über den Weg trauen?
- Und schließlich: Was ist und was kann Digitale Demokratie?

Kann man dem Volk über den Weg trauen?

Eigentlich ist es ein bisschen spät, diese Frage überhaupt zu stellen, Demokratie heißt schließlich Volksherrschaft. Jeder dritte Bürger* glaubt jedoch, dass die anderen beiden möglichst keine konkreten Entscheidungen treffen sollten. In Administration und Politik sieht es ähnlich aus: Das Institut Forsa fand 2011 heraus, dass in den Verwaltungen der Bundesrepublik rund vierzig Prozent der dort Bediensteten Volksentscheide für nicht sinnvoll halten. Das ist keine besonders große Mehrheit für das Vertrauen in die Mehrheit. Der grüne Tübinger Oberbürgermeister Boris Palmer, Jahrgang 1972, schrieb im Mai 2012 in der ZEIT einen Essay über die große Gefahr, die die Piratenpartei darstelle: «Die Piraten sind so gefährlich, weil sie bewährten und funktionierenden Verfahren die Legitimation absprechen und an deren Stelle eine Illusion setzen, die nicht funktionieren kann.» Mit «Illusion» meint Palmer die «Basisdemokratie 2.0», die bei den Piraten mit Hilfe der Diskussions-Software Liquid Feedback im Netz stattfinden soll. Gleichzeitig erklärt er Basisdemokratie insgesamt

* Nach einer repräsentativen Umfrage des *Sterns* im Jahr 2011 hält etwa ein Drittel der Bürger Volksbefragungen für nicht wünschenswert.

für gescheitert: «Sie endet spätestens, wenn die Koalitionsverhandlungen beginnen», alles andere funktioniere nicht. Man wäre nicht überrascht, wenn Palmer noch angefügt hätte: «Die Demokratisierung der Gesellschaft ist der Beginn der Anarchie, das Ende der wahren Demokratie. Wenn die Demokratisierung weit genug fortgeschritten ist, dann endet sie im kommunistischen Zwangsstaat.» Allerdings stammten diese Worte von Franz Josef Strauß, veröffentlicht im Januar 1978 im *Sonntagsblatt* (mit Demokratisierung wurde damals Mitbestimmung durch das Volk bezeichnet).

Irgendwie hat sich im politischen Apparat die Gewohnheit durchgesetzt, den Wähler als eine Art launischen, nicht immer zurechnungsfähigen Souverän zu betrachten, der gar nicht so genau weiß, was gut für ihn ist. Palmers Ansichten sind auch deshalb interessant, weil sich die Grünen in ihrer Gründungsphase explizit zur basisdemokratischen Politik bekannten. In der Präambel des grünen Parteiprogramms von 1980 heißt es: «Unsere Politik wird von langfristigen Zukunftsaspekten geleitet und orientiert sich an vier Grundsätzen: sie ist ökologisch, sozial, basisdemokratisch und gewaltfrei.»

Der Erfolg der Piratenpartei Ende 2011 und Anfang 2012 ist eng mit der Mitbestimmung des Volkes verbunden: Bei einer Befragung von 2178 Parteimitgliedern im Frühjahr 2011 sahen weniger als neun Prozent der Piraten die repräsentative Demokratie als die geeignetste Form an, den Volkswillen durchzusetzen. Über neunzig Prozent sprachen sich für eine stärkere Einbindung der Bürger durch eine plebiszitäre oder direkte Demokratie aus. Die Wähler der Partei äußern sich ähnlich. Eine Ursache des Piratenerfolgs könnte demnach die Unzufriedenheit darüber sein, dass viele Politiker dem Volk direkte Entscheidungen nur mäßig gern anvertrauen.

Dafür liegen speziell in Deutschland natürlich auch historische Gründe nahe. Aber die Haltung, der Masse grundsätzlich zu misstrauen, ist klassisch konservativ. 1895 erklärte der Begründer der Massenpsychologie, Gustave Le Bon, in seinem Hauptwerk «Die Psychologie der Massen», dass die Vielen eigentlich ein Haufen unzurechnungsfähiger, blindwütiger Dummköpfe seien: «Die Massen haben nur Kraft zur Zerstörung. Ihre Herrschaft bedeutet stets eine Stufe der Auflösung.» Diese reaktionären Argumentationen drücken das gleiche Unwohlsein mit dem Verhalten von Großkollektiven aus, das Franz Josef Strauß dazu verleitete, in der Mitbestimmung des Volkes den Untergang des Abendlandes zu sehen.

Die Mutter aller Mitbestimmungsinstrumente, das Wahlrecht, war bis zum Beginn des 20. Jahrhunderts Gegenstand ähnlicher Befürchtungen. Das Frauenwahlrecht führte nach Meinung seiner Gegner ohne Umweg in die Hölle. Die Wahlrechtsreformen in Großbritannien von 1867 schlossen weiterhin Frauen von der Wahl aus, weil es sonst nach Auffassung der Parlamentarier flächendeckend zu ehelichen Meinungsverschiedenheiten gekommen wäre; das wiederum hätte die Institution der Familie gefährdet. Ein Schweizer Plakat von 1927 gegen das Frauenwahlrecht ist überschrieben mit «Die Mutter treibt Politik!». Darunter sieht man ein aus der Wiege gefallenes, schreiendes Kind, ein stürmischer Wind fährt durch das aufgestoßene Fenster. In der Wiege sitzt eine schwarze Katze mit glimmenden Augen. Nach dem Ersten Weltkrieg wurde in vielen europäischen Staaten das Frauenwahlrecht eingeführt. Selbst die Schweiz kam nach einem sorgfältigen, fünfzigjährigen Abwägungsprozess zu dem Schluss, dass nicht der sofortige Untergang drohe, oder zumindest nicht *deshalb*.

Diese Hintergründe sind für die Diskussion um digitale Mitbestimmung wichtig. Mit dem Internet ist ein Instrument entstanden, das technisch neue Spielformen der Demokratie ermöglichen könnte. Es ist keine theoretische Frage mehr, ob man das Volk direkt in politische Diskussionen miteinbeziehen kann, sondern eine reale Möglichkeit. Sie wird von den Piraten offensiv politisch vorangetrieben und zwingt die Vertreter klassischer Parteien dazu, sich mit der Einmischung des Volkes in die Demokratie auseinanderzusetzen. Ab und zu funkelt dabei das Misstrauen durch. Die politische Auffassung der Piratenpartei sei «manchmal so stark von der Tyrannei der Masse geprägt, dass ich mir das als Liberaler nicht wünsche, dass dieses Politikbild sich durchsetzt», sagte der FDP-Generalsekretär Patrick Döring im März 2012 bei der Nachbesprechung der Landtagswahl im Saarland. Die eher piratenfreundliche und empörungsaffine Twittergemeinschaft empörte sich. André Krüger, auf Twitter @bosch, fasste den Tenor der mehreren tausend Tweets zusammen: «Für FDP-Generalsekretär Döring ist es die ‹Tyrannei der Masse›. Alle anderen nennen es Demokratie.»

Jaron Lanier beschrieb 2006 in dem Aufsatz «Digitaler Maoismus» seine Sorge um den im Netz neu aufflammenden Glauben an den Kollektivismus. Er zog eine Parallele zwischen dem Netzkollektivismus und kollektiven Politdesastern wie dem Faschismus, dem Maoismus und religiösen Diktaturen und fragte: «Warum gibt es keinen allgemeinen Aufschrei über die derzeitige Epidemie von Kollektiveinsätzen[1] da, wo sie nichts verloren haben? Ich glaube, es liegt daran, dass schlechte alte Ideen verwirrend frisch daherkommen, wenn man sie in Technologie verpackt.»

Ob dem Volk zu trauen sei oder nicht, ist in einer Demokratie auch eine Frage nach Kleinteiligkeit und Entscheidungstiefe. Es dürfte eher nicht sinnvoll sein, wenn zu jeder Neubepflanzung des Fahrbahnmittelstreifens eine Volksabstimmung über die Blumensorte gestartet wird. Eine Volkswirtschaft dagegen mit zwei Billionen Euro auf dreißig Jahre schwer zu verschulden, ohne vorher mal nachgefragt zu haben, weil zufällig keine Wahlen anstehen, erscheint ebenfalls mäßig geschickt. Es muss ein geeigneter Weg gefunden werden, denn, wie Boris Palmer im erwähnten Artikel anmerkt, «die große Mehrheit der Menschen will noch anderes tun, als den lieben Tag lang zu politisieren und abzustimmen». Die weitere Demokratisierung der Demokratie bleibt deshalb vorläufig ein Trial-and-Error-Experiment. Das scheint sie mit der Entwicklung sämtlicher anderer Staatsformen allerdings gemein zu haben.

Was das Vertrauen in das Volk angeht, könnten sich die Möglichkeiten des Internets als Wasserscheide erweisen. Das Netz zwingt die Staaten dazu, ihre Version der repräsentativen Demokratie zu verändern, sodass sich am Ende zwei demokratische Lager entwickeln könnten: diejenigen, die dem Volk eingeschränkt und nur durch Repräsentanten gefiltert vertrauen. Und diejenigen, die dem Volk weitestgehend vertrauen, auch ohne Filter und Mittelsmänner. Dabei geht es weniger um das Ende der repräsentativen Demokratie als um die Art der Repräsentation, und der Unterschied zwischen umfassendem Generalvertrauen und halbem Vertrauen mit angezogener Handbremse reicht für erbitterte Diskussionen völlig aus.

Die Frontlinien dieser Debatte werden in Deutschland vermutlich zwischen den Piraten, den Grünen, der Linken, Teilen der SPD und Spurenelementen der FDP auf der einen Seite und CDU, CSU, den restlichen Teilen von SPD und FDP auf der anderen Seite verlaufen. Bei diesem Block handelt es sich um exakt diejenigen, deren parteidemokratische Strukturen Nachkriegsdeutschland sicher und solide, aber auch unflexibel und bürgerfern haben werden lassen. Die Politik also, die monatelange, erbitterte Verhandlungen um die Pendlerpauschale als höchste staatsmännische Kunst betrachtet. Deren Effekt wiederum war jene Politik- und Parteienverdrossenheit, die heute der Piratenpartei ihren Auftrieb beschert. Die Frage nach einer besseren Demokratie durch das Internet dreht sich aber nicht nur um das fehlende oder unendliche Vertrauen in die Weisheit des Kollektivs. Es geht auch darum, ob das Netz überhaupt politisch eingesetzt werden kann oder sollte.

Kann man dem Netz über den Weg trauen?

Unter Netzaffinen scheint die Annahme verbreitet, dass mit dem Internet die Demokratie direkter und damit irgendwie auch besser würde. In der Piratenpartei wird zwar diskutiert, wie sehr die Diskussionssoftware Liquid Feedback die Politik der Partei gestalten sollte – aber kaum, ob überhaupt. Das ist erstaunlich, weil der Erfahrungshorizont im Netz sozialisierter Personen hier zumindest zarte Zweifel wecken könnte. Große Communitys, auch und gerade unkommerzielle, sind häufig alles andere als basisdemokratisch organisiert. Die offene Online-Enzyklopädie Wikipedia gilt als Vorzeigebeispiel der Weisheit der Vielen und der großen Produktivität der Masse. Aber das Wikipedia-Reich ist eine klare Meritokratie, in der die Macht letztlich in den Händen der eifrigsten Wikipedianer liegt. Ein *FAZ*-Artikel über eine Wikipedia-Tagung im September 2010 war mit der Quintessenz der Tagung überschrieben: «Einst basisdemokratisch, jetzt ein exklusiver Club». Noch fehlen die Beispiele, in denen große Gemeinschaften mit dem Internet dauerhaft basisdemokratisch umgehen. Unklar ist, ob das daran liegt, dass das Netz und die sozialen Medien noch zu neu sind, oder ob Technologie vielleicht doch nicht so umfassend zur Verbesserung demokratischer Strukturen taugt. Oder ob eine netzvermittelte Basisdemokratie nur mit erheblichen Reibungsverlusten funktioniert, deren Energieaufwand die Vorteile wieder auffrisst. Meritokratien und Diktaturen sind im Netz (und außerhalb) einfach bequemer, weil sich ein größerer Teil der Nutzer zurücklehnen und sich der Erdbeerernte, Mikadoturnieren oder der Wühlmausjagd widmen kann.

Das Fehlen funktionierender politischer Modelle im Netz hindert jedoch nicht einmal Politiker traditioneller Bauart daran, die Wirkung des Internets fast euphorisch zu begrüßen. Jedenfalls im Prinzip. Vor dem G8-Gipfel im Mai 2011 veranstaltete der damalige französische Präsident Nicolas Sarkozy eine Art Internet-Gipfel namens «eG8-Forum». In der Eröffnungsrede begeisterte sich der Mann, der nach Ansicht französischer Aktivisten großen Netzflurschaden[2] angerichtet hatte: «In nur wenigen Jahren hat das Internet die Träume der Philosophen der Aufklärung verwirklicht und unser gesammeltes Wissen dem größten nur denkbaren Publikum zugänglich gemacht. Demokratie und Menschenrechte wurden gestärkt, Staaten zu größerer Transparenz angehalten, und in einigen Ländern konnten die Unterdrückten ihre Stimmen erheben, um gemeinsam im Namen der Freiheit zu handeln.» Ob blumige Worte zur Selbstinszenierung, echte Überzeugung oder beides – Sarkozy fasst zusammen, was so oder ähnlich jeder zweite demokratische Außenminister schon einmal zur Ermahnung anderer Länder von sich gegeben hat. Dahinter steckt, im Prinzip ähnlich wie bei der Piratenpartei, die Ansicht, dass das Netz demokratisierend und freiheitsstärkend wirkt, wenn man es bloß richtig einsetzt.

Die Idee, dass Informationstechnologie der Welt Freiheit und Demokratie bringen werde, ist nicht erst mit dem Internet entstanden. Bertolt Brecht hielt 1932 eine Rede mit dem Titel «Der Rundfunk als Kommunikationsapparat», die später die Grundlage für die Brecht'sche Radiotheorie darstellen sollte und in der er über die gesellschaftsverändernde Wirkung eines Radiosystems nachdenkt. Die Bedingung dafür sei aber, dass die Radiogeräte gleichzeitig Sender und Empfänger wären – also ihre Vernetzung. Brecht nimmt damit nicht nur eine wesentliche Funktion des Internets vorweg. Er glaubt auch, dass diese technische Entwicklung zu einem besseren politischen System führen würde.

1989, sechzig Jahre später, erklärte der damalige US-Präsident Ronald Reagan der britischen Zeitung *The Guardian*: «Der Goliath des Totalitarismus wird besiegt werden durch den David Mikrochip.» Es ist nicht klar, ob Reagan nur die Macht des Computers meinte oder ob er von den Frühformen des Internets wusste und die digitale Vernetzung in die Rechnung miteinbezog. Typisch für solche Techno-Prophezeiungen ist aber die Annahme, dass sich Technik selbstverständlich in die Richtung weiterentwickeln wird, die einem selbst am besten in den Kram passt. Und nicht etwa in die Richtung der Gegner.

Reagans begeisterter Slogan ist die Essenz der Argumente politischer Technikoptimisten: eine bessere Gesellschaftsordnung als Folge der technischen Entwicklung. In der seit Mai 2010 gültigen Version des Piratenprogramms steht unter der Überschrift «Mehr Demokratie wagen» eine ähnliche Formulierung: «Die digitale Revolution ermöglicht der Menschheit eine Weiterentwicklung der Demokratie». Das vorsichtige Wörtchen «ermöglicht» ist entscheidend realistischer* als Reagans Optimismus gegenüber der Technik, bei dem die Weltverbesserung automatisch ab Werk eingebaut ist.

* In den Köpfen einiger Piraten mag es natürlich reaganhafter zugehen als im Parteiprogramm.

In der Diskussion, ob die digitale Technologie Demokratie verbessert oder nicht, ist es ein verbreiteter Fehler, mit anekdotischen Beispielen zu argumentieren und diese als Beweis für das eigene Bauchgefühl anzuführen. Beide Seiten machen es sich damit zu einfach. Es ist, als würde man in einer Diskussion über die Medien im Dritten Reich sagen «Das Radio ist schlecht, die Nazis haben ihre Propaganda damit verbreitet!» oder «Das Radio ist gut, weil so die deutsche Bevölkerung Nachrichten der Alliierten bekommen konnte». Beides ist irgendwie richtig, bringt die Diskussion aber nicht voran, weil einzelne Argumente und Beispiele fälschlich zu den entscheidenden erhoben werden. Zufälligerweise genau die, die einem in den Kram passen. Gordon Brown sagte im Juni 2009 in einem Interview mit dem *Guardian*: «Es wird kein neues Ruanda[3] geben, weil sich Informationen über das Geschehen viel schneller verbreiten und die öffentliche Meinung immer größeren Druck ausüben würde, bis schließlich gehandelt werden müsste.» Viel näher an das Motto «Twittern gegen den Völkermord» kommt die Politik vermutlich nicht mehr heran. In jedem Fall glaubt Brown, dass die vernetzten Technologien der Barbarei zwingend entgegenstünden. Er unterstellt der Technik eine eingebaute positive Wirkung, so als seien die Inhalte egal. Dabei ist ebenso möglich, dass Leute, die Gefallen an Massenmorden finden, ihre Massaker über beschleunigte Informationsnetze noch geschmeidiger organisieren.

Die Idee, dass das Internet (oder einige seiner Funktionen) von allein Diktaturen in Demokratien und die starre Parteiendemokratie des 20. Jahrhunderts in blühende Volksherrschaften verwandelt, geht von falschen oder zumindest unvollständigen Voraussetzungen aus. Wenn selbst ein britischer Premierminister so etwas anzunehmen scheint, hängt das auch mit der Neuartigkeit des Internets zusammen. Es ist wahr, theoretisch könnte dieses Mal alles anders sein, und das Netz – anders als Telegraph, Telefon, Radio, Film, die Ähnliches hoffen ließen – könnte diesmal wirklich automatisch Frieden und Freiheit durch Demokratie und Verständigung bringen. Die Anzeichen deuten allerdings nicht darauf hin, schon gar nicht auf «automatisch». Weltverbesserung durch Technik ist eine Idee, die keineswegs auf Informationstechnologien beschränkt ist. In der badischen Ständeversammlung, einem frühen Parlament des Großherzogtums Baden, wurde 1838 eine Diskussion über die Eisenbahn geführt. Der Abgeordnete Merk erklärte: «In dem Ideenaustausch, welcher durch den Nationenverkehr notwendig entstehen muss, liegt ein großes Gegengewicht gegen die Censur, und bei einem solchen Verkehr wird es unmöglich seyn, eine Reaction gegen die Fortschritte des menschlichen Geistes mit Erfolg durchführen zu konnen.» Am gleichen Ort erwiderte der Abgeordnete Welcker: «Wenn die Demagogen sich der Wägen auf den Eisenbahnen bedienen, so können auch die Gens d'armen, die Polizeidiener und die Executionstruppen auf solche aufsitzen, und so wird sich die Sache wieder ausgleichen.»[4]

Dieselben Positionen finden sich in der Internet-Diskussion wieder. In einem Streitgespräch zwischen den Netzdenkern Clay Shirky und Evgeny Morozov, im April 2010 von der *FAZ* und dem Debattenportal edge.org veranstaltet, wurde diskutiert, ob das Internet und die sozialen Medien überhaupt einen messbar positiven Effekt auf politische Bewegungen hätten. Shirky, der Optimist, sah in der Sperrung verschiedener Plattformen im Iran, in Burma und auch im autoritär geführten Singapur eine Tendenz: «Haben diese Regimes recht, wenn sie sich vor einer besseren sozialen Koordination der Öffentlichkeit fürchten? Ich glaube, ja.» Morozov dagegen, der später in seinem Buch «The Net Delusion. How Not to Liberate the World» (2011) gegen die politische

Interneteuphorie argumentierte, erkannte dagegen die intensive Kommunikation in den sozialen Medien an, aber er war nicht von deren Wirkung überzeugt: «Es gab zwar ein hohes Maß an Abstimmung in der digitalen Welt, aber dass das zu koordinierten Straßenprotesten geführt haben soll, bezweifle ich eher.»

Morozovs Zweifel an der Mobilisierungsfunktion der sozialen Medien sind noch nicht sein stärkster Einwand gegen die Thesen politischer Interneteuphoriker. Die sozialen Medien vereinfachen zwar unstrittig die Kommunikation politischer Aktivisten, aber sie verbessern gleichzeitig auch das Überwachungsinstrumentarium der Gegenseite, zum Beispiel der Geheimdienste repressiver Staaten. Ein Wettrüsten zwischen Aktivisten und Staatsorganen scheint die Folge. Und wenn man Morozov glaubt, überwiegen die Vorteile für die Apparate.

Taugen die sozialen Medien für substanziellen, politischen Aktivismus? Die unterschiedlichen Antworten auf diese Frage führten zwischen 2009 und 2012 zu vielen Volten der öffentlichen, medialen Meinung in der Bundesrepublik und anderen Staaten. Bis Anfang 2009 häuften sich die Artikel, die Twitter als Spielerei und Zeitverschwendung bezeichneten. Als nach der iranischen Präsidentschaftswahl im Juni 2009 die aufflammenden Proteste via Twitter organisiert und in alle Welt getragen wurden, änderte sich das Bild kurzfristig. Die Kurzmitteilungsplattform schien alle Hoffnungen bezüglich Social Media und Demokratie zu bestätigen. Bis ein paar Monate später offensichtlich wurde, dass sich das iranische Regime doch nicht einfach mit ein paar Tweets und internationaler Internetsolidarität niederringen lassen wollte. Twitter wurde von der politischen Hoffnung zum Strohfeuer der Demokratisierung. Anfang 2011 drehte sich die Meinung erneut, als der Arabische Frühling Tunesien und Ägypten von ihren Diktatoren befreite. In Tunesien hatte Facebook eine so wichtige Rolle gespielt, dass die Geheimdienste versuchten, mit Hilfe der beiden staatlichen Provider sämtliche Passwörter aller tunesischen Nutzer zu Spionagezwecken zu knacken. Der ägyptische Autokrat Mubarak hielt sich nicht mit so filigranen Methoden auf und schaltete das Netz lieber gleich vollständig für drei Tage ab. Nach dem Sturz der Diktatoren hielten Bürger freudestrahlend Schilder mit «Facebook» und «Twitter» in die Kameras der Journalisten, der Begriff «Facebook-Revolution» wurde ernsthaft diskutiert. Mit dem Arabischen Frühling neigte die mediale Öffentlichkeit wenigstens vorübergehend wieder der Auffassung zu, dass die sozialen Medien eine politische Macht bedeuten, die im Zweifel für die Demokratie wirke. Intensive Hintergrundrecherchen für dieses Buch ergaben jedoch, dass es auch schon vor Facebook und Twitter zu Revolutionen gekommen sein soll. Eventuell hat also der Arabische Frühling aus demselben Grund stattgefunden wie Hunderte Revolten zuvor, und die sozialen Medien lagen einfach günstig am Weg. Sie wurden genutzt wie so viele Kommunikationsinstrumente zuvor, wie Mundpropaganda (die ja wegen ihrer politischen Wirkung auch so heißt), wie Kassiber, Flugblätter oder Plakate. Den entscheidenden Part der Aufstände in Nordafrika spielten mutige Bürger, die auf den Straßen protestierten, und nicht Pixel. Allein die Rolle der Pixel bei der Motivation und Organisation der Bürger steht zur Debatte.

Das Internet verändert jedoch auch den Demokratisierungsprozess, und innerhalb dieser Veränderung bekommen neue Kräfte überhaupt erst eine Chance, mitzuwirken. Neue Kräfte, das hört sich zunächst schön an. Evgeny Morozov erwähnt aber auch eine ganz andere Möglichkeit: «Sollten wir uns nicht auch fragen, ob das Netz die Menschen empfänglicher für nationalistische Botschaften macht?»

Denn neue Kräfte bestehen eben nicht immer aus jungen, gut ausgebildeten Demokratiefans. Sie können ebenso gut aus jungen, gut ausgebildeten Faschisten bestehen. In der Türkei existieren mehrere Hackergruppen, die in gut organisierten, aggressiven und technisch beschlagenen Schwärmen über Webseiten herfallen, die den türkischen Völkermord an den Armeniern zu Beginn des 20. Jahrhunderts diskutieren. Sie beschränken sich nicht auf die Türkei, sondern greifen auch Ziele in anderen Ländern an, zum Beispiel in Frankreich, das per Gesetz die Leugnung des Völkermords in Armenien verbot. Auf der gehackten Seite der Abgeordneten, die das Gesetz initiiert hatte, hinterließen die Hacker eine Botschaft an das ganze Volk: «Ihr Franzosen seid so erbärmlich und mitleiderregend». Die Nachrichtenagentur AFP interviewte eine dieser Gruppen namens Akıncılar und schrieb: «Die Mitglieder von Akıncılar sehen sich als ‹Cyber-Kämpfer›, die die Werte des Islam und der Türkei verteidigen.» Es handelt sich dabei um eine neue Form der nationalistischen Schwarmzensur, und die Grenzen zur erwünschten politischen Aktion sind fließend.

Politischer Aktivismus im Netz muss nicht einmal bösartig oder nationalistisch daherkommen, um zweifelhafte Auswirkungen zu haben. Vielmehr steht er unter einer Art Generalverdacht, den der Begriff ‹Slacktivismus› beschreibt: Politisches Engagement im Netz bestehe aus einem Klick, einem beruhigten Gewissen und einem schlechten Gedächtnis. Noch dazu, so eine gängige Einschätzung, verleite der Herdentrieb im Netz dazu, politische Botschaften kaum zu hinterfragen. Der dreißigminütige Videoclip «KONY 2012» der politischen Gruppierung Invisible Children verbreitete sich Anfang März 2012 über soziale Medien schneller als irgendein Internetvideo jemals zuvor. Darin wurde die Geschichte von Kindersoldaten in Uganda erzählt und zum Kampf gegen den Rebellenführer Joseph Kony aufgerufen. Es war kaum möglich, dem bewegend inszenierten Film zu entkommen, vermutlich wurde er von Millionen Teenagern mit Tränen in den Augen weiterverbreitet – und genau darauf war er auch zugeschnitten. Allerdings, darauf wies unter anderem die *Süddeutsche Zeitung* hin, vereinfachte das Video die politische Situation in Uganda auf problematische Weise. Unter anderem wurde ein simplifiziertes Gut-Böse-Bild gezeichnet, denn auch die mit dem Film unterstützte Sudanesische Volksbefreiungsarmee ist in Kriegsgräuel verwickelt. Eigentlich handele es sich um den Aufruf zu einer militärischen Intervention. Ein geschickt inszenierter Internetappell könnte es also geschafft haben, weltweit viele Millionen Menschen zu empörten Befürwortern eines Krieges zu machen. Die *Süddeutsche Zeitung* schließt ihre Analyse mit dem Satz: «Ob eine Welt, in der der ‹Slacktivism› der Vielen die Politik per Mausklick zu den Waffen drängt (und sei es mit den besten Intentionen), ein besserer Ort ist, ist eine andere Frage.»

Der selbstzufriedene Klickrevoluzzer, der nichts riskiert, nichts einsetzt außer zehn Sekunden Empörung und einen Facebook-Like, ist das oft medial gezeichnete Klischee des Slacktivismus. Zeynep Tufekci, Assistenzprofessorin für Techniksoziologie an der Universität von North Carolina, hält das für ungerechtfertigt: «Der Begriff des Slacktivismus ist nicht nur naiv und herablassend, er ist falsch und irreführend. ‹Slacktivismus› hat nichts mit ‹entspanntem Aktivismus› [slacker activism] zu tun; es sind vielmehr Nichtaktivisten, die symbolisch aktiv werden, oft in Bereichen, in denen sich sonst nur echte Aktivisten oder professionelle Helfer wie Regierungen, NGOs und internationale Institutionen engagieren.» Sie sieht in diesen symbolischen Aktionen von Leuten, die sich sonst gar nicht beteiligen würden, eine wichtige Neuerung. Denn hier werden neue Narrative geschaffen, aktivierende Geschichten, die in den sozialen Medien weitererzählt werden und in unpolitischen Teilen der Bevölkerung für Aufmerksamkeit sorgen. Genau das führe wiederum zu weiteren, wirkungsvollen Aktivitäten. Aus dieser Perspektive ist Slacktivismus eine neue Form der interaktiven PR für humanitäre und ähnliche Zwecke.

Tufekcis These lässt sich an einem prominenten deutschen Beispiel für Netzaktivismus veranschaulichen. 2009 sollte das von der damaligen Familienministerin Ursula von der Leyen initiierte «Zugangserschwerungsgesetz» Netzsperren gesetzlich verankern. Dem Twitternutzer @erdgeist, Aktivist des Chaos Computer Clubs, gelang es, ein aktivierendes Narrativ zu einem einzigen Wort zu verdichten: Zensursula. Kürzer und prägnanter ließ sich nicht ausdrücken, warum das Gesetzesvorhaben zu bekämpfen sei. Bewaffnet mit diesem alles sagenden Schlagwort, riefen die Netzaktivisten zur Zeichnung der E-Petition auf den Servern des Bundestags auf. In der medialen Berichterstattung markierte die überaus erfolgreiche Petition den Wendepunkt, weil sie zeigte, dass hier nicht bloß ein paar hundert Netzaktivisten protestierten. Die Medien wiederum machten klar, dass es sich um wahlrelevante Größenordnungen handelte – ungefähr so, wie in der klassischen Mediendemokratie Aufnahmen von Großdemonstrationen wirken. Politischer Druck durch Öffentlichkeit wurde in Deutschland auch noch 2009 nicht über Twitter, sondern über die traditionellen Medien ausgeübt – die über die Vorgänge in den sozialen Medien berichteten.

Im Moment wirkt das Internet also über Bande, zusammen mit anderen Medien. Es ist wahrscheinlich, dass soziale Medien weniger die Funktionen von Fernsehen, Radio, Zeitungen übernehmen werden. Schon eher werden sie andere Kommunikationskanäle ergänzen oder ersetzen, Plakate,

Flugblätter, politische Versammlungen. Solange also die Politik auf einen Leitartikel in der *FAZ*, 500 000 Leser, reagiert, auf eine Facebook-Gruppe mit 500 000 Mitgliedern aber nicht, bleibt das soziale Internet vor allem ein indirektes Mittel. Selbst das Guttenplag-Wiki, das die plagiierten Stellen der Doktorarbeit des damaligen Verteidigungsministers zu Guttenberg sammelte, war nur Auslöser des Skandals. Der Rücktritt Guttenbergs erfolgte erst, als der Druck der klassischen Medien zu groß wurde.

Die sozialen Medien wirken naheliegenderweise vor allem auf diejenigen, die sie selbst benutzen. Aber selbst wenn die Politik geschlossen anfinge zu twittern, wären 140 Twitterzeichen vermutlich weniger wirkungsvoll als eine gleich lange Überschrift im *Spiegel*. Auch der meistgelesene Tweet erreicht noch immer nur einen Bruchteil des Tagesschau-Publikums. Das Netz wirkt wie ein Verstärker. Was auch immer Leute vorhaben, ob gut oder böse, das Internet vergrößert das Potenzial ebenso wie den Aktionsspielraum. Die peinlich naheliegende Antwort auf die Frage, ob man dem Netz trauen kann, lautet: So viel und so wenig wie den Menschen darin.

Was ist und was kann Digitale Demokratie?

Jean-Jacques Rousseau, Wegbereiter der Französischen Revolution und Vordenker der neuzeitlichen Demokratie, bezeichnete schon im 18. Jahrhundert die Presse als «vierte Säule des Staates» (neben den Staatsgewalten Legislative, Exekutive und Judikative). Die stolze Selbstbezeichnung der Journalisten als Vierte Gewalt kam im 19. Jahrhundert auf, als ihnen mit der Entwicklung einer Bürgergesellschaft die Aufgabe zukam, die Regierung zu kontrollieren. Irgendwann in den 1970er Jahren manifestierte sich aufgrund der enormen

Bedeutung des Fernsehens für die Darstellung von Politik eine neue Bezeichnung: Mediendemokratie. Im *Spiegel* taucht dieser Begriff im Mai 1979 das erste Mal auf, im Zusammenhang mit Margaret Thatcher, welche «unter der modernen Medien-Demokratie» gelitten habe, «die einer Frau in der Politik noch Schwierigeres abverlangt als ihren männlichen Kollegen».

Der Unterschied zwischen den Begriffen der journalistischen Vierten Gewalt und der Mediendemokratie ist Ausdruck einer Zeitenwende. Das Medium wird wichtiger als der Inhalt, den es transportiert*. Die Vierte Gewalt sind bewertende Kontrolleure, also Personen. Medien sind Technologien. Gerhard Schröders Spruch von 1998, zum Regieren nur «Bild, BamS, Glotze» zu brauchen, verdeutlicht den Unterschied. Wichtig sind einzelne, reichweitenstarke Zeitungen und das ganze Medium Fernsehen, eine Bühne, die in jedem Fall ihren Zweck erfüllt.

So lässt sich am Wort Mediendemokratie der wachsende Einfluss der Technologie auf die Nachkriegsdemokratie ablesen. Neil Postman hat speziell das Fernsehen als politikverändernd betrachtet. «Denn im Fernsehen wird der Diskurs weitgehend mit visuellen Mitteln geführt – oder anders gesagt, das Fernsehen liefert uns einen Austausch in Bildern, nicht in Worten. [...] Politische Ideen lassen sich im Fernsehen nicht erläutern. Seine Form arbeitet gegen den Inhalt.» Von Richard Nixon ist die Behauptung bekannt, er habe eine Wahl

* Natürlich wurde – wie an vielen anderen Stellen – diskutiert, ob man hier wegen der extremen Naheliegendheit McLuhans Halbsatz «The medium is the message» einbauen sollte. Sascha Lobo war dafür, Kathrin Passig war dagegen. Im Zweifel entscheidet in solchen Fällen Privatlektor Michael Brake, und der fand es «peinlich», Lobo solle es in seine Zitatschleuder Mensch-Maschine auf *Spiegel Online* einbauen, wo es hingehöre.

verloren, weil ihn die Make-up-Leute sabotierten. Die Visualität des Fernsehens treibt die Politik noch mehr in Richtung Inszenierung.

Erfolgreiche Informationstechnologien nötigen der Demokratie ihre Spielregeln auf. Mit dem Internet entsteht deshalb eine Art Digitale Demokratie. Ihre wesentlichen Bestandteile sind die politische Willensbildung im Netz und die Verflüssigung von Strukturen wie Verwaltung, Regierung und Gesetzgebung.

Das meistdiskutierte demokratische Internetkonzept heißt Liquid Democracy, flüssige Demokratie. Das Internet wirkt ohnehin verflüssigend auf alle möglichen Bereiche der Gesellschaft, der ständige Datenaustausch macht aus Zuständen Prozesse. Und wer vom Auto bis zum Zweitwohnungsformular alles Erdenkliche in ein paar Sekunden kaufen, registrieren, herunterladen, ummelden oder recherchieren kann, möchte nicht vier Jahre warten, um eine Partei zu wählen, die vielleicht vor seiner Haustür endlich eine Tempo-30-Zone einrichtet. Deswegen wollen die Fürsprecher der Liquid Democracy die Grenzen zwischen politischer Diskussion und öffentlichen Abstimmungen verflüssigen. Die Wahl als einziges politisches Beteiligungsinstrument für die breite Masse passt ihnen nicht mehr in eine Zeit, deren Takt sich sonst überall spürbar erhöht hat.

Bei Liquid Democracy, auch «Delegated Voting» genannt, handelt es sich um eine Mischung von direkter und repräsentativer Demokratie, bei der Bürger ihre Stimme für einzelne politische Bereiche jeweils an jemanden vergeben, der ihre Überzeugungen am besten repräsentiert, ob Partei oder Einzelperson. Das geschieht nicht nur bei Wahlen, sondern im Prinzip bei allen politischen Abstimmungen. Konkret könnte ein Bürger sich dafür entscheiden, in Wirtschaftsfragen seine Stimme der Linken zu übertragen, in Internetfragen der

CDU, in Kulturfragen Dieter Gorny, in Frisurenfragen Sascha Lobo – bei allen sonstigen Abstimmungen aber nach Art der bekannten Basisdemokratie selbst zu wählen. Wie kleinteilig und für welche Zeiträume diese Übertragung der Wahl geschehen soll, ist eine Frage der Ausgestaltung, aber klar ist, dass der Informations- und Abstimmungsaufwand überhaupt erst durch digital vernetzte Instrumente erträglich wird.

Hört sich spannend an, spricht der innere Hausmeister, aber warum sollte man so etwas Kompliziertes überhaupt ausprobieren? Neben der erwähnten digitalen Ungeduld hat die Technologie einen Großtrend des 20. Jahrhunderts maßgeblich vorangetrieben, nämlich die Individualisierung. Im Bereich Konsum bedeutet zunehmende Individualisierung, immer speziellere, zu den eigenen Wünschen passendere Produkte zu finden. Diese Wahlmöglichkeit wird als Freiheit empfunden. Mit der Digitalisierung setzte eine Hyperindividualisierung ein, weil sich digital geprägte Güter wesentlich besser individuell anpassen lassen. Jeden Browser und die Benutzeroberfläche jedes Smartphones kann man in Funktion und Aussehen individualisieren. Aber die Maschinerie der Demokratie soll noch so funktionieren wie 1952, im gleichen Wahltakt, sogar mit fast den gleichen Zahnrädern.

Natürlich soll sie das, sagen diejenigen, die in einer digitalen Weiterentwicklung der repräsentativen Demokratie eine Abkehr von der reinen Lehre sehen. «Keine Experimente!»* Mit einigem Recht führen sie an, dass gerade die nichtdigitale Langsamkeit Zeit zum Nachdenken und Abwägen gebe, was gut für die Politik sei. Die anderen glauben, dass die Demo-

* Dieser Slogan ist ein polithistorisches Zitat. Ein späteres Abgeordnetenhausmitglied der Piratenpartei, Christopher Lauer, nutzte ihn auf einem Plakat im Wahlkampf 2011 in Berlin.

kratie sich weiterentwickeln *müsse*, um Bestand in einer sich verändernden Welt zu haben. Dafür soll das Internet Triebfeder und Plattform sein. Die Piratenpartei lässt sich als experimenteller Ansatz für diese Entwicklung hin zur Digitalen Demokratie betrachten. Sie hat es offenbar geschafft, Politik für bisher wenig Interessierte attraktiv zu machen. Seit der Berliner Abgeordnetenhauswahl im September 2011 haben sich bei jeder Landtagswahl überraschend viele ehemalige Nichtwähler wieder der Demokratie zugewandt. In Berlin hatten fast neunundzwanzig Prozent der Piratenwähler vorher nicht gewählt, im Saarland sogar fast dreißig Prozent, in Nordrhein-Westfalen knapp zwölf Prozent und in Schleswig-Holstein immerhin noch zehn Prozent.

Die Piratenpartei bemüht sich, den anstrengenden, pixeligen Weg zur Bürgerbeteiligung im Netz zu erforschen. Sie nutzt Liquid Feedback bereits, um die Überzeugungen ihrer Mitglieder in die Politik der Abgeordneten und ins Parteiprogramm einfließen zu lassen. Mitte 2012 war Liquid Feedback jedoch noch so umständlich und teilweise dysfunktional, als wäre es von deutschen Ingenieuren für deutsche Ingenieure entworfen worden. Kaum ein Drittel aller Piraten hatte sich überhaupt für Liquid Feedback angemeldet. Die konkreten Beteiligungsraten sind noch viel geringer, was die Hürden selbst für vermeintlich technikaffine und politikinteressierte Bürger verdeutlicht. Aber irgendwie muss man ja auch anfangen, und vielleicht läuft es wie bei den Computern, die vor nicht allzu langer Zeit nur von Spezialisten bedient werden konnten. Heute ist YouTube voll von Videoclips mit Kleinkindern, die sachkundig mit ihren iPads hantieren.

Immerhin gibt es nach vielen Jahren Desinteresse und Kleinrederei des Netzes inzwischen keine Partei mehr, die nicht begeistert das Internet als sehr wichtig für die Politik preisen würde – allerspätestens seit dem ersten Parlamentseinzug der Piraten im Herbst 2011 in Berlin. Seitdem twittern praktisch alle, und von CDU / CSU bis Linkspartei gibt es Beauftragte für Netzpolitik und Arbeitsgruppen, die die digitalen Politinstrumente erproben.

Wobei die Parteien unterschiedliche Grundansichten vertreten. Eher unüberraschend erweisen sich die konservativeren Parteien als eher abgeneigt, dem Volk mehr Netz-Mitsprache einzuräumen. In der Enquete-Kommission «Internet und digitale Gesellschaft» des Bundestages blockierten sie mehrfach entsprechende Vorhaben. Als Anfang 2011 eine Mehrheit der Enquete beschloss, eine Software namens Adhocracy für die Diskussion mit der Öffentlichkeit einzuführen, hatte der Vorsitzende der Kommission, Axel E. Fischer (CDU), plötzlich rechtliche Bedenken.

Wie weit über die bloße Diskussion hinaus auch die reale demokratische Mitbestimmung des Volkes mit Hilfe des Internets gehen kann, hat Island schon mal ausprobiert. Das Land hatte während der Finanzkrise 2008 und 2009 sehr darunter gelitten, dass seine Banken sich am internationalen Finanzmarkt so verhalten hatten, als stünde hinter ihnen eine millionenstarke Volkswirtschaft. Island hat 320 000 Einwohner, so viel wie der fünftgrößte Berliner Bezirk, Neukölln. Um das Land vor künftigen Schäden zu bewahren, beschlossen die Isländer, sich eine neue Verfassung zu geben. Diese wurde von einer fünfundzwanzigköpfigen, gewählten Kommission erarbeitet – und zwar vollständig transparent. Jede Arbeitsversion war im Netz einsehbar, die Sitzungen wurden live gestreamt und publizistisch auf allen Plattformen begleitet. Über Facebook und auf einer eigenen Webseite konnte jeder Isländer Kommentare zur entstehenden Verfassung abgeben, die wiederum von der Kommission berücksichtigt wurden. Im Oktober 2012 sollte die vernetzt entstandene, erste Verfassung der Digitalen Demokratie zuerst vom Volk per Abstimmung abgesegnet werden, bevor sie per Ratifizierung durch das isländische Parlament in Kraft treten kann.

Auch die Internet-Demokratie muss sich der Frage nach Macht und Einfluss stellen – wer bestimmt Meinungen und Gesetze? Das Netz gibt jedem die Chance, sich an der politischen Diskussion zu beteiligen, heißt es. Aber das ist nur eingeschränkt wahr. Dass fünfundfünfzig Millionen Deutsche im Internet sind, bedeutet auch, dass fast dreißig Millionen Deutsche nicht im Internet sind, warum auch immer – man kann niemanden dazu zwingen. Zudem sind manche Stimmen im Netz lauter, vernehmlicher und effektiver. Was das für eine Digitale Demokratie bedeuten könnte, sollte man vorher zumindest bedenken. Schon die nichtdigitale Demokratie bevorzugt diejenigen, die Zeit und Energie haben, sich stärker einzubringen. Naturgemäß Menschen, die weniger oder gar nicht für Geld arbeiten müssen. Und solche, die keine anderen zeitraubenden Angelegenheiten wie Antarktisdurchquerungen, Bücherschreiben oder Kinderbetreuung zu erledigen haben. Eine Digitale Demokratie würde diesen Effekt vermutlich nur verlagern. Technisch und politisch versierte Menschen mit viel Zeit könnten gezielt die eigene Agenda propagieren.

Die Gefahr, dass sich ein leicht mobilisierbarer Schwarm Twitterer Steuererleichterungen für Twitterer ins Gesetz schreiben lässt, ist zwar eher gering. Im Sommer 2012 häuften sich in der Presse aber die Klagen darüber, dass eine kleine, aber laute und gut organisierte Netzgemeinschaft überdurchschnittlich viel Einfluss habe. ACTA sei dadurch gekippt worden, die Regierung habe sich Anfang Juli eilig vom eigenen Meldegesetz distanziert, das erst Ende Juni im Bundestag beschlossen worden war. Begriffe wie «digitaler Mob» fielen. Viele Netzaktivisten empfinden das als Hohn, denn sie sehen in bisherigen Lobbystrukturen eine viel größere undemokratische Einflussnahme und sich selbst als Repräsentanten eines digitalen Volkswillens. Aber die Sorgen sind ernst zu nehmen. Denn mit der schrittweisen Verlagerung des politischen Spielfelds ins Netz könnte eine digitale Elite entstehen, die glaubt, keine zu sein. Das Phänomen ist nicht neu, aber bleibt auch im ziemlichvielten Aufguss unangenehm.

Mit Plattformen wie Liquid Democracy bekommen Diskussionen im Netz ein größeres Gewicht bei der Ausgestaltung der Politik. Wer zum Beispiel hunderttausend Follower auf Twitter hat, kann schnell viele Mitdiskutanten mobilisieren, Abstimmungen manipulieren, eine Meinungsfront inszenieren. «Man muss es sich so vorstellen: Wenn wir über den Marktplatz gehen, kommen ab und zu ein paar Menschen vorbei, die hundert Meter groß sind», schrieb Frank Schirrmacher in «Payback» (2009), um zu verdeutlichen, dass im Netz nicht alle Teilnehmer gleich sind. Er führt den Matthäus-Effekt im Internet an, «wer da hat, dem wird gegeben werden». Die Versierten haben einen substanziellen Vorteil durch ihre Kenntnis, wie das Netz und soziale Medien technisch funktionieren. Dieser Vorteil wirkt in so ziemlich allen Bereichen, aber besonders stark bei der Bündelung von Aufmerksamkeit. Wer die technischen Spielregeln besser beherrscht, sie vielleicht sogar manipulieren kann, dessen Stimme zählt mehr. Damit besteht durchaus die Gefahr einer Nerdokratie. Gerade die Bekämpfung von Herrschaftswissen kleiner Gruppen aber ist eines der Ziele der neuen Spielarten der Demokratie. Deshalb wird das Gebot zur Transparenz so sehr betont, deshalb wird die Offenheit im Netz gefordert.

Ein Problem ergibt sich für die Digitale Demokratie aus dem eigenen Anspruch, demokratisch sein zu wollen und also das ganze Volk einbeziehen zu müssen. In einem Leserbrief an den *Spiegel* schrieb einer der Gründungsherausgeber der *FAZ*, Paul Sethe, 1965 den berühmt gewordenen Satz: «Pressefreiheit ist die Freiheit von 200 reichen Leuten, ihre Meinung zu verbreiten.» Die Verfechter der Digitalen Demokratie müssen aktiv dagegen anarbeiten, zur Demokratie der 200 000 meistverfolgten Twitterer zu werden. Obwohl*.

* Sommer 2012 gemeinsam über 145 716 Follower auf Twitter.

11. Regulierungsbeschwerden

Der ewige Netzkampf zwischen Kontrolle und Freiheit

Das Vorhandensein einer akzeptablen Strassenverkehrsordnung ist kein Gütesiegel zur Verklärung von Diktaturen.

Ralf Schuler in der Neuen Zürcher Zeitung *vom 1. Oktober 2010*

Wie Rom und – wenn man mal ganz ehrlich ist – eigentlich alle Städte wurde das Internet nicht an einem Tag erbaut. Es hat viele Geburtstage. Und seit Anbeginn seines Daseins ist der wichtigste Grundkonflikt des Internets, Freiheit versus Kontrolle, fest in seiner technischen Struktur verankert. Er lässt sich am besten verstehen, wenn man den 22. November 1977 als Geburtsstunde betrachtet.

Die ersten internetartigen Konzepte stammen aus den vierziger Jahren. Vannevar Bush, Direktor der militärischen Forschungseinrichtung «Office of Scientific Research and Development», veröffentlichte 1945 im Magazin *Atlantic Monthly* den Artikel «As We May Think». Darin beschreibt er ein Informations- und Kommunikationsnetz samt einer Art PC, den er Memex nennt, Memory Extender. In den folgenden zweiunddreißig Jahren forschten Militär, einige Universitäten und auch Unternehmen an der digital vernetzten Zukunft. Dabei schufen sie viele lokale Datennetze, die ihre Geräte miteinander verbanden. Irgendwie. Das war für die jeweiligen Situationen effizient und praktikabel, ähnelte insgesamt aber einem programmiererischen Flickenteppich, nur eben ohne Verbindungen zwischen den Flicken. Mitte der 1970er Jahre war auf diese Weise ein kaum überschaubarer Wust an lokalen Computernetzwerken entstanden, die auf beinahe ebenso vielen technischen Konzepten beruhten.

Die naheliegende nächste Aufgabe bestand nun darin, die vielen Datennetze miteinander zu verknüpfen. Dafür mussten verbindliche Standards geschaffen werden, um die sich mehrere Wissenschaftlergruppen kümmerten, aus denen zwei herausstachen: erstens eine Initiative, die aus dem Umfeld des ARPANET kam, des militärfinanzierten, universitär entwickelten Urahns des Internets. Und zweitens ein Team, in dem Forscher der Internationalen Fernmeldeunion (ITU) und der Internationalen Organisation für Normung (ISO) zusammenarbeiteten. Beide Gruppen waren entsprechend ihrer Herkunft sehr unterschiedlicher Ansicht über Netze. Die militärisch-universitär geprägte Gruppe legte Wert auf Dezentralität, da dezentrale Kommunikationsnetze kaum zerstörbar sind, selbst wenn sie teilweise in Feindeshand gelangen (anders als zum Beispiel Radiosender). Dazu mussten die einzelnen Knotenpunkte eines solchen Netzes autark funktionieren, was technisch ein hohes Maß an Offenheit und Variabilität erforderte. Die Abhängigkeit von einer Zentrale kann nur reduziert werden, wenn die Sende- und Empfangshoheit bei den Endpunkten, den Nutzern des Netzwerks, liegt. Die kommerziell und bürokratisch geprägte Gruppe betrachtete Netze aus einem anderen Blickwinkel: dem der Kundenbeziehung. Sie wollte einen Standard wie bei Telefonnetzen schaffen, ein Netz, das jederzeit und überall einen eindeutigen Verantwortlichen hat, dessen Teilnehmer als Kunden und eben nicht als autarke Einheiten betrachtet werden. Kurz, eine zentralisierte Netzstruktur.

Die erste Gruppe entwickelte ein auf ihre Bedürfnisse zugeschnittenes Protokoll namens TCP[1], die zweite Gruppe entwarf einen Satz technischer Vereinbarungen namens X.25.

Hätte diese Version sich durchgesetzt, wäre das Internet heute vielleicht eine Mischung aus Bildschirmtext, Fernsehen und Telefon, jede Webseite würde von einer großen Gesellschaft erstellt oder zumindest genehmigt werden müssen, mit strengen Regeln für Inhalt und Form.

Aber TCP setzte sich durch, und das hing mit dem Experiment vom 22. November 1977 zusammen. An diesem Tag wollten die Forscher ihr Vernetzungskonzept auf die Probe stellen und die unterschiedlichsten lokalen Datennetzwerke miteinander verbinden, die gerade greifbar waren. Also schlossen sie das Netzwerk des University College London via Satellit mit dem ARPANET der University of Southern California zusammen – und dazu noch per Funk[2] einen Rechner, der in einem Lieferwagen auf einem kalifornischen Freeway fuhr. Das war der Beginn des Meta-Netzwerkes, das heute das Internet ist. Dieses Metanetz war von Anfang an darauf ausgerichtet, technisch sehr verschiedenartige Teilnehmer miteinander zu verbinden, und darin lag die Weitsicht des Konzepts. Die TCP-Gruppe hatte erkannt, dass in Zukunft noch viel mehr unterschiedliche lokale Netze zu verbinden waren. Sie plante die explodierende Diversität mit ein, indem sie jedem zukünftigen Teilnehmer die Möglichkeit gab, sich selbst ans Netz anzuschließen. Und nicht darauf warten zu müssen, dass eine Zentrale den Anschluss bestätigt, wie es bis heute beim Telefonnetzwerk der Fall ist[3]. Der Erfolg des Internets liegt hauptsächlich in dieser Offenheit begründet.

Hinter diesen beiden Netz-Konzepten steht der technische Konflikt um zentrale Dirigierbarkeit versus autonome Einzeleinheiten – Freiheit versus Kontrolle eben, ein Grundkonflikt um Kommunikationstechnologien, der schon lange vor dem Internet bestand. Er prägte etwa die in den zehner Jahren des 20. Jahrhunderts entstehende Radiolandschaft in den Vereinigten Staaten. Der Juraprofessor Tim Wu beschreibt in

«The Master Switch», wie in der Zeit vor der Frequenzen-Regulierung jedermann einen Radiosender kaufen oder bauen konnte. So entwickelte sich eine progressive, kleinteilige und sehr diverse Radioszene. Die begeisterten Texte dieser Ära ähneln auffällig denen, die man in den 1990er Jahren über das Internet lesen konnte. Einer dieser Radiopioniere, der Erfinder Lee de Forest, schrieb um 1920 in einer Zeitschrift: «Radio ist das interessanteste aller Hobbys. Es kennt kaum Grenzen, bietet die größte Faszination, sowohl für den intensiven Wettstreit mit anderen von nah und fern wie auch für das stille Lernen und pure Freude in ruhigen Nachtstunden, während man Besucher aus der ganzen Welt willkommen heißt.»[4]

An eine terrestrische Radiolizenz zu kommen, ist heute in Deutschland ungefähr so einfach, wie im Lotto zu gewinnen. Beim Radio endete die Entwicklung mit einem klaren Sieg der zentralen Kontrolle über die dezentrale Freiheit, nicht nur hierzulande oder in den USA, sondern überall auf der Welt. Sicherlich auch deshalb, weil es anders als im Netz nur eine überschaubare Menge geeigneter Übertragungsfrequenzen und damit nicht genug Platz für alle gibt.

Wegen dieses Grundkonflikts folgt die Technologie und ihre Verbreitung einem bekannten Muster. Das Problem Sicherheit versus Freiheit prägt das Nachdenken über Staat und Gemeinschaft seit der Antike. Soll man eher einer zentralen Macht wie dem Staat vertrauen – oder dem privaten (und dezentralen) Zusammenspiel Einzelner? Seit das Internet vom Nerdspielzeug zu einer Art Gesellschaftsbetriebssystem geworden ist, steht es in der Debatte, die auch um andere politische oder ökonomische Großsysteme geführt wird: Etatismus gegen Liberalismus, Sozialismus gegen Kapitalismus, Plan gegen Markt. Und die gesellschaftliche Regulierung allgemein – ob, wie und wann – spielt dabei die Hauptrolle.

Für die Diskussion um die Regulierung des Internets

muss man den Wettstreit zwischen autark und zentral, der mit TCP und X.25 begann, als immer noch andauernden Prozess betrachten. Es ist keineswegs so, dass die eine Seite schon gewonnen hätte, auch wenn aus den beschriebenen Gründen Offenheit und Freiheit strukturelle Vorteile haben. Noch. Dass dieser Konflikt ständig neu aufgelegt wird, liegt vor allem daran, dass das Netz sich technisch immer weiterentwickelt. Und bei jedem kleinen Fortschrittchen stellt sich die Frage neu, in welche Richtung die Entwicklung getrieben wird: Zentralismus oder Autarkie, Systemstärkung oder Nutzerstärkung, Sicherheit oder Freiheit. Es ist unwahrscheinlich, dass jemals eine Seite aufgibt, nach Hause geht und sich wimmernd ins Bett legt, um nie wieder aufzustehen. Der Widerstreit wird für immer Teil des Netzes sein.

Die historisch gewachsene Struktur des Internets ist nicht der einzige Grund dafür, dass das Netz zur Offenheit tendiert. Auch die Maschinen, die technische Hardware, geben die Richtung vor. Bis vor einigen Jahren waren das weitgehend traditionelle, frei programmierbare Personal Computer. Diese Maschinen sind sogenannte generative Systeme, das heißt: extrem flexible, extrem formbare Instrumente, die ein paar Grundregeln festlegen und dem Nutzer dann mehr oder weniger Verfügungsgewalt lassen. Generatives System bedeutet hier, dass man seinen Computer programmieren könnte, wenn man programmieren könnte. Wenn man es nicht kann, ist es keine Schande, jedenfalls noch nicht[5]. Man hat nämlich trotzdem die Möglichkeit, auf einem solchen System die Programme anderer Leute zu installieren. Das ist recht praktisch, wenn man nicht die ersten zwanzig Jahre seines digitalen Lebens damit verbringen möchte, erst mal einen vernünftigen Browser zu coden oder endlich Word neu und besser zu programmieren (obwohl geschätzte 1,5 Milliarden Leute darüber sehr froh wären).

Aus der Perspektive eines kontrollfixierten Sicherheitsfans allerdings sind generative Systeme katastrophale Risiken. Denn die Installation von Software ist so leicht, dass das häufig aus Versehen passiert. Generative Systeme bzw. selbstprogrammierbare Maschinen sind also zwar die Manifestation der digitalen Freiheit, aber zugleich der Grund, warum Computer von Viren befallen werden können, Fernseher aber nicht, obwohl die doch auch irgendwie an einem Netz hängen und vollgestopft sind mit Platinen. Fernseher sind nongenerative Systeme, sie bieten genau sechsundsiebzig verschiedene Funktionen an. Und was der Hersteller nicht eingebaut hat, lässt sich auch nicht nachrüsten.

Für die Zukunft der Diskussion um Kontrolle versus Freiheit wird mitentscheidend sein, wie sich die mittlerweile etablierten Mischformen aus generativen und nongenerativen Systemen schlagen werden. Das iPhone und das iPad haben viel dazu beigetragen, das Netz auch denen interessant und benutzbar erscheinen zu lassen, die mit der überkomplexen PC- und Browser-Welt zwischen Firefox-Plug-ins und Adobe™-Flash™-Aktualisierungsgehampel überfordert waren.

Aber die mobilen i-Geräte der Applewelt sehen nur so aus, als ob sie Computer wären. Tatsächlich sind ihre generativen Eigenschaften beschränkt. Apple kontrolliert jedes Bit Software, das sich (zumindest offiziell) auf iPhone und iPad laden lässt. Nur und ausschließlich der firmeneigene App Store beliefert diese computerähnlichen Geräte mit neuer Software. Zwar kann jeder bei Apple Programme einreichen – die dann aber einer nicht unkomplizierten Prüfung unterzogen werden. Und danach entscheidet Apple in einem intransparenten Prozess, ob die Software überhaupt zugelassen wird. Ein theoretisch passendes Programm für das iPad, das man auf einem USB-Stick direkt daneben liegen hat, lässt sich beim besten Willen nicht darauf installieren, wenn Apple das nicht will – falls man nicht das iPad hacken kann und möchte.

Durch den großen Erfolg von Apples i-Universum haben sich die Endgeräte, mit denen das Netz genutzt wird, heute in Richtung Kontrollierbarkeit verschoben – und damit zu einem Teil auch das Netz. Apple ist bekannt für seine aus europäischer Sicht sehr rigide Politik, was erotische und pornographische Inhalte angeht, schon häufiger wurden Apps aus dem AppStore entfernt, die ein obszönes Wort enthielten oder in denen eine weibliche Brustwarze zu sehen war. Als Apple-Gründer Steve Jobs noch lebte, kursierte ein verräterischer Witz: «Hey Steve, es gibt eine App, da finde ich unendlich viel Pornographie auf dem iPhone. Sie ist von Apple und heißt Safari» (Safari ist der appleeigene Browser). Verräterisch ist der Witz, weil er auf eine Sollbruchstelle hindeutet: Apple könnte jederzeit eine neue Software-Version des Browsers Safari für Mobilgeräte herausbringen, mit der das Netz durch einen zentralen Server gefiltert würde. Apple könnte dann beeinflussen, welche Inhalte abgebildet werden und welche nicht. Der Sicherheit vor Viren und anderen digitalen Schädlingen wäre das sicher sehr zuträglich – aus Sicht von Netzaktivisten wäre es ungefähr das Schlimmste, was passieren könnte, gleich nach einem Stromausfall. Der offenen Struktur Internet würde damit ein zentralistisches Kontrollsystem übergestülpt. Das Beispiel zeigt, dass sich der Konflikt zwischen Kontrolle und Freiheit im Internet auf mehreren Ebenen gleichzeitig abspielt.

Tim Wus Buch «The Master Switch» widmet sich einem Phänomen, das mit diesem Standardkonflikt der Zivilisation einhergeht: Es besteht darin, dass bisher noch jede Informationskultur nach einer Zeit der weitestgehenden Offenheit eine Phase der Einengung erlebte, die schließlich in einem durchregulierten Oligopol mündete. Das Radio, der Stummfilm, der Tonfilm, das Fernsehen – für jedes Medium erzählt Wu die Geschichte nach, wie die freie, anarchische Kultur einem organisierten Markt mit wenigen Anbietern wich. Entscheidend war dabei meist die Regulierung durch den Staat. Und stets ging es darum, den größten, mächtigsten Marktteilnehmern so weit wie möglich entgegenzukommen – auf Kosten der kleineren Konkurrenten oder der Kunden. Volkswirtschaftlich schien das durchaus sinnvoll, wie etwa am Beispiel Radio nachzuvollziehen ist. Als in den USA nach dem Ersten Weltkrieg das wirtschaftliche Potenzial der Radiowerbung offensichtlich wurde (und die publizistische Macht des Mediums), konfrontierten die größten Radioanbieter die Regierung mit einer simplen Rechnung: Durch die minimale Regulierung, argumentierten sie, störten kleine und kleinste Hobby-Radiostationen die wenigen Sendefrequenzen jeweils im Umkreis von einigen Meilen. Die Vermarktung von Radiowerbung und damit die Schaffung eines funktionierenden Medienmarkts sei aber nur möglich, wenn große Radioanbieter ein möglichst großes Publikum erreichen könnten, ohne von Hunderten «Frequenzpiraten» gestört zu werden. Für die Marktoptimierung sei eine Regulierung unbedingt erforderlich. Und so kam es auch, die freie Radiokultur wurde mittels Gesetz in ein Marktkorsett gezwängt.

Radio, Popadio, na und? – sagt der historisch weniger dringend interessierte Nerd. Doch auch hinter dieser Haltung steht ein Denkmodell. Es heißt «Internet Exceptionalism» und beruht auf der Überzeugung, das Internet sei einzigartig und deshalb mit nichts so richtig vergleichbar. Das hört sich nach der puren Technologiebegeisterung junger Netzeuphoriker an. Aber nur vordergründig. Tatsächlich bestimmt das Denkmodell von der Unvergleichlichkeit des Netzes die Diskussion um das gesamte Internet. Und zwar auch und besonders bei denjenigen, die noch niemals das Wort «Internet Exceptionalism» gehört haben.

Der Juraprofessor Eric Goldman erklärt den Begriff in der fabelhaften und im Netz kostenlos erhältlichen Essaysammlung «The Next Digital Decade» von 2010. In seinem Artikel «The Third Wave of Internet Exceptionalism» illustriert er ihn mit einer Begebenheit aus dem Jahr 2005. Damals betrieb der texanische Unternehmer John Lockwood die Webseite live-shot.com. Lockwood besaß eine Ranch in Texas, auf der viele Tiere lebten, unter anderem Steinböcke, Antilopen und Wildschweine. Auf live-shot.com konnte man gegen eine Gebühr mit der Maus einige schwere Gewehre steuern und auch abdrücken. Internet-Hunting war geboren. Die *FAZ* begann einen Artikel über diese neue Freizeitbeschäftigung mit dem Satz «Das Internet ist um eine Perversion reicher». Aber auch Kirby Brown, Vorsitzender eines texanischen Jägerverbands, reagierte verstört: «Das ist ethisch unterste Schublade!» Wenig später hatten drei Dutzend Bundesstaaten Internet-Jagen verboten. Kalifornien verbot in einem Aufwasch gleich noch das Internet-Angeln mit.

Sowohl die Einschätzung der *FAZ* als auch das staatliche Verbot erscheint auf den ersten Blick nachvollziehbar, ja beinahe zwingend. Der Kommentar des Jägers dagegen irritiert ein wenig – und wenn man sich auf diese Irritation einlässt, hat man das Phänomen des Internet Exceptionalism schon fast verstanden. Denn der Unterschied zwischen dem Schuss per Mausklick oder per gedrückten Abzug ist nicht einfach zu benennen. In beiden Fällen liegt am Ende ein totes Tier da, in beiden Fällen schießt ein Mensch aus der Ferne eine Patrone ab. Natürlich ließen sich Erwägungen über die Virtualisierung und die zu große Einfachheit des Tötens diskutieren, aber das war in der Debatte nicht der entscheidende Punkt. Ausschlaggebend war: Für die meisten Leute, Politiker eingeschlossen, fühlt sich Internet-Jagd wie etwas völlig anderes an als Jagd. Diese Haltung – das Internet sei etwas völlig anderes als der Rest der Welt und müsse deshalb auch anders behandelt werden – ist der Kern des Internet Exceptionalism.

Das Bewusstsein, im Internet herrsche im Unterschied zur Kohlenstoffwelt ein freier, offener und quasianarchischer Urzustand, hat sich seit Mitte der 1990er Jahre verbreitet. Sein Apologet war John Perry Barlow, ehemaliger Songtexter der Band Grateful Dead und Mitgründer der Internet-Bürgerrechtsvereinigung Electronic Frontiers Foundation. Er verlas 1996 auf dem Weltwirtschaftsforum in Davos die «Deklaration der Unabhängigkeit des Cyberspace». Nach einer kurzen, empörten Vorrede über ein US-Gesetz, das Barlow als «Kriegserklärung gegen das Internet» empfand, folgte eine pathossatte Erklärung, weshalb die Einwohner des Internets nicht den starren Regeln der «müden Riesen aus Fleisch und Stahl», also der traditionellen Staaten der Welt, folgen müssten. «... ich komme aus dem Cyberspace, der neuen Heimat des Geistes. Im Auftrag der Zukunft fordere ich euch, die ihr aus der Vergangenheit seid, auf, uns in Ruhe zu lassen. Ihr seid uns nicht willkommen. Ihr habt dort, wo wir uns versammeln, keine Souveränität. (...) Der Cyberspace liegt nicht innerhalb eurer Grenzen, glaubt nicht, dass ihr ihn verwalten könnt wie ein öffentliches Bauprojekt. Ihr könnt es nicht. Es handelt sich um einen natürlichen Vorgang, in dem der Cyberspace von selber durch unsere kollektiven Aktionen wächst. (...) Wir schaffen unsere eigenen sozialen Regeln. Diese Herrschaft wird sich nach den Bedingungen unserer Welt erheben, nicht nach der euren. Unsere Welt ist anders. (...) Eure rechtlichen Konzepte von Eigentum, Meinung, Identität, Bewegung und Kontext betreffen uns nicht. Denn sie basieren auf Materie, und hier gibt es keine Materie.»

Überraschenderweise gibt es die Auffassung, das Internet müsse besonders behandelt werden, sowohl unter Netzbegeisterten wie auch unter Netzskeptikern. In Kapitel 13 findet sich auch eine Form des Internet Exceptionalism, nämlich die Auffassung, dass Freundschaften im Netz im Vergleich zu «richtigen» Freundschaften außerhalb nichts zählten. Bei der Regulierung unterscheiden sich die positiven und die negativen Exzeptionalisten lediglich in der Perspektive: Kann und soll das Netz strenger reguliert werden als die nichtvirtuelle Welt – oder weniger streng?

Probleme mit der Internetregulierung ergeben sich, weil die Macht des Staates auf der Kontrolle und Durchsetzbarkeit seiner Regeln beruht – aber die digitale Welt eine Art exterritoriales Gebiet darstellt. Die von Kontroll-Hardlinern (und Leuten, die nicht wissen, dass sie Kontroll-Hardliner sind) oft mahnend verwendete Phrase «Das Internet darf kein rechtsfreier Raum sein!» beweist ja gerade, dass die Macht eines Staates über das Netz begrenzt ist. Mit dem Staat und dem Internet prallen zwei sehr unterschiedliche Strukturen zusammen: hierarchisch gegen nichthierarchisch, territorial gegen nichtterritorial, zentral und kontrollbasiert gegen dezentral und digital vernetzt. Die herkömmlichen staatlichen Strukturen sind territorial fixiert, weshalb sie im Internet nicht greifen, weil ein von Deutschland aus angesprochener Server überall auf der Welt stehen kann. Es ist oft nicht leicht zu sagen, wo genau die digitalen Daten gespeichert sind und wer letztlich dafür verantwortlich ist. Der Regelungswillen der Politik lässt sich im Netz deshalb nicht so weitgehend durchsetzen wie außerhalb. Viele Schwierigkeiten der deutschen Netzpolitik ergeben sich daraus, dass die Politik versucht, irgendwie doch zu kontrollieren, was sich ihrem Einfluss im Grunde entzieht.

Das bekannteste deutsche Irgendwie war das Zugangserschwerungsgesetz, das die damalige Familienministerin Ursula von der Leyen 2009 vorstellte, die berüchtigten Netzsperren. Die große Koalition aus CDU und SPD wollte damit vor allem die Verbreitung von Kinderpornographie bekämpfen. Nach Argumentation des Bundeskriminalamtes sei es nur schwer möglich, kinderpornographische Seiten komplett aus dem Netz zu löschen, wenn die entsprechenden Server in kooperationsunwilligen oder -unfähigen Ländern stünden. Das Gesetz sah deshalb vor, die deutschen Internet-Provider zur Sperrung solcher Seiten zu verpflichten, unabhängig von einer eventuellen Löschung.

Die Kritiker des Gesetzes – große Teile der Opposition und die Mehrheit der Netzaktivisten – sahen die Gefahr, dass diese Sperrstruktur auch zur Zensur eingesetzt werden könne. In Ländern wie Dänemark oder Australien waren durch ähnliche Filtersysteme sowohl politische Seiten gesperrt worden als auch solche, die zum Beispiel im urheberrechtlichen Graubereich operierten. Abgesehen davon hätten halbwegs Sachkundige die Netzsperren spielend aushebeln können. In einem nicht mal einminütigen YouTube-Film wurde die Umgehungstechnik selbst für Laien verständlich erklärt. Einem späteren Interview mit Wolfgang Schäuble konnte man entnehmen, dass von der Leyen das Thema ursprünglich als schnellen PR-Sieg aus Wahlkampfgründen im Vorfeld der Bundestagswahl 2009 betrachtet haben soll; wer könnte schon etwas gegen den Kampf gegen Kinderpornographie haben? Die Netzsperrendebatte wurde ziemlich genau zum Gegenteil eines schnellen PR-Sieges.

Der bevorstehende Wahlkampf verlieh der Diskussion aber einen Sound mit entlarvender Wirkung. Die Argumente wurden nämlich noch stärker zugespitzt als ohnehin üblich, zuerst aufseiten der Netzsperrenbefürworter, dann auch aufseiten der Gegner. Schließlich standen sich zwei Lager gegenüber, die einander wechselseitig als Kinderpornobefürworter beziehungsweise totalitäre Zensurfreunde diffamierten und die jeweiligen Bedenken der Gegenseite als nichtig oder monströs abtaten. Kurz dachte man, hier wäre das lange gesuchte Schrillheitsmaximum der deutschen Politik erreicht.

Als schädlich erwies sich besonders die Moralfixierung der Debatte: Der Austausch moralischer Implikationen verhinderte jede inhaltliche, konstruktive Arbeit und diente eher den Medien, als zu einer politischen Lösung zu führen. Bei «So denken Sie doch an die Kinder!» gegen «Sie zerstören den Rechtsstaat!» kann es keine Sieger geben, denn Moral ist immer eine kompromisslose, schwarz-weiße Angelegenheit, und ein bisschen moralisch ist wie ein bisschen schwanger.

Als die Netzsperrendebatte vorüber war, ließen sich, gesäubert vom Schlamm der Schlacht, zwei gegensätzliche Positionen erkennen. Sie leiten sich unmittelbar aus der Kombination der technischen Organisation des Internets mit dem Internet Exceptionalism ab. Die Befürworter von Netzsperren mochten sich nicht damit abfinden, dass es wegen der offenen Struktur und Internationalität des Netzes in vielen Fällen keine direkte oder simple Eingriffsmöglichkeit für den deutschen Staat gibt. Ebenso wenig mochten sie akzeptieren, dass das Internet anders behandelt werden soll als andere Medien, weshalb immer wieder verbotene Inhalte auf DVD oder Videokassetten[6] als Vergleich bemüht wurden.

Für die Ablehner von Netzsperren war die Erhaltung der Netzstruktur wichtiger als die einhundertprozentige Durchsetzung der bestehenden Gesetze. Man müsse die Mittel anwenden, die auf netzerhaltendem Weg einsetzbar seien, und sich mit Schlupflöchern abfinden. «Löschen statt sperren» war der Slogan der Sperrengegner. Eine vergleichbar simple Antwort auf die Frage, was mit Servern zu geschehen habe, deren Verantwortliche man nicht zum Löschen bewegen könne, gab es nicht (auch wenn nach qualifizierten Schätzungen weit über neunzig Prozent der beanstandeten Seiten gelöscht werden können).

«In dubio pro reo», im Zweifel für den Angeklagten, lautet einer der wichtigsten Rechtsgrundsätze aus dem alten Rom, denn gerade Zweifelsfälle sind entscheidend. Im Streit um die Netzsperren lässt er sich in zweierlei Art auslegen: Im Zweifel für die Rechtskonformität des Internets. Oder: Im Zweifel für die Freiheit des Internets. Diese gegensätzlichen Interpretationen zeigen, dass es sich im Grunde um ein nicht lösbares Prioritätenproblem handelt. Die Befürworter sahen ihre Rechtsauffassung zum Schutz der Familie als Maßstab, der überall gelten müsse. Die Gegner der Netzsperren betrachteten das Internet als ihre digitale Heimat, deren Freiheit um jeden Preis verteidigt werden müsse. Diese Differenz macht Verhandlungen so einfach und erfreulich wie eine Vermählung von Gletscher und Vulkan.

Natürlich verlief die Diskussion deshalb inhaltlich völlig erfolglos, aber immerhin trug die Lautstärke zur Mobilisierung bei. Die E-Petition gegen Netzsperren 2009 auf den Servern des Bundestages war die bis dahin erfolgreichste Petition und setzte mit rund 134000 Unterzeichnern ein eindrucksvolles Zeichen. Zum Vergleich: Ein Jahr zuvor konnte selbst die wochenlange Unterstützung der *Bild*-Zeitung für eine Petition gegen hohe Benzinpreise nur 128000 Mitzeichner bewegen.

Der Netzsperrenstreit brachte in Deutschland erstmals einen Konflikt ins öffentliche Interesse, der in den nächsten Jahren viele Diskussionen beherrschen wird: Wie wichtig und wie unantastbar ist der ursprüngliche Zustand des Internets? Welche regulierenden Maßnahmen können und sollen von staatlicher und privater Seite ergriffen werden? Und wie setzt man sie technisch durch?

Selbst China schafft es trotz erklärten Willens zur Kontrolle des chinesischen Internets mit dem Milliardenprojekt der «Großen Firewall» samt Tausenden Zensoren nicht, halbwegs Sachkundige davon abzuhalten, durch ein paar Klicks fast sämtliche Filter- und Zensurmaßnahmen zu umgehen. Allerdings gilt diese Einschränkung nur für einen mittelkleinen Haufen Nerds, nicht für die breite Masse der Bevölkerung. Im Falle China lässt sich nur spekulieren: Nimmt der Staat vielleicht einfach in Kauf, dass einige Wenige die Zensurmaßnahmen umgehen, weil es ihm ohnehin nur um die breite Masse geht? Oder, eine besonders perfide Variante: Lässt der Staat genau diese Möglichkeit zu, weil die Zensoren so die Zensurbrecher identifizieren und die potenziellen Systemfeinde im Netz beobachten können?

Die Diskussion um Zensur im Netz ist dementsprechend eine Debatte um die Möglichkeiten der Vielen – und nicht um die theoretischen Möglichkeiten von Spezialisten. Dass die Löschung bestimmter Inhalte sinnvoll sein kann, ist nicht allzu stark umstritten, denn völlige Kommunikationsanarchie herrscht beinahe nirgendwo. Allerdings zeigen sich in der Frage, was und wie reguliert werden soll, starke kulturelle Unterschiede. In den USA etwa ist die freie Meinungsäußerung ein ausgesprochen hohes Gut, wohingegen der Jugendschutz im Netz weniger wichtig genommen wird. Auf pornographischen US-Seiten findet sich oft gar keine Altersprüfung oder nur die simple Frage nach dem Geburtsjahr; in Deutschland dagegen ist um Altersverifikationssysteme eine Millionenindustrie entstanden. Auch die Frage, gegen welche Inhalte Menschen vorgehen können, die persönlich betroffen sind, wird unterschiedlich betrachtet. Es gibt verschiedene Auffassungen, ab welchem Beleidigungsgrad die Löschung eines Kommentars durchgesetzt werden kann. Oder welche Freiheiten Kunst, Satire oder Journalismus in den Geschmacksrichtungen investigativ und yellowpress genießen.

Wenn sich immer größere Bereiche des Lebens in das Netz verlagern, entsteht dort auch automatisch größerer Regulierungsbedarf. Die wichtigsten Gründe für die Regulierung von Internetinhalten sind: politische Verbote, Jugendschutz, Persönlichkeitsrechte und der Schutz geistigen Eigentums – interessanterweise weitgehend unabhängig davon, ob sie in autoritären oder demokratischen Staaten angeführt werden. In religiös orientierten Staaten kommen noch Gotteslästerung und Verwandtes dazu.

Es ist aber gar nicht so leicht zu definieren, wo die sinnvolle Regulierung aufhört und die böse, schädliche Zensur anfängt. Es ist nicht einmal klar, ob es sich bei beidem nicht um dasselbe handelt, aus unterschiedlichen Perspektiven betrachtet. So scharf der Vorwurf der Zensur schneidet, so unscharf ist die Grenzlinie zwischen gesellschaftlich akzeptierter Begrenzung der freien Meinungsäußerung und der nicht akzeptierten Zensur. Wenn man überhaupt von einer Grenzlinie sprechen kann, tatsächlich ist es eher ein breiter Grenzstreifen im Niemandsland. Eine große Mehrheit der Bevölkerung in Deutschland findet die Strafbarkeit der Holocaustleugnung richtig; in den USA würde die gesetzliche Ahndung solcher Äußerungen als Zensur gewertet. Selbst in vergleichsweise liberalen islamischen Staaten, in denen Zensur im Allgemeinen so verpönt ist wie in westlichen Ländern, bildet die Diffamierung des Propheten Mohammed eine Ausnahme. Die Frage, ob die Sanktion einer Äußerung Zensur darstelle oder nicht, ist also eine moralische – und dadurch werden die Grenzen fließend.

Auch die Instrumente der Zensur sind nicht immer eindeutig zu bestimmen. Das wirksamste Instrument zur Unterdrückung von Informationen und damit zur Zensur ist keine

Hardware oder Software, sondern heißt immer noch Angst. Und damit ist nicht nur die Angst vor Folter, Repression, Waffengewalt gemeint. Auch die Angst vor Abmahngebühren oder Bußgeldern bei versehentlich begangenen Ordnungswidrigkeiten kann schon im Kopf zensierend wirken, wenn man etwa weiß, dass Verstöße im Bereich Jugendschutz mit bis zu 50 000 Euro bestraft werden können.

Je krasser die moralische Dimension des Inhalts, umso schwieriger wird es, rationale Kriterien bei der Bewertung anzuwenden. Die allermeisten Leute würden die Tilgung kinderpornographischer Inhalte nicht als Zensur, sondern als Schutzmaßnahme begreifen. Diese Eindeutigkeit schwindet, wenn juristisch Erwachsene, die sehr jung aussehen, pornographisch gezeigt werden. Oder bei gezeichneter Kinderpornographie, die zwar in Deutschland ebenfalls verboten ist, bei der aber im Zweifelsfall letztlich der (richterlich beurteilte) Anschein entscheidet, der bekanntlich subjektiv ist. Im speziellen Fall der Kinderpornographie lässt sich auch ein gesellschaftlicher Wandel beobachten. Der italienische Spielfilm «Spielen wir Liebe» lief 1977 in Deutschland ohne Aufschrei und ohne juristische Probleme in den Kinos. Seit 2006 wird der Film als Kinderpornographie von der Polizei beschlagnahmt, die Veröffentlichung ist verboten. Mit solchen moralisch-gesetzlichen Entwicklungen ändert sich immer auch die Grenze zwischen akzeptierter Beschränkung von Inhalten und Zensur.

Noch komplizierter wird es, wenn man die Gesetze als Kriterium der Unterscheidung nicht akzeptiert. Das mag sich in den Ohren des selbstredend rechtschaffenen Bürgers steil anhören und innerhalb Deutschlands kaum eine Rolle spielen – wird aber im internationalen Vergleich schnell relevant. Staaten wie China oder Iran behaupten offiziell, dass sie in ihren Freiheitsbeschränkungen nur die Gesetze ihres Landes durchsetzen. Was zwar technisch stimmen mag, aber etwa aus europäischer Perspektive trotzdem Zensur ist. Wenn man also in öffentlichen Diskussionen von Zensur spricht, *muss* man sich auf die ethisch-moralische Dimension beziehen, da die gesetzliche nur begrenzt hilfreich ist. Häufig wird zwar unterschieden zwischen «Vorzensur», also der Verhinderung der Veröffentlichung, und der «Nachzensur», also der Sanktionierung der Veröffentlichung. Aber die Grenzen fließen auch hier. Die von vielen als Zensurmöglichkeit interpretierten Netzsperren könnten ausschließlich zur Nachzensur dienen. Auch die Hilfskräfte in China, die durch das Netz streifen und bestimmte Inhalte löschen lassen, müssen als Zensoren gelten. Die Filterung von Google-Ergebnissen ist ebenfalls eine Nachzensur, die von den meisten Leuten hierzulande als echte Zensur empfunden wird. Jedenfalls, wenn sie in China stattfindet. Jede von irgendwem als legitim empfundene Löschung von Inhalten lässt sich von der anderen Seite als Zensur deuten.

Die Frage, wo genau und wie Zensur beginnt, ist in vielen netzpolitischen Diskussionen essenziell. So etwa auch in der kurzen, aber heftigen Debatte um die (gescheiterte) Novellierung des Jugendschutzgesetzes 2010. Immer wieder taucht aufseiten der Netzaktivisten und der Presse der Vorwurf auf, die Politik würde eine «Zensurinfrastruktur» aufbauen. Die Problematik dieses Begriffs ist direkt mit dem Verständnis des Zensurbegriffs verbunden. Grundsätzlich kann jede technische Möglichkeit, Inhalte zu löschen, als Zensurinfrastruktur bezeichnet werden. Allerdings gibt es zentralisierte, schwer überprüfbare Technologien, die die Entfernung von Inhalten besonders leicht machen und gegenüber denen deshalb mehr Misstrauen durchaus gerechtfertigt ist.

Eine Art zensorisches Paradoxon ergibt sich aus der Tatsache, dass die handelsübliche Zensur intransparent sein *muss* – aber genau dadurch allergrößtes Interesse hervorruft. In Zeiten von Wikileaks würde man auf die langfristige Geheimhaltbarkeit wovon auch immer ungern größere Summen wetten wollen. Eine transparente, öffentliche Liste zu zensierender Websites aber hätte den genau gegenteiligen Effekt der gewünschten Informationsunterdrückung. Wenn der Bundesregierung einmal der Sinn nach mehr Traffic stehen sollte, dann müsste sie einfach monatliche Zensurlisten veröffentlichen – zum Beispiel die in Deutschland geführten, einigermaßen geheimen Listen der Bundesprüfstelle für jugendgefährdende Medien. Darauf finden sich die nach Einschätzung der BPjM gefährlichen Bücher, Webseiten, Spiele, Filme und Tonträger sowie alle Medien, für die in Deutschland ein allgemeines Verbreitungsverbot gilt. Mit dieser Liste, deren internetrelevanten Teil nur Suchmaschinenbetreiber kennen, sollen entsprechende Seiten von der Internetsuche ausgeschlossen werden.

Mehr als fünfzehn Jahre nach John Perry Barlows Unabhängigkeitserklärung des Cyberspace ist klargeworden, dass die Macht des Staates sehr wohl in den Cyberspace hineinreicht. Und dass nationalrechtliche Konzepte wie zum Beispiel Urheberrechtsfragen das Netz stark betreffen. Man kann Barlows Manifest als Ausdruck des Trotzes, als Drohung, Bannfluch oder als Utopie betrachten – aber inzwischen halten auch viele libertäre Netzfreunde staatliche Regulierung nicht mehr für grundsätzlich schlecht. Die von vielen Medien als *Netzgemeinde* bezeichneten Aktivisten fordern seit einiger Zeit sogar explizit staatliche Eingriffe – wenn es nämlich um Netzneutralität geht. John Perry Barlow hatte 1996 die Rechnung ohne den Markt gemacht, genauer, ohne den marktgesteuerten Zugang zur Infrastruktur des Netzes.

Das Prinzip der Netzneutralität entstand gleichzeitig mit

dem Netz. Nochmals die Rückblende auf die Konzepte, die sich 1977 gegenüberstanden: Da war zum einen das militärisch-universitäre TCP und zum anderen das von Telekommunikationsunternehmen geprägte X.25. Für die Robustheit, die die Netzstruktur TCP aufweisen sollte, mussten die Teilnehmer autark operieren. Das Netz selbst ist damit «dumm», weil es alle intelligenten Operationen an die Teilnehmer delegiert. Die Konzepte der Telekommunikationsfirmen sahen vor, dass das von den Unternehmen kontrollierte Netz selbst Funktionen bekommt, die über die bloße Datendurchleitung hinausgehen, zum Beispiel: die unterschiedliche Behandlung unterschiedlicher Daten. Auch dieser Streit kehrt inzwischen wieder zurück, denn die «Dummheit» der heutigen Datenleitungen entspricht der Netzneutralität: Das Netz selbst verhält sich neutral, egal wer was wohin sendet oder empfängt.

Es kann technisch sinnvolle Einschränkungen dieses Prinzips geben: Unterschiedliche Datenströme sind unterschiedlich zu behandeln, weil verschiedene Anwendungen unterschiedliche Ansprüche haben. Internettelefonie etwa funktioniert nur dann reibungslos, wenn eine ständige, unterbrechungsfreie Verbindung besteht, die zum Beispiel beim Mailen nicht zwingend erforderlich ist. Dort können Datenpakete auch leicht verzögert eintreffen. Diese Anpassung der Datenströme an die Bedürfnisse der Nutzer nennt sich Netzwerkmanagement. Die Grenze zum Bruch mit der Netzneutralität ist allerdings wiederum sehr dünn, teilweise sogar fließend. Als negative Folge dieser technischen Komplexität ist eine unangenehme Situation entstanden: In der deutschen Diskussion geben sowohl Internetaktivisten wie auch die Gegenseite (die Telekommunikationsunternehmen) an, dass sie die Netzneutralität erhalten wollen. Sie meinen damit nur unterschiedliche Dinge.

Das Prinzip der Netzneutralität ist seit einiger Zeit aus

mehreren Gründen unter Beschuss geraten: Zum einen machen Aktivitäten in P2P-Netzwerken – also der Austausch von Dateien – einen großen Teil des Datenverkehrs aus. Die Unterstellung, es handele sich dabei zum Großteil um widerrechtlich kopiertes Material, scheint nicht völlig an den Haaren herbeigelogen zu sein. Deshalb wollen einige Netzprovider solche Daten anders behandeln dürfen, besser noch sollten sie sie – so sehen es viele Inhalteverwerter – lieber gleich ganz sperren. Zum anderen steht die Netzneutralität unter Beschuss, weil sie eine potenzielle Einnahmequelle für die Telekommunikationsunternehmen verhindert. Wenn es das Gebot der Netzneutralität nicht gäbe, könnte eine Priorisierung vorgenommen werden: Zahlende Premium-Kunden könnten eine schnellere und zuverlässigere Durchleitung der Inhalte bekommen. Umgekehrt könnten Inhalteanbieter dafür bezahlen, dass ihre Seiten schneller bei allen Usern ankommen, um sich Wettbewerbsvorteile zu sichern. Schließlich könnten auch Zugänge zu verschiedenen Diensten unterschiedlich bepreist oder sogar blockiert werden. Nach Ansicht der meisten Netzaktivisten würde dies das Ende des freien Internets bedeuten. Denn dann gäbe es ein hochqualitatives Netz für diejenigen, die bezahlen können, und ein minderwertiges für die anderen.

Die beiden *ZEIT*-Redakteure Thomas Fischermann und Götz Hamann, die mit ihrem Buch «Zeitbombe Internet» den Preis für den alarmistischsten Buchtitel des Jahres 2011 verdient haben, sehen eine solche Zweiteilung des Netzes nicht als Risiko, sondern als Chance. Sie plädieren für ein «rotes» und ein «grünes» Internet, das eine weiterhin anarchisch, offen und gefährlich, das andere sicher, durchkontrolliert und familienfreundlich. Dieses Ziel ist allerdings einigermaßen unerreichbar. Sogar vom offenen Internet völlig abgetrennte, lokale Netzwerke, wie beispielsweise die Steuerungsanlage iranischer Uranzentrifugen, konnten mit ein paar Tricks mit einem Virus infiziert werden, der über das Internet kam. Im Fall Stuxnet, eines zur Zerstörung dieser Anlagen programmierten Virus, fand die Übertragung händisch und vermutlich versehentlich statt, mit Hilfe eines USB-Sticks, den Mitarbeiter zum Transport von Fotos und Musik vom Heimrechner zum Atomanlagenrechner verwendeten.

Ein anderer Grund, warum die Netzneutralität heute in Frage gestellt wird, sind die enormen Kosten für den Ausbau der Infrastruktur. Denn obwohl immer schnellere und bessere Leitungen und Leitungstechnologien verlegt und eingesetzt werden, lassen sich die Preise für Endkunden nur sehr begrenzt anheben. Wer einmal eine Internet-Flatrate für 19,99 Euro monatlich hatte, ist nur sehr schwer dazu zu bewegen, je wieder das Dreifache auszugeben. Also suchen sich die Infrastrukturanbieter Ausweichmöglichkeiten bei der Refinanzierung und versuchen Facebook und Google dazu zu bewegen, für den vielen Traffic zu bezahlen, den ihre Nutzer verursachen. Oder klopfen bei YouTube an, ob garantierte Bandbreiten und damit ruckelfreie Filme nicht etwas Kleingeld wert wären. Beide Ansätze würden die Netzneutralität verletzen, weil sie bestimmte Daten bevorzugen oder für die Übertragung sowohl beim Sender wie beim Empfänger kassieren würden.

Die Debatte um die Netzneutralität zeigt aber auch, dass keine Regulierung auch keine Alternative ist, wenn der Fortbestand des heutigen Internets gesichert werden soll. Es käme ohne Regulierung vermutlich nicht nur zu zwei, sondern zu vielen, zersplitterten Unternetzen, geteilt nach der Bereitschaft, wie viel Geld der Nutzer bereit wäre zu zahlen. In der Diskussion um das Netz hat damit aufseiten der Aktivisten spätestens Ende der nuller Jahre ein bemerkenswerter Wandel stattgefunden: Es geht inzwischen nur noch um die richtige Form der Regulierung. Wollte Barlow noch vom Staat in Ruhe gelassen werden, sind sich die meisten Aktivisten heute einig, dass der Staat das Netz vor den vermeintlich zersetzenden Geschäftsmodellen der Telekommunikationsfirmen schützen müsse. Nach Ansicht vieler Kämpfer für die digitale Freiheit muss also der Staat per Zwang die Freiheit garantieren. Das macht die Problematik offenkundig: Freiheit erzwingen bedeutet, Freiheiten gegeneinander abzuwägen und die eine zugunsten der anderen zu beschneiden.

Die Politikwissenschaftlerin Jeanette Hofmann, Direktorin des (hauptsächlich von Google finanzierten) Forschungszentrums für Internet und Gesellschaft in Berlin, hat die Verschiebung in der Perspektive an sich selbst beobachtet, wie sie in einem Interview mit dem Magazin *politik-digital.de* erzählt: «Ich komme selbst aus einer eher libertären Ecke. Auch die gesamte Netzgemeinde der neunziger Jahre hat sich sehr gegen staatliche Eingriffe gewehrt. Doch aus meiner Sicht war das eindeutig zu kurz gesprungen.» Neben der Netzneutralität sieht sie eine ganze Reihe von Bereichen, die der Regulierung und Kontrolle durch den Staat bedürfen, wenn die Freiheit des Internets erhalten werden soll: «Staatliche Eingriffe halte ich darüber hinaus auch in punkto Datenschutz und Menschenrechte für nötig. Es kommt ja auch immer wieder die Idee auf, dass es einer weltweiten Charta bedarf, um die Rechte der Nutzer im Internet zu schützen – das unterstütze ich. Generell ist es so, dass die Nutzer meist vereinzelt auftreten, während sich die Industrie in Verbänden zusammenschließt und auf diese Weise ihre Interessen organisiert. Daher denke ich auch, dass der Konsumentenschutz den Gesetzgeber braucht.»

Freiheit durch Kontrolle – das hört sich nur im ersten Augenblick widersinnig an. Tatsächlich mündeten ungefähr

2500 Jahre Freiheitsphilosophie in der Erkenntnis, dass sich Freiheit in einer Gesellschaft nur innerhalb eines kontrollierten Rahmens entfalten kann. Das war einigen Akteuren zwischendurch nur entfallen. Das Korsett dieser Kontrolle kann enger oder weiter sein, aber am Ende nutzt die ganze schöne Freiheit ohne entsprechende Sicherheit nichts – so wenig wie umgekehrt. «Wer Sicherheit der Freiheit vorzieht, ist zu Recht ein Sklave», soll Aristoteles gesagt haben, und von Benjamin Franklin ist überliefert: «Wer Freiheit eintauscht für zeitweilige Sicherheit, verdient weder Freiheit noch Sicherheit.» Mit beiden Zitaten wird oft und gern im Netz um sich geschlagen, wenn es um den Kampf gegen tatsächliche oder vermeintliche Einschränkungen geht. Diese radikalen Haltungen könnten sich als gefährlich erweisen, weil sie die ständig zu erneuernde Abwägung zwischen beiden Werten außer Acht lassen. Wer Freiheit und Sicherheit nicht als Ergebnis dauernder gesellschaftlicher Verhandlung begreift, sondern als Gegensätze, gerät fast automatisch in ein demokratisches Dilemma. Eine Abstimmung innerhalb der Netzgemeinde würde sicherlich eine 104-prozentige Mehrheit für die Erhaltung der offenen Strukturen ergeben. Wenn die entsprechenden Fragen den Wählern gestellt würden, könnte sich ein anderes Bild ergeben. Vielleicht nimmt das Volk ein paar Netzsperren oder ähnliche unfreiheitliche Instrumente gern für das Gefühl der Sicherheit in Kauf, gerade auch wegen der Kinder. Und man könnte es dem Volk kaum verübeln, immerhin handelt es sich um den Souverän. Eine zielführende Diskussion darf daher nicht Sicherheit und Freiheit gegeneinander ausspielen, sondern muss versuchen, beides geschmeidig miteinander zu vereinbaren. Was genauso kompliziert sein dürfte, wie es sich auch anhört. Aber einer der Gründe für dieses Buch ist ja, dass die Lösungen für die Internetfragen eben nicht einfach sind.

12. Die Nackten und die Daten

Privatsphäre und digitaler Datenfluss

Im Traum hatten meine Träume Zugangsberechtigungen. Ihr glaubt nicht, wie oft ich heute schon auf ‹für alle freigeben› geklickt habe.
@rinpaku, Twitter, 7. Januar 2010

1973 erschien im *Spiegel* unter dem Titel «100445301111 – das Schlimmste von King Kong?» ein umfangreicher Report über den «Vormarsch der elektronischen Datenverarbeitung (EDV)». Darin hieß es: «Computerbekannt wie die Weltanschauung von Millionen Bundesbürgern sind Details aus ihrer Arbeitswelt und ihrer Freizeit: Wo sie ihren Urlaub verbracht haben, wie viel Miete sie zahlen, ob sie oft oder selten den Arbeitsplatz wechseln, ob sie ihren Teilzahlungsverpflichtungen regelmäßig nachkommen, ob sie an Krebs leiden, welche Schallplatten sie lieben, ob sie Alimente zahlen müssen, wie viel Kubikmeter Wasser sie pro Monat verbrauchen, ob sie eine Mischehe führen, welche Farbe ihre Augen haben, welchen Wagentyp sie bevorzugen und ob sie eine arabische Großmutter haben – es ist gespeichert in den EDV-Anlagen von Reiseunternehmen – Kreditinstituten, Arbeitsbehörden, Versandhäusern, Universitätskliniken, Schallplattenringen, Banken, Stadtwerken, Rathäusern, Eheanbahnungsfirmen, im Flensburger Kraftfahrt-Bundesamt und im Kölner Ausländerzentralregister.»

Anlass für diesen Beitrag waren zwei Gesetzesentwürfe, über die das Parlament damals beriet, das Bundesmeldegesetz, das jedem Bürger ein zwölfstelliges Personenkennzeichen zuordnen sollte, und das Bundes-Datenschutzgesetz[1]. Fast alle Elemente der heutigen Datenschutzdiskussion sind in diesem Artikel bereits enthalten, auch wenn die Computer noch Denk-Roboter heißen und sich «on line» über das «Telefon-, Telex- und Datexnetz» miteinander verständigen. «Mancher Computer-Philosoph» träumte damals ebenso wie heute von einer Zukunftsgesellschaft, in der «nicht nur, wie in Schweden, die Gehälter, sondern auch das Intimleben offengelegt werden könnte, weil der Mensch sein Menschsein nicht mehr zu verbergen brauche». Unter Juristen jedoch hielt man einen gewissen Schutz der Privatsphäre sehr wohl für nötig, auch wenn diese Privatsphäre ein wandelbares Konzept und juristisch noch nie exakt abzugrenzen gewesen sei. Heikle Daten waren auch 1973 nur selten ausreichend gesichert, die Gefahr von Enthüllungen – mal aus Böswilligkeit, öfter aus Fahrlässigkeit – wuchs, und unablässig entstanden neue Datenbanken. Der Verfassungsschutz erfasste «biographische und ortsbezogene Grunddaten» der Bürger, und die Datenbestände auf den Computern der Privatwirtschaft waren kaum weniger umfangreich als die staatlichen Sammlungen. Waren die Daten erst einmal erhoben, neigten die zuständigen Stellen dazu, sie so lange zu speichern und mit anderen Daten zu verknüpfen, bis ein richterlicher Beschluss sie daran hinderte.

In anderen Punkten ist der *Spiegel*-Report nicht ganz aktuell: 1973 wurden nur wenige Zahlungen bargeldlos abgewickelt. Wenn sich das eines Tages änderte, «dann könnte es, so der EDV-Jurist Seidel, sogar möglich sein, dass ‹über eine Datenbank ermittelt wird, wer die Miete des Mädchens im Appartement nebenan bezahlt hat, wer am Dienstagabend im Night-Club verkehrte, welche Geschäfte jemand betreten hat und welche Dienstleistungen in Anspruch genommen wurden› – der Bürger werde dann ‹in der Tat transparent›». Auch «Datenbank-Überfälle» durch das «organisierte Verbrechertum», «raffinierte Schnüffelprogramme» von Geheimdiensten und Firmen, die «Daten gegen Dollar» anbieten, waren noch Zukunftsvisionen. Im Unterschied zu heute enthält der Artikel auch keine Vorwürfe an die Staatsbürger. Sie hatten zu den Datensammlungen schließlich ganz arglos beigetragen, indem sie an Preisausschreiben teilnahmen, Bankkonten führten, Kredite beantragten oder die Formulare, die Behörden, Universitäten und Versicherungen ihnen vorlegten, wahrheitsgemäß ausfüllten. Wenn sie Einblicke in ihre Privatsphäre gewährten, dann, weil man sie danach befragt hatte: «An Berufsschülern werden Psycho-Tests vorgenommen, deren Fragen tief in die Privatsphäre reichen – Beispiel: ‹Ich denke zu viel über geschlechtliche Dinge nach.›»

Vor der 1983 geplanten Volkszählung kam es zu massiven Protesten samt Verfassungsbeschwerden, schließlich verbot das Bundesverfassungsgericht die Volkszählung in seinem berühmt gewordenen Urteil, das das «Grundrecht auf informationelle Selbstbestimmung» formulierte. Der Widerstand der Bevölkerung bediente sich der Symbolik des bevorstehenden Orwell-Jahres 1984 und wurde angefacht vom Beschluss der Regierung, maschinenlesbare Personalausweise einzuführen. Der Computer wurde zum Sinnbild für den «Überwachungsstaat», das Schreckensbild des «Gläsernen Bürgers» mobilisierte Hunderte Bürgerinitiativen. Als schließlich 1987 eine modifizierte Volkszählung stattfand, wäre ein Schlagwort wie «Datenkrake» sofort mit dem Staat und seinen Organen in Verbindung gebracht worden.

Im Laufe der neunziger Jahre verschoben sich die Fronten. Nicht nur Berufsschüler offenbarten im Netz ungefragt, dass sie recht viel über geschlechtliche Dinge nachdachten, und die Datensammlungen privater Unternehmen wuchsen noch schneller als die staatlichen. Datenschützern geht es in letzter Zeit wesentlich weniger darum, den Bürger vor dem Staat zu schützen, was rund um die Volkszählung ihr wichtigstes Ziel gewesen war. «Ich habe zunehmend den Eindruck, dass der Bürger vor allen Dingen vor sich selbst geschützt werden muss», wurde Bundesjustizministerin Brigitte Zypries 2007 im *Spiegel* zitiert[2]. Außerdem möchten Staat und Datenschützer gern gemeinsam gegen die Datensammelwünsche der Unternehmen vorgehen.

Das bringt mehrere Probleme mit sich, die man zur Erscheinungszeit des *Spiegel*-Artikels noch kaum ahnen konnte. Weil im Internet tätige Unternehmen ihren Sitz selten in Deutschland haben, kann der deutsche Staat nicht ohne weiteres deren Rechte einschränken. Das deutsche Datenschutzrecht gilt schon im Inland als stark reformbedürftig, weil es sich an den Erfordernissen der siebziger Jahre orientiert. Für ein internationales Übereinkommen müsste man sich zusätzlich auf gemeinsame Datenschutz- und Persönlichkeitsrechte verständigen, Rechte, die bisher ganz unterschiedlich ausgelegt und gehandhabt werden. Ein Eintrag zu «Datenschutz» existiert in der Wikipedia nur in sechs Sprachen, «Datenschutzrecht» in zehn. Zum Vergleich: «Patentrecht» gibt es in 57 Sprachen, selbst «Ampelmännchen» kommt auf 21. Eine europaweite Datenschutz-Grundverordnung ist zwar in Arbeit, aber als die Europäische Kommission Anfang 2012 ihren Entwurf vorstellte, bezeichneten Kritiker die Vorschläge als «Datenschutztheater». Die Datenschützer, so hieß es, wollten zeigen, dass etwas geschieht. Die Konsumenten hätten ihrerseits keine Lust, sich mit technischen Details zu befassen, und seien deshalb auch mit schlecht ausgedachten Alibivorschlägen zufrieden. Zusammengenommen ergebe das nur teure Regulierungsvorschläge, die die Welt komplizierter machten, aber nichts daran änderten, dass private Daten nicht mehr zu kontrollieren seien.

In diesem Spannungsfeld findet die aktuelle Diskussion statt: Müssen sich Privatsphäre und Datenschutz dem Internet beugen oder umgekehrt? Es ist keineswegs so, dass sich hier Technikpessimisten und Netzoptimisten trennscharf gegenüberstehen, tatsächlich ist der Graben quer durch die deutschsprachige Netzgemeinde an dieser Stelle besonders tief. Leuten wie Frank Rieger und Constanze Kurz, beide Vorstandsmitglieder des Chaos Computer Clubs, lässt sich kaum fehlende Netzkenntnis vorwerfen, und doch gelten sie als ausgesprochene Datenschutzverfechter. Sie sehen die Vereinbarkeit von digital vernetzter Gesellschaft und Privatsphäre als eines der zwingenden Ziele der Netzpolitik an und folgen dem Ausspruch des CCC-Mitbegründers Wau Holland: «Öffentliche Daten nützen, private Daten schützen». Auf der anderen Seite finden sich nicht weniger netzaffine Leute wie der Blogger und Buchautor Christian Heller[3] oder der Informatiker Kristian Köhntopp. Sie argumentieren, dass sich Konzepte wie Datenschutz oder Privatsphäre mit dem Internet grundlegend geändert hätten. Schon 1999 erklärte der damalige CEO von Sun Microsystems, Scott McNealy, die Besorgnis um die Privatsphäre der Konsumenten sei ein «Ablenkungsmanöver», denn: «Sie haben ohnehin null Privatsphäre. Kommen Sie damit klar!» Die digitale Vernetzung basiere auf dem Fließen, dem dauernden Kopieren und Rekombinieren von Daten, und das mache die Idee einer «digitalen Privatsphäre» letztlich zur Farce, so lautet die Begründung für McNealys Satz. Freundlicher, aber mit ähnlichem Grundtenor formuliert auch Christian Heller seine These der Post Privacy: Privatsphäre sei ein Auslaufmodell und ohnehin nie die Wohltat gewesen, als die sie von Datenschützern gefeiert werde. Das Internet bewirke durch seine Struktur die Auflösung der Privatsphäre, daher müsse man die Chancen dieser gesellschaftlichen Transparenz näher betrachten.

Auf einen entscheidenden, aber bisher oft übersehenen Aspekt der Diskussion um Datenschutz und Privatsphäre hat der Blogger Michael «@mspro» Seemann hingewiesen. Anhand von Wau Hollands Zitat fragt er, wo denn überhaupt die Grenze sei zwischen den zu schützenden privaten Daten und den zu nützenden öffentlichen. Diese Frage ist spätestens mit der weltweiten Verbreitung der sozialen Medien nicht mehr so simpel zu beantworten wie zu Zeiten Wau Hollands. Bis zu seinem Einzug in den schleswig-holsteinischen Landtag hat der Politiker der Piratenpartei und Datenschutzaktivist Patrick Breyer seinen damaligen Beruf (Richter am Amtsgericht) strikt geheim gehalten, unter Verweis auf seine Privatsphäre. Die zugrundeliegende Frage, ob zum Beispiel der Arbeitgeber eines Parlamentskandidaten zu den öffentlichen oder zu den privaten Daten gehört, ist kaum eindeutig zu beantworten. Die oft geforderte Transparenz des Apparats kollidiert offensichtlich sehr oft mit dem Datenschutz. So ist das Steueraufkommen einer Stadt sicher ein öffentliches Datum, ebenso wie das eines Stadtbezirks. Wie aber sieht es mit den Steuern aus, die ein Straßenzug zahlt? Ein Wohnhaus? Ein Haushalt? In einigen skandinavischen Ländern sind die Steuern und damit die Einkünfte von Einzelpersonen öffentlich einsehbar. Die Grenze zwischen öffentlichen und privaten Daten unterliegt sowohl der Kultur und der subjektiven Einschätzung wie auch dem Wandel der Zeit.

Dieser Wandel wird aber nicht nur von der Entwicklung des Internets vorangetrieben, sondern auch vom Verhalten der Mehrheit. Damit ergibt sich eine Situation, die vorhersehbar zu erbitterten Diskussionen führt, weil der Schwarm Fakten schafft, die dann plötzlich für den Einzelnen als normal oder sogar verbindlich gelten sollen. Oder von Politikern zur Rechtfertigung einer Rundumüberwachung der Bürger genutzt werden; schließlich gäben die Leute bei Facebook ja noch viel intimere Daten preis, und das bisschen Datenhunger des Staates könne damit ja wohl kein Problem sein. Viele Angebote im Netz sind nur deshalb kostenlos, weil die jeweiligen Anbieter die Nutzerdaten selbst für zielgruppenspezifische Werbung nutzen oder anonymisiert[4] an andere Unternehmen weiterverkaufen. Aus Datenschützerperspektive sind ihre Nutzer kurzsichtige Geschöpfe, die gedankenlos einer Mode folgen oder auch nur zu faul sind, sich gegen die Entwicklung aufzulehnen. Dadurch weichen sie das Konzept der Privatsphäre auf und schaffen Realitäten, die mittelfristig allen zum Schaden gereichen. Für ein paar Punkte in einem Bonuskartensystem oder die Teilnahme am bunten Facebookglück verkaufen diese Gimpel unser Recht auf Privatsphäre an die Industrie, so der Vorwurf. Und sie wissen noch nicht einmal, was sie da tun: In Umfragen zeigt sich immer wieder, dass den Nutzern gar nicht klar ist, was Regierungen und Unternehmen alles mit diesen freiwillig preisgegebenen Daten anfangen.

In dieser Frage scheiden sich die Gemüter anhand des jeweiligen Menschenbildes. Wer glaubt, dass die Nutzer sich wie eine Schafherde ohne Sinn und Verstand benehmen, wird im Bereich der Privatsphäre die Aufklärung für ein geeignetes Gegenmittel halten. Wenn die Leute bloß wüssten, was sie täten, so seufzen Datenschützer traditioneller Bauart im Verein mit den Aktivisten des Chaos Computer Clubs. Diese Position zieht den Wunsch nach offensiver Durchsetzung des herkömmlichen Datenschutz-Verständnisses nach sich. Die erwähnten CCC-Mitglieder Constanze Kurz und Frank Rieger haben dazu 2011 ein Buch mit programmatischem Titel geschrieben: «Die Datenfresser – Wie Internetfirmen und Staat sich unsere persönlichen Daten einverleiben und wie wir die Kontrolle darüber zurückerlangen». Kurz und Rieger möchten darin «den Weg zu einer neuen digitalen Mündigkeit» weisen. Schon 2008 hatte der Bundesbeauftragte für den Datenschutz, Peter Schaar, mit seinem Buch «Das Ende der Privatsphäre – Der Weg in die Überwachungsgesellschaft» eine ähnliche Richtung eingeschlagen. Auch er fordert mehr selbstverantwortliches Handeln, kombiniert mit schärferen oder zumindest umfassenderen Gesetzen. Sein mehrfach variierter Aufruf im Buch aber, «Es ist höchste Zeit, dass wir aufwachen», zeigt, dass er wie Rieger und Kurz Datenschutz hauptsächlich als Problem der Unwissenheit im Volke betrachtet, «Nur wenn sich die Gesellschaft und der Einzelne der Gefahren bewusst werden, wird die notwendige Umkehr erfolgen».

Diese Sichtweise erscheint zwar angesichts des überschaubaren durchschnittlichen Informationsstandes in der Bevölkerung durchaus legitim. Sie birgt aber die Gefahr der Arroganz und der oft mit ihr einhergehenden Neigung, anderen Leuten Vorschriften zu machen mit der Begründung, sie hätten keine Ahnung und es sei ja nur zu ihrem Besten. Freiheit heißt aber auch, sich für oder gegen die Nutzung von Social Networks entscheiden zu können, ohne vorher einen Volkshochschulkurs «Facebooken für Anfänger» belegt zu haben. Angesichts der Komplexität von Facebook ist Mark Zuckerberg vermutlich der einzige Nutzer, der *wirklich* einschätzen kann, ob und wie welche persönlichen Daten wofür verwendet werden. Allen anderen Nutzern könnte man nach Lust und Laune Datenfahrlässigkeit vorwerfen. Wenn das auch nur den geringsten Sinn hätte.

Wer seinen Mitmenschen dagegen ein zwar nicht immer auf den ersten Blick durchschaubares, aber im Grunde rationales Verhalten unterstellt, wird in etwa folgendermaßen argumentieren: Das Internet hat sich nicht deshalb mit privaten und privatesten Angelegenheiten gefüllt, weil alle Nutzer dumm und fahrlässig handeln. Sondern weil die Leute etwas davon haben. Wenn das Handy darüber Auskunft geben kann, welche Nahverkehrsverbindung gerade am günstigsten ist, weil es weiß, an welcher Straßenecke der Handybesitzer gerade steht, dann werden viele Nutzer dafür gern und bewusst mit ihren persönlichen Daten anstatt mit Geld bezahlen.

Wenn das aber so ist, wird sich die Hoffnung nicht erfüllen, die Erosion der Privatsphäre ließe sich durch eine Erziehung der Bürger zur «Datensparsamkeit» eindämmen. Einzelne werden solche Ermahnungen vielleicht beherzigen, aber es ist eine Illusion, dass eine Mehrheit so handeln wird – der spürbare, alltägliche Nutzen ist zu groß, die möglichen künftigen Gefahren sind zu abstrakt. Aufklärungskampagnen des Staates sind teuer, aufwendig und selbst dann von begrenzter Wirksamkeit, wenn es – wie bei der HIV-Prophylaxe – um ganz konkrete Gefahren geht und das Leben oder die Gesundheit der Bürger auf dem Spiel stehen. Auch eine Verpflichtung der Websitebetreiber, die datensparsamsten Voreinstellungen zu wählen, wäre überwiegend kosmetischer Natur. In vielen Fällen entspringen Datenschutzprobleme nicht aus einzelnen Spezialeinstellungen, sondern aus der bloßen Nutzung des Dienstes. Facebook etwa kann intern auf alle Daten der Teilnehmer zugreifen, egal, ob die Nutzer sie nur dem engsten Familienkreis oder der breiten Öffentlichkeit zugänglich machen.

Es wäre daher keine Lösung, alle Datenschutzprobleme dem Einzelnen aufzubürden, so argumentieren diejenigen, die Internetnutzer nicht oder zumindest nicht immer für Schafe halten. Stattdessen solle man vielmehr die Behörden, Unternehmen und Arbeitgeber gesetzlich zu einem zurückhaltenderen Umgang mit den einsehbaren Daten verpflichten. Dafür plädieren Anhänger des Post-Privacy-Gedankens wie Christian Heller und die datenschutzkritische Spackeria

(spackeria.org). Die Gesellschaft müsse mit den Bedingungen der größeren Offenheit und Transparenz umgehen lernen, anstatt nach Mechanismen zu suchen, die die Geheimhaltung wiederherstellen könnten.

Dass das grundsätzlich möglich ist, zeigen internetferne Beispiele. Anstatt seinen Bürgern und Bürgerinnen die strikte Geheimhaltung ihrer sexuellen Orientierung abzuverlangen, verbietet der Staat Arbeitgebern, jemanden deshalb zu diskriminieren[5]. Und im Zivilprozess darf nur das verwendet werden, was die Parteien vorbringen, auch wenn der Richter es zufällig besser weiß. Solche Strategien lassen sich im Prinzip auch auf die im Netz auffindbaren oder bei Diensteanbietern gespeicherten Daten anwenden. Die Bürger würden dann vor konkreten Beeinträchtigungen ihrer Rechte geschützt anstatt vor den recht abstrakten «Verstößen gegen die informationelle Selbstbestimmung» des Einzelnen. Eine vergleichbare Praxis bei Bewerbungsverfahren in den Vereinigten Staaten zeigt aber zugleich die Problematik dieses Ansatzes: Um die Diskriminierung wegen der Hautfarbe zu unterbinden, dürfen Bewerbungen dort keine Fotos enthalten. Das funktioniert aber nur, wenn der Personalchef der Verlockung widersteht, ein bisschen herumzugoogeln oder auf Facebook nachzusehen. Solche Lösungen erfordern Einsicht und Wohlverhalten, ohne dass beides zu überprüfen wäre.

Die Position der Spackeria wird jedoch von ihren Kritikern als gefährlich naiv bezeichnet. Offenheit führe eben nicht automatisch zu Toleranz, sondern sei im Gegenteil oft die Voraussetzung für Diskriminierung. Die Abschaffung der Privatsphäre ist eher als utopischer Serviervorschlag und Ausgangspunkt der Diskussion zu betrachten, entgegnet darauf die Post-Privacy-Fraktion. Um dieses Argument als solches wertschätzen zu können, müsste die Gegenseite überhaupt erst einmal bereit sein, das Positive am Zerfasern der Privatsphäre anzuerkennen. Das ist sie allerdings kaum. Bundesdatenschützer Peter Schaar glaubt sogar, dass «*die Privatsphäre des Individuums [...] den Kern unserer Demokratie bildet*». Und über Demokratiekerne mag niemand gern verhandeln. So erklärt sich auch der Vorwurf der Naivität, denn dahinter verbirgt sich das Gefühl der Datenschützer, die Postprivatsphäriker hätten vor den digitalen Datenkraken kapituliert und würden sich diese Kapitulation schönreden.

Die einen glauben also, dass es nicht möglich ist, die Verbreitung von Daten wirksam zu kontrollieren, und dass man deshalb das Beste daraus machen sollte. Deshalb plädieren sie im Sinne einer Flucht nach vorn dafür, die Veröffentlichung von Daten als Standard zu akzeptieren und dort zu regulieren, wo Unternehmen und Staatsorgane diese Daten verarbeiten wollen. Die anderen sind genau umgekehrt überzeugt, dass einmal veröffentlichte Daten nicht mehr kontrollierbar sind und zwangsläufig genutzt werden. Deshalb plädieren sie für die Flucht nach hinten, die Geheimhaltung (oder Garnichtersterhebung) von Daten als Standard und die Regulierung an der Stelle, wo die Leute ihre Daten ins Netz speisen.

Beide Ansätze sind problematisch. Und zwar in erster Linie, weil sie konsequent umgesetzt den jeweils Andersdenkenden ihre Wahlmöglichkeiten nehmen würden. Inkonsequent umgesetzt sind beide Ansätze aber weitgehend untauglich. Das Internet ist ein Netz des Datenaustauschs, und das bedeutet, dass bei jeder Interaktion auch die Spielregeln des Gegenübers mitgelten. In der Datenschutzdebatte treffen verschiedene gegenläufige Wünsche und Bedürfnisse aufeinander. Kontakt mit der Welt bedeutet immer Verzicht auf bestimmte Teile der privaten Geheimhaltung. In dem Moment, in dem wir auf irgendeine Weise am Leben der restlichen Welt teilnehmen, erfährt diese Welt auch das eine oder andere über uns.

Wirksame Kontrolle über persönliche Daten setzt eine funktionierende Überwachung sämtlicher Datenflüsse im Netz voraus – das ist nicht für alle eine angenehme Vorstellung. Vielleicht schwinden die Möglichkeiten, sich im Netz und im Alltag anonym zu bewegen. So, wie man sich als Autofahrer schon seit der Einführung des Nummernschilds nicht leicht unerkannt danebenbenehmen kann, wird man dann auch als Fahrradfahrer und Fußgänger jederzeit identifizierbar sein. Manche sehen darin einen Zugewinn an Ordnung und Manierlichkeit im öffentlichen Raum, andere einen Verlust wesentlicher Freiheiten[6]. Nicht selten hegen Menschen auch gleichzeitig unvereinbare Wünsche, zum Beispiel dann, wenn sie sich sowohl die vollständige Kontrolle über die eigenen Daten als auch ein freies, unzensiertes, unüberwachtes Internet wünschen. Kostenlose Weltverbesserung ist auf diesem Gebiet nicht zu haben. Besonders in den sozialen Medien lässt sich die Unvereinbarkeit beobachten: «Ich will, dass mir das Netz hilft, mit anderen in Kontakt zu kommen» und «Ich möchte keinesfalls zu persönliche Informationen preisgeben» gehen paradoxerweise Hand in Hand.

Einerseits möchte man in seinen Kreditkartenbewegungen nicht ausspioniert werden, andererseits soll die Karte im Fall verdächtiger Abbuchungen vom Casino auf den Kaimaninseln sogleich gesperrt sein, oder zumindest möchte man als Besitzer benachrichtigt werden. Es ist schön, auf seinem Webmail-Account wenig Spam zu bekommen, aber dafür muss nun mal ein Spamfilter des Anbieters den Inhalt aller Mails betrachten. Man ist natürlich gegen die Rasterfahndung, will aber vor terroristischen Anschlägen in der eigenen Stadt so gut wie möglich geschützt werden. Der Wunsch nach Sicherheit lässt sich nicht ganz ohne Abstriche beim Datenschutz befriedigen. Dass staatliche Stellen Fingerabdrücke erfassen, dass wir verpflichtet sind, uns jederzeit ausweisen zu können, dass neue Wohnsitze, Kfz-Halterdaten und bestimmte ansteckende Krankheiten den Behörden gemeldet werden müssen, das alles ist unter Datenschutzgesichtspunkten wenig erfreulich, gibt aber auch nur selten Anlass, den Staat zu beschimpfen. Das liegt in diesen Fällen überwiegend daran, dass es Fingerabdruckkarteien und Ausweispflichten schon länger gibt und wir uns an sie gewöhnt haben. Bei jeder Neuerung wie der automatischen Erkennung von Nummernschildern oder der Übermittlung von Fluggastdaten belebt sich die Diskussion.

Eine verwandte Unauflösbarkeit hat mit den in Kapitel 8 angesprochenen Systemen zu tun, mit deren Hilfe Menschen und Unternehmen entscheiden, wem sie vertrauen sollen. Die Schufa gibt es, weil Verkäufer, die Ratenzahlungen anbieten, und Banken, die Kredite ausgeben, gern vorher wissen möchten, wie hoch die Wahrscheinlichkeit ist, dass ein Kunde nicht zurückzahlt. Es gibt viele Angebote im Netz, die hohes gegenseitiges Vertrauen erfordern, wie zum Beispiel couchsurfing.org und airbnb.com. Beides sind Plattformen zur Vermittlung privater Übernachtungsgelegenheiten, bei Couchsurfing basiert das Angebot auf Gegenseitigkeit, bei Airbnb kostet die Unterkunft Geld. Beides hätte vor wenigen Jahren nicht funktioniert – schon weil das Netz noch neu war und allein deshalb als Aufenthaltsort zwielichtiger Gestalten galt, aber auch, weil es kaum Reputationsinformationen enthielt. Beide Plattformen zeigen die Bewertungen früherer Gäste oder Gastgeber an, bei Airbnb lassen sich die Profile auch mit Facebook, Twitter und LinkedIn verknüpfen. Das schafft Vertrauen unter Unbekannten, funktioniert aber nur, *weil* alle Beteiligten eine mittelgroße Menge persönlicher Daten ins Netz gestellt haben.

Die Lage wird sich in absehbarer Zeit nicht beruhigen. Neue Entwicklungen stehen vor der Tür oder sind schon eingetreten und nur noch nicht in den Mainstreamdebatten angekommen. In Schweden diskutiert man die komplette Abschaffung des Bargelds, an einigen Stellen, etwa im Nahverkehr vieler Städte, werden dort schon heute nur noch bargeldlose Zahlungen akzeptiert. Ein Argument der Befürworter ist, dass man so Diebstahl und Korruption erschweren könne, weil alle Geldflüsse nachverfolgbar seien. Genau diese Nachverfolgbarkeit ist aber wiederum Datenschützern ein Dorn im Auge.

Die Schufa startete 2012 ein Forschungsprojekt zusammen mit dem Hasso-Plattner-Institut für Softwaresystemtechnik der Universität Potsdam, um herauszufinden, ob und wie man mit Hilfe von Daten aus dem Internet die Kreditwürdigkeit von Verbrauchern vorhersagen kann. Verbraucherzentralen und Datenschützer aller Parteien protestierten vorsorglich, aber den wesentlichen Punkt hob Kristian Köhntopp in seinem Blog hervor: «Die Schufa stellt über Menschen in Deutschland umfangreiche Dossiers zusammen, mit denen sie die Kreditausfallwahrscheinlichkeit für eine Person zu berechnen behaupten, und sie verkaufen diese Daten für großes Geld an Kreditgeber. Falls das Projekt von HPI und Schufa herausfindet, dass genau das auch mit öffentlich verfügbaren Daten mit einer sinnvollen Trefferwahrscheinlichkeit getan werden kann, ist die Schufa erledigt, denn dann ist ihre Geschäftsgrundlage nichtig.» Die Schufa ist nur unwesentlich beliebter als die GEZ oder Fußpilz, aber wer sich an dieser Stelle freut, freut sich eventuell zu früh. Darauf weist Köhntopp hin: «Falls das genannte Projekt erfolgreich ist, dann kann das mit 2012-Technik und Netzwerk jeder institutionelle Investor machen, also jede mittelständische Firma, jeder Konzern, und auch jede Zelle der Yakuza. Die Daten sind öffentlich herunterladbar, das ist genau der Punkt, um den es geht, und die Technik ist Open Source, ein wenig Statistik und ein wenig Consulting. Und wo die dann überall läuft, wird bei keinem Datenschützer in Schleswig-Holstein oder sonst wo auf der Welt nachgehalten.» Die Schufa selbst allerdings wird vorerst die Daten aus sozialen Netzwerken nicht auswerten, denn das Forschungsprojekt wurde nach heftigen Protesten schon ein paar Tage nach seinem Bekanntwerden wieder eingestellt.

Googles «Project Glass» kündigt für 2013 eine Brille an, die ihrem Träger Informationen aus dem Netz zu allem Möglichen jederzeit ins Sichtfeld einblenden kann. Die neue Technik wird teuer und zunächst wenig verbreitet sein, sodass wenige Privilegierte (Gadgetfreunde, Flughafensicherheitsbeamte, Vorgesetzte) einen Informationsvorsprung vor dem Rest der Welt gewinnen. Dieser Informationsvorsprung existiert zwar auch jetzt schon, aber das konkrete Brillengerät wird die Tatsache neu ins Bewusstsein rufen. Dazu kommt ein Beigeschmack von *unsichtbarer Gefahr* – nur der Träger sieht, was eingeblendet wird. Das Konzept erinnert an die bisher Mythos gebliebene «Brille, mit der man seine Mitmenschen nackt sehen kann»[7]. Wer versucht hätte, sich absichtlich eine Neuerung auszudenken, die die maximale Menge verstörter Kommentare nach sich ziehen wird, wäre wohl genau bei «Project Glass» gelandet. Rascher Reichtum winkt dem ersten Anbieter, der eine Digitale Burka auf den Markt bringt.

Bereits in der Erprobung sind Drohnen, deren Einsatz durch Staatsorgane in Deutschland 2012 erlaubt wurde. Ausgerüstet mit allen denkbaren Sensoren, fliegen sie einigermaßen lautlos und je nach Höhe nur schwierig sichtbar über die Landschaft und zeichnen alle Daten auf, die ihnen in die Quere kommen. Bei einer ausreichend großen Anzahl von Drohnen ergibt sich so ein fliegendes Überwachungsnetz in Echtzeit, inklusive Ton- und Kameraaufzeichnung, Big Brother mit Flügeln auf Speed. Spätestens wenn solche Drohnen zum Alltag werden, dürfte die öffentliche Datenschutzdebatte etwas wegoszillieren von sozialen Netzwerken, in die die Leute ihre Daten immerhin halbwegs freiwillig einstellen.

Tatsächlich aber haben sich sowohl die Gesetze wie auch die öffentliche Haltung zu Privatsphäre und Datenschutz immer wieder mit den jeweils neuen Technologien verändert. Samuel Warren und Louis Brandeis publizierten in der angesehenen Rechtszeitschrift *Harvard Law Review* einen Artikel über die «Sofortfotografie». Sie sahen darin eine technologiegetriebene Verletzung der Privatsphäre, ihre Einschätzung löste eine große Diskussion aus. Das war im Jahr 1890, und diese Debatte trug erheblich zur Entstehung des modernen Datenschutzes bei. Gerade die Fotografie hat später immer wieder zu gesetzlichen Einschränkungen der Privatsphäre und des Datenschutzes geführt. Denn schnell wurde klar, dass in einem Sportstadion Fotos praktisch unmöglich wären, wenn man bei jedem potenziell Abgebildeten vorher eine Genehmigung einholen müsste. In Deutschland darf man heute zum Beispiel Bilder ohne Erlaubnis veröffentlichen, «auf denen die Personen nur als Beiwerk neben einer Landschaft oder sonstigen Örtlichkeit erscheinen». Genauso, nur ganz anders natürlich, müssen sowohl die Rechtsbegriffe um Privatsphäre und Datenschutz als auch das gesellschaftliche Verständnis davon an die neue Technologie Internet angepasst werden.

Aber wie? Ein Hinweis darauf könnte sich aus den Mängeln vieler bisheriger Haltungen ergeben. Es gehört zu den typischen Schwächen in den meisten Argumentationen, dass sie der jeweils anderen Fraktion wenig Raum zur Entfaltung lassen. Ein Ansatz könnte also darauf abzielen, möglichst jeder Person die Wahl zu lassen, ob sie sich datensparsam und ultraprivat im Internet bewegen möchte – oder postprivatsphärisch und datenschleudernd durch die Netze toben. Akzeptabel für die Anhänger beider Haltungen wäre zum Beispiel mehr Transparenz, was mit persönlichen Daten auf den verschiedenen Plattformen geschieht. Selbst wenn die Postprivatisten darin letztlich Datenschutztheater sehen mögen, also ein wirkungsloses Spektakel für eine bloß gefühlte Sicherheit.

Von einer solchen Annäherung an die selbstbestimmte Zukunft des Datenschutzes würden mittelfristig auch diejenigen profitieren, die von Datennutzung und Datenhandel im weiteren Sinn leben – von Social Networks bis zur Werbeindustrie. Der ehemalige Wirtschaftsminister Michael Glos (CSU) kann nicht gerade als wirtschaftsfeindlich gelten, und doch sagte er im August 2008 einem schmuddeligen Boulevardmisthaufen im Interview: «*Wenn wir die Verbraucher anders vor kriminellen Machenschaften nicht schützen können, müssen wir überlegen, ob wir den Handel mit persönlichen Daten generell verbieten.*» Eine sinnvolle Regelung dürfte das beste Mittel gegen solche Verbotspläne sein. Und wenn Facebook, wie im Juli 2012 bekannt geworden, die privaten Chats seiner Nutzer automatisch und teilweise sogar von Mitarbeitern analysieren lässt, um eventuellen Straftaten auf die Schliche zu kommen, sind irgendwann sowohl die Geduld wie auch der Differenzierungswille und die Diskussionsbereitschaft der Nutzer erschöpft.

Die Debatte um Privatsphäre und Datenschutz hat trotz der skizzierten Annäherungsmöglichkeiten keine Lösung. Das liegt nur zum Teil am Fortschritt, der immer neue Herausforderungen und Diskussionsebenen mit sich bringt. Es liegt vor allem daran, dass es sich um ein ausgesprochen persönliches Thema auf gesellschaftlicher Ebene handelt: zu einer Privatsphäre gehört einer, der sie hat, und *alle* anderen, die sie respektieren. Die Gesellschaft ist man eben nicht allein.

Die Diskussion hat aber auch einen durchaus erfreulichen Aspekt: Die zugehörigen Fronten verlaufen endlich mal nicht entlang klassischer Linien wie konservativ / progressiv, sachkundig / netzfern, offline / online – und trotzdem können sich die Teilnehmer erbittert die Köpfe ihrer Avatare einschlagen, ein wenig beruhigend, beinahe. Wer also noch eine Garantie haben wollte dafür, dass die Probleme zwischen Internet und Gesellschaft nicht mit dem letzten Offliner aussterben – hier ist sie.

Nicht so gute Argumente

«Man MUSS Facebook ja nicht nutzen.»
Theoretisch nicht, in der Praxis aber kann man sich aus sozialen Gründen manchen Dingen nur unter hohen Kosten entziehen. Natürlich ist es möglich, sich dem Modediktat zu verweigern, indem man seine Kleider aus Kokosfasern selbst klöppelt, aber man handelt sich damit andere Nachteile ein. Wenn die Freunde den Termin für das wöchentliche Synchronschwimmen auf einmal nur noch per Facebook bekanntgeben, schwindet die Alternative der Verweigerung. Außerdem nutzt es mittlerweile auch nicht mehr viel, Facebook ganz zu meiden oder nur das Allernotwendigste von sich preiszugeben: Freunde laden Fotos hoch und schreiben dazu, wer darauf zu sehen ist; und in einem Studentenprojekt am MIT gelang es 2009, schwule Facebooknutzer durch den höheren Anteil offen schwuler Männer in ihrem Freundesnetzwerk zu identifizieren. Das Argument ist allerdings insofern richtig, als es immer noch leichter ist, sich Facebook zu entziehen als dem Staat. Die Wahrscheinlichkeit, dass Facebook in einigen Jahren durch einen anderen Anbieter abgelöst wird und an Bedeutung verliert, ist auch höher als die, dass dasselbe mit dem Staat geschieht.

«Wenn der Dienst kostenfrei ist, dann bist du als Nutzer kein Kunde, sondern das Produkt.»
Dieses in letzter Zeit vielstrapazierte Zitat stammt ursprünglich aus den achtziger Jahren und bezog sich auf das werbefinanzierte Fernsehen. Eine eindeutige Quelle scheint es nicht zu geben, vielleicht ist die Aussage also noch viel älter und diente schon vor 600 Millionen Jahren unter Grünalgen zur Warnung vor der nur scheinbar kostenlosen Symbiose mit Pilzen. Von vorn kommt das Argument ganz attraktiv daher, aber das hintere Ende des Satzes darf man nicht allzu genau betrachten. Facebook funktioniert nur, weil sowohl das Unternehmen als auch die Nutzer bestimmte Beiträge leisten. Es handelt sich um einen gegenseitigen Tausch, und das Tauschprodukt der Nutzer ist eindeutig ihre Aufmerksamkeit. Die noch dazu weitgehend freiwillig eingesetzt werden kann. Ein geringfügig treffenderes Bild wäre der Nutzer als Kuh, die dem Bauern ihre Aufmerksamkeitsmilch gratis hinschenkt, wenn sie bloß mit den anderen Kuhfreunden auf der Weide – aber ach, Sprachbilder sind Quark, siehe Kapitel «Metaphern».

«Das Ende der Privatsphäre ist nah!»
Obwohl, wie oben beschrieben, der Sun-Chef Scott McNealy 1999 mit einer vergleichbaren Äußerung ordentlich Presse bekam, empfiehlt sich die Verwendung außerhalb von alarmistischen PR-Stunts nicht. Präziser gefasst müsste das Argument nämlich lauten «Das Ende meines Verständnisses von Privatsphäre scheint nah!», was im direkten Kontrast eine Spur weniger spektakulär erscheint. Vom ursprünglichen Argument bleibt daher nur übrig, was ohnehin die Mutter aller Beschwerden darstellt: «Ich bin unzufrieden mit der Gesamtsituation.» Das aber kann nur der Ausgangspunkt einer Debatte sein und kein Argument.

13. Entfremdung und Nähe
Soziales

Einen neuen Neffen zufällig 8 Monate nach der Geburt auf facebook entdeckt; die neue Nichte wurde dann heute ordnungsgemäß getwittert.
Charlie Romeo / @mindthekind, Twitter, 11. Januar 2010

Ein simples, geborgtes[1] Gedankenexperiment: Was wäre, wenn zuerst das vernetzte Computerspiel erfunden worden wäre und dann, viel, viel später, das Buch? Eltern würden beisammenstehen und sich sorgen: ‹Oh Gott, mein Carl, früher hat er begeistert mit Freunden gespielt, gekichert haben sie und sich ausgetauscht. Und heute sitzt Carl allein in seinem Zimmer, redet mit niemandem, ganz still muss es sein, sonst ist er außer sich, und schaut in dieses komische Buch.› Man könnte den Eltern in dieser Parallelwelt kaum verübeln, wenn sie überzeugt wären, dass die neumodischen Bücher schädlich für die soziale Entwicklung seien, und ihren Kindern die Buchbenutzung stark einschränken oder gleich verbieten würden. Kind, spiel doch mal wieder ein gutes Farmville mit deinen Freunden!

Als Papst Benedikt XVI. 2011 erklärte, das Internet sei zwar wichtig, mache aber einsam, wurde er im Internet von Hunderttausenden verspottet. Die mutmaßlich allein vor ihren Rechnern saßen, aber nicht alle einsam waren: Immerhin gibt es zum ersten Mal in der Geschichte des Soziallebens eine überprüfbare Antwort auf die Frage, wie viele Freunde man hat. Sofern man die durchschnittliche Zahl der Facebook-

Kontakte für maßgeblich hält, sind es 130. «Um private Kontakte und Freundschaften zu pflegen» ist für über neunzig Prozent der Nutzer[2] der wichtigste Grund für die Aktivität in sozialen Netzwerken. Umgedreht ist der Hauptgrund für die Nicht-Nutzung sozialer Netzwerke die Angabe, dass «persönlicher Kontakt bevorzugt» sei, wie das Sinus-Institut 2011 herausfand.

Das Schlagwort *Social Media*, oft wörtlich übersetzt mit Soziale Medien, trägt sein Versprechen praktischerweise gleich im Namen. Unumstritten ist, dass das Internet und Social Media tatsächlich irgendwie sozial, also auf die Beziehungen zwischen Menschen wirkt. Aber wie? Die Diskussion darum begann mit der Erfindung des massenkompatiblen Internets und hat sich seitdem überraschend wenig weiterentwickelt. Die Vorwürfe der Kritiker bestehen seit Mitte der neunziger Jahre beinahe unverändert, mit der Verbreitung von Facebook und des Smartphones mussten lediglich ein paar Sorgengebäude an den großen Bedenklichkeitskomplex angebaut werden. Auf der anderen Seite stehen in der Regel Leute, die die sozialen Möglichkeiten des Internets selbst nutzen und deshalb vielleicht nicht die objektivsten Richter sein mögen. Auch ihre Gegenargumente haben sich nur eingeschränkt weiterentwickelt.

Die soziale Frage des Netzes unterscheidet sich allerdings in einem Punkt radikal von den meisten anderen Internetdiskussionen: In der unterstellten Wirkung des Internets stehen sich Pro und Contra fast spiegelbildlich gegenüber. «Das Netz fördert Einsamkeit», sagen die einen, «Das Netz vertreibt Einsamkeit», die anderen. Und so weiter: Unendliche Selbstbezogenheit! Nein, bereichernder Austausch! Zynische Distanz versus wahre Nähe, emotionales Zombietum gegen tiefste Gefühle, vielleicht ist die Argumenteschlacht um das Soziale die prototypischste Schwarz-Weiß-Diskussion seit

Mac vs. PC. Immerhin lassen sich dadurch die Frontverläufe zwischen den Fraktionen besser skizzieren. Gegenübergestellt werden

- Vereinsamung und Gemeinschaftsbildung,
- Narzissmus und Empathie,
- Oberflächlichkeit und Unterflächlichkeit.

Eines kann gleich zu Beginn dieses Kapitels verraten werden: Ohne nähere Spezifikation stimmen alle sechs Begriffe, das Internet macht einsam und gesellig, eitel und empathisch, oberflächlich und interessiert. Gleichzeitig. Zu jedem Punkt finden sich drei Dutzend wissenschaftliche Beweise und ein Zentner amerikanische Sachbücher voll mit Anekdoten. Wagen wir deshalb die direkte Gegenüberstellung vermittels der wunderbaren Kulturtechnik des Abwägens.

Einsamkeit vs. Gemeinschaftsbildung

Dass Technologie und insbesondere Medien zu Vereinsamung oder gar Asozialität ihrer Nutzer führen, ist eine wiederkehrende Vermutung. Es fänden sich «unflexible Verhaltens- und Kommunikationsmuster mit erhöhter Irritation und Gereiztheit der Familienmitglieder untereinander und mit deutlichem Nachlassen verbaler Kommunikation», schreiben Hella Kellner und Jochen Toussaint, allerdings nicht über das Internet, sondern in der Studie «Kinder und Fernsehen» von 1977. Das war noch vor der Einführung des Privatfernsehens in Deutschland, zu einer Zeit, als der Bayerische Rundfunk die Sesamstraße wegen «unkorrekter Darstellung der sozialen Situation» nicht ausstrahlte. Wie das Fernsehen reizt auch das Internet Gelehrte wie Nichtgelehrte aller Fachrichtungen zu Analysen und Bewertungen über die soziale Wirkung von Technologie und Medium. Die Stiftung für Zukunftsfragen und der ihr vorstehende Zukunftsfragensteller Horst Opaschowski wollte 1998 im Rahmen einer Studie von Bundesbürgern wissen, ob das Netz sich wohl negativ auf die Zahl der Sozialkontakte auswirke. Einundvierzig Prozent der Befragten waren dieser Ansicht. Man kann darüber streiten, ob dabei nicht nur ein bloßes Bauchgefühl ohne eigene Erfahrungswerte abgefragt wurde. 1998 gab es in Deutschland schließlich nur 6,6 Millionen Internetnutzer. Christian Stöcker, Psychologe und *Spiegel-Online*-Redakteur im Ressort Netzwelt, ist angesichts der kommunikativen und sozialen Funktionen des Internets verwundert. In seinem Buch «Nerd Attack» von 2011 schrieb er: «Die Tatsache, dass es einfacher ist als je zuvor, mit anderen Menschen in Kontakt zu treten, aber als ernstzunehmendes Problem zu betrachten statt als immense Chance – dazu gehört schon eine gehörige Portion Kulturpessimismus.»

Diese Haltung ist aber nicht nur im schlichten Kulturpessimismus begründet. Zum einen wiesen gerade in der Frühzeit des Web einige bekannte Studien in diese Richtung. Robert Kraut, Professor für Sozialpsychologie an der Carnegie Mellon University, führte 1998 eine Untersuchung durch, die darauf hindeutete, dass Internetnutzung Isolation, Einsamkeit und Depression verursachte. «Wir waren überrascht herauszufinden, dass eine soziale Technologie derart anti-soziale Konsequenzen hat», sagte Kraut einer Fachzeitschrift. Sogar hohe soziale Aktivitäten im Netz, damals Mail, Chats und Foren, gingen mit einer Verringerung der sozialen Kontakte im nichtdigitalen Leben und stärkeren Einsamkeitsgefühlen und Depressionen einher. Diese und andere Studien erfuhren ihre mediale Verbreitung zu einer Zeit, als viele Deutsche über Boris Beckers «Bin ich schon drin?» ihre ersten Kontakte mit dem Netz machten. In Filmen sah man den stets männlichen, sozial gestörten Computernerd, den einsamen Hacker, nachts bläulich beleuchtet vom flimmernden Monitor, tagsüber mit heruntergelassenen Jalousien zwischen Pizzaschachteln und Coladosen. Solche Bilder prägen. Auch weil sie zu einem Teil stimmten. In den Neunzigern war das Image der Internetmenschen ein eher antisoziales. Über ein Jahrzehnt und anderthalb Milliarden Internetnutzer später könnte die Situation nun doch anders sein.

Ist sie aber nicht. Horst Opaschowskis wiederholte Frage, ob das Netz die Zahl der Sozialkontakte reduziere, beantworteten 2010 erstaunliche neunundfünfzig Prozent der Befragten mit Ja, achtzehn Prozent mehr als 1998, bei inzwischen neunundvierzig Millionen Internetnutzern in Deutschland. Jüngere Untersuchungen zeigen jedoch, dass das Sozialverhalten von Jugendlichen sich zwischen online und offline synchronisiert. Wer also viele Online-Kontakte hat, hat auch viele Offline-Kontakte. Die Unterscheidung zwischen beiden Arten von Sozialleben scheint zu schrumpfen. Im Sprachgebrauch von Jugendlichen verschwimmt dieser Unterschied ohnehin immer stärker, «offline» ist dort kein soziales Kriterium, sondern ein Synonym für «Internet kaputt».

Ebenso lässt sich bei vielen Internet-Gemeinschaften die starke Tendenz feststellen, sich nicht nur im Netz zu treffen, sondern auch live. Die deutsche Internet-Szene versammelt sich so oft und zahlreich, dass sie beinahe zur Offline-Szene wird[3]. Und doch findet sich nur ein Teil dieser und anderer Netzgemeinschaften zu solchen Gelegenheiten ein. Nicht wenigen ist der persönliche Umgang mit Internetbekanntschaften egal bis zuwider. Denn das Netz erweitert den Spielraum gerade für diejenigen, denen die herkömmlichen Kommunikationsgewohnheiten einfach nicht gefallen oder irgendwie Probleme bereiten. Wer von Angesicht zu Angesicht schüchtern ist wie ein Piranha[4] oder ungern telefoniert, empfindet die schriftliche Kommunikation vielleicht als eine Art Erlösung. Ähnlich geht es vielen Gehörlosen und Schwerhörigen.

Das Netz hilft aber nicht nur, Kommunikation zu ermöglichen oder körperliche Beschränkungen zu überwinden. Denn Einsamkeit kann auch interessenbedingt sein. Für ein befriedigendes Gemeinschaftsgefühl brauchen manche Leute eben jemanden, mit dem sie über das gemeinsame, krude Hobby reden können. Oder über die außergewöhnlichen sexuellen Vorlieben. Einer der größten sozialen Vorteile des Internets ist, dass man darin sehr viel einfacher Gleichgesinnte findet. Je unüblicher die eigene Interessenlage, umso dankbarer der Nutzer. Das Netz führt Menschen zu Gemeinschaften zusammen, die vorher aus den unterschiedlichsten Gründen isoliert geblieben wären.

Die zukunftsfreudige Techniksoziologin Zeynep Tufekci, Assistenzprofessorin an der University of North Carolina, dreht die Definitionsfrage einfach um 180 Grad und wirft den Begriff «netzunsozial» ins Spiel. Netzunsozial ist, wer dem Internet die soziale Ebene abspricht oder unfähig ist, sie wahrzunehmen. Leute mit vielen Netz- und wenigen Direktkontakten als «vereinsamt» zu bezeichnen, ist also gleichbedeutend mit der Blindheit für die sozialen Funktionen des Internets. Aus dieser Begriffsumkehrung möchte Tufekci allerdings keinen Gegenangriff starten. Vielmehr erklärt sie auf ihrem Blog technosociology.org, dass vielen Menschen einfach (noch) die Fähigkeit fehlt, Onlinekontakte als echte Sozialkontakte wahrzunehmen: «So, wie wir auch schriftliche Texte im Kopf in Sprache verwandeln (für das Gehirn ist beides mündlich), müssen wir medienvermittelte Interaktion als körperliches Sozialleben verarbeiten. Und nicht jeder kann das gleich gut. Aber die Netzunsozialen bestimmen die Diskussion.»

Diese Betrachtungsweise berücksichtigt den veränderten

Gebrauch sozialer Technologien. Die SMS etwa ist in den 1990er Jahren noch vor der E-Mail zur massenhaft genutzten, sozialen Kommunikationsform geworden. Nach verschiedenen Medienberichten wurde Deutschland durch Angela Merkel von 2005 bis 2013 sogar per SMS regiert, ein deutliches Zeichen, dass diese soziale Technologie in der Mitte der Gesellschaft angekommen ist.

Nichtbundeskanzlerinnen verwenden SMS allerdings anders. Weibliche US-Teenager haben im Jahr 2011 nach einer Untersuchung des Marktforschungsunternehmens Nielsen pro Monat im Durchschnitt 4050 SMS gesendet und empfangen. Im Monat. Im Durchschnitt. Die meisten europäischen Erwachsenen werden diese Zahl für absurd halten. Um die Zahl 4050 zu begreifen, muss man die spezifische Verwendung der Technologie näher betrachten. Für heute über Dreißigjährige stellt die SMS oft eine Art Miniatur-E-Mail dar. Für sie fühlen sich 135 SMS pro Tag an wie Trinken aus dem Feuerwehrschlauch. Die genannten Mädchen aber benutzen die Technologie als Chat, als Gesprächsform, es geht um einen Dialog, eine fortlaufende Unterhaltung. So gesehen sind 135 Sätze schon nicht mehr unfassbar, aus der vermeintlichen Informationsflut ist ein plätscherndes Plauder-Bächlein geworden – ein ständiges, gemeinschaftliches Kontakthalten. Dementsprechend fühlen sich einer britischen Studie zufolge mehr als ein Drittel der Teenager ohne ihr Handy allein. Das bedeutet auch: Mit den Freunden in der Jackentasche fühlen sich die Jugendlichen nicht in Situationen allein, in denen das früher sehr wohl der Fall war.

Hier liegt der Schlüssel zum Verständnis beider Seiten der Diskussion. Sowohl Einsamkeit wie Gemeinschaftszugehörigkeit sind subjektive Gefühle und haben ohnehin nicht allzu viel mit der physischen Präsenz anderer Leute zu tun. Sicher gibt es psychische Störungen, die im Zusammenhang mit sozialer Isolation (der psychologische Fachausdruck für Einsamkeit) stehen, aber letztlich handelt es sich auch medizinisch betrachtet um subjektive Empfindungen. Daher ist weder außergewöhnlich, dass sich Leute einsam fühlen, die von außen betrachtet über eine große Zahl intensiver Sozialkontakte verfügen, noch, dass Menschen mit sehr wenigen Kontakten so glücklich sind wie die Wombats[5].

Die Antwort auf die Diskussion um Einsamkeit und Gemeinschaftsbildung im Netz lautet daher: Es gibt Onlinesozialkontakte, wenn man es so empfindet. Und die Chance, dass man so empfindet, wird in Zukunft wachsen. Bei früheren Generationen hat sich die soziale Wirkung von Kommunikationstechnologien erst durch lange Eingewöhnungsphasen eingependelt. Wenn heute jemand davon berichtet, er habe lange und intensiv mit einer Freundin gesprochen, dann ist keineswegs klar, ob das in einem Raum stattfand oder am Telefon*. Das Telefon ist selbstverständlicher Teil des sozialen Alltags geworden. Es gibt wenig Grund zu zweifeln, dass es mit dem Internet anders sein soll. Vielmehr läuft es darauf hinaus, dass das Netz zu einem sozialen Begegnungsort wird wie andere auch. Zum Teil gelten dort bestimmte Codes, die Leuten mit speziellen Fähigkeiten soziale Vorteile verschaffen – aber das ist außerhalb des Netzes genauso. Wer schnell tippen kann und schriftlich überzeugend kommuniziert, hat im Digitalen einen Vorsprung. Wer schlagfertig, unschüchtern oder gut aussehend ist, kommt in der dinglichen Welt besser klar. Das Internet bringt insgesamt gesehen mehr Optionen für die soziale Interaktion mit sich, und irgendwann werden diese Optionen selbstverständlich sein, auch wenn nicht jeder daran teilnehmen wird, ohne dass das viel zu bedeuten hätte. Ungefähr so, wie manche Leute ungern telefo-

* Oder beides gleichzeitig (Besuchsraum im Gefängnis, Café Keese).

nieren, ohne deshalb Technikverächter zu sein, und andere sehr gern telefonieren, einfach so.

Narzissmus vs. Empathie

Psychologisch betrachtet ist mangelnde Empathie eines der Anzeichen einer krankhaften, narzisstischen Persönlichkeitsstörung. Im sozialen Netz-Alltag funktioniert das Gegensatzpaar Narzissmus und Empathie simpler: interessiert sich jemand in erster Linie für sich selbst oder für andere? Diese Frage kommt harmlos daher, den meisten Leuten dürften sofort Musterbeispiele für beide Typen einfallen. Genauer besehen ist die Unterscheidung nicht ganz so einfach, insbesondere nicht in den sozialen Medien. Denn die Grenzen verschwimmen leicht. Ein und dasselbe Foto, ein Urlaubsmotiv am Strand etwa, kann arrogante Angeberei wie arglos geteilte Freude bedeuten. Und zwar sowohl in der Absicht beim Hochladen wie in der Interpretation durch das Publikum.

Ironischerweise trägt einer der auf Facebook meistgelikten Artikel des Magazins *The Atlantic* von Mai 2012 den Titel «Macht Facebook uns einsam?». Darin wird die Soziologieprofessorin Sherry Turkle zitiert, die lange zu den Netzoptimisten gehörte, inzwischen aber skeptisch geworden ist: «Die Verbindungen, die wir im Internet knüpfen, sind am Ende doch unverbindlich. Aber es sind die Verbindungen, die uns beschäftigen.» Die Schlussfolgerung ist, dass nicht Facebook oder Twitter automatisch einsam machten, sondern deren Nutzer sich selbst, in der Selbstbespiegelung durch soziale Netzwerke. Hier schwingt ein häufiger Vorwurf mit: «Narzissmus und Einsamkeit gehen Hand in Hand». Das möchte der Artikel mit einer Handvoll von Studien belegen, die sowohl Narzissmus und Einsamkeit miteinander verknüpfen als auch beweisen sollen, dass die «Generation Facebook» noch viel narzisstischer sei als alle vor ihr. Facebook habe das Kuratieren der Ausstellung des Selbst zur Vollzeitbeschäftigung gemacht.

Tatsächlich lässt sich belegen, dass zum Beispiel unter jungen Amerikanern die Tendenz zur «narzisstischen Persönlichkeitsstörung» zunimmt. Auch ist richtig, dass Selbstbezogenheit dem Aufbau persönlicher Bindungen im Weg steht. Ebenso wenig umstritten ist, dass junge Amerikaner häufiger bei Facebook sind als ungefähr alle anderen Bevölkerungsgruppen der Erde (bis auf amtierende Päpste, die zu hundert Prozent auf Facebook zu finden sind). Fraglich ist allerdings die kausale Verknüpfung dieser Tatsachen. Dagegen spricht, dass der statistische Anstieg narzisstischer Störungen schon begann, bevor Facebook überhaupt gegründet war. Der wachsende Narzissmus könnte auch Folge der veränderten Behandlung von Kindern durch Eltern und Lehrer sein. Ebenfalls gegen die simple Rechnung «Facebook führt zu Narzissmus» spricht, dass sich wesentliche Persönlichkeitsstrukturen bereits mit sieben Jahren verfestigt haben – lange vor dem durchschnittlichen Anmeldealter bei Facebook.

In der alltäglichen Diskussion um Narzissmus und Eitelkeit in sozialen Netzwerken begegnet man dem wiederkehrenden Vorwurf, dass es dort um bloße Selbstdarstellung gehe. Die negative Konnotation des Selbstdarstellers im Deutschen hat ihre eigene Geschichte. Der Sozialpsychologe Ervin Goffman untersuchte die Inszenierung der eigenen Person in seinem Buch «Wir spielen alle Theater» von 1959. Wörtlich übersetzt lautet der englische Originaltitel «Die Präsentation des Selbst im Alltagsleben». Es geht Goffman um die Theorie der sozialen Rollen. Demnach ist jede soziale Interaktion ein Rollenspiel wie auf einer Theaterbühne. Das Selbst ist ein Image, das man vor dem sozialen Publikum erzeugen möchte. Diese

Form der Selbstdarstellung umfasst die Kleidung, die Frisur und vieles Weitere. Es wäre falsch, das bloße Vorhandensein einer Frisur schon für eitle Selbstdarstellung zu halten, von wenigen Spezialfrisuren vielleicht einmal abgesehen. Der soziale Bereich des Netzes bietet demnach nur eine neue Form der gesellschaftlichen Selbstdarstellung, vergleichbar mit der Mode.

Es wäre kulturhistorisch interessant, ob bei der Erfindung der Kleidung die frühesten Angezogenen in den ersten Jahren von den noch Nackten als eitle Selbstdarsteller beschimpft wurden. Jede neue Praxis der Selbstdarstellung zieht zu Beginn besonders jene Intensivnutzer an, die dann auch die Wahrnehmung in der Öffentlichkeit prägen. Erst mit dem Durchsickern des Verfahrens in die Masse etabliert sich so etwas wie eine Normalität in sozialen Netzwerken. In dieser Entwicklung kann man Erstaunliches beobachten: Während die Selbstdarstellung in sozialen Netzwerken zunimmt, reduziert sie sich in anderen Bereichen. Es ist zwar nicht zu sagen, ob ein kausaler Zusammenhang besteht, aber genau die Generation, die mit sozialen Netzwerken aufgewachsen ist, interessiert sich weniger für materielle Statussymbole als die Generation vor ihr. Das ist natürlich ein bisschen ungerecht, weil ebendiese Vorgänger aus dem materialistischsten aller Jahrzehnte kommen, den achtziger Jahren, in denen selbst König Midas bescheiden gewirkt hätte.

Es gibt etliche Hinweise darauf, dass sich in den westlichen Gesellschaften Merkmale von Status und Selbstdarstellung vom Materiellen ins Soziale verschieben. Der Angeber der Zukunft produziert sich nicht mit seinen teuren Klamotten, sondern mit der Zahl der Follower auf Twitter.* Personalverantwortliche großer Konzerne klagen darüber, dass sich der

* Siehe Fußnote auf S. 176.

Nachwuchs kaum noch mit großen Dienstwagen begeistern lasse, sondern eher von sozialen Qualitäten des Unternehmens. Wenn man annimmt, dass sich die Selbstdarstellung immer die effektivste Bühne sucht, hat man eine gute Erklärung dafür, dass das Internet den Narzissmus zu befördern scheint. Es zieht die Narzissten aus den Autohäusern und Modegeschäften, weil sie ein zeitgemäßeres und auch preiswerteres Instrument entdeckt haben.

Auf der anderen Seite sind die sozialen Medien nicht nur ein Forum für Selbstdarsteller, sondern befördern auch die Empathie. Davon ist der Ökonom und Soziologe Jeremy Rifkin überzeugt, der auch meint, dass sich mit dem Netz und speziell mit sozialen Netzwerken die Welt retten lasse. Die bereits erwähnte Sherry Turkle wechselte von der begeisterten auf die kritische Seite – Rifkin, der Ende der 1980er Jahre wegen seiner industriekritischen Einstellung noch als Luddit, als Maschinenstürmer, verspottet worden war, hat seine Hoffnung auf die Technologie der digitalen Vernetzung gesetzt. In seinem Buch «Die empathische Zivilisation» beschreibt er, wie das Internet dazu beitragen könne, die Menschheit von Narzissmus, Gier und Bösartigkeit abzubringen – um sie in ein Zeitalter des gegenseitigen Verständnisses zu führen. Rifkin glaubt, dass sich die Verbundenheit zwischen Menschen parallel zu den jeweils verfügbaren Kulturtechnologien entwickelt habe. Er führt steinzeitliche Clan-Gesellschaften an, in denen die Empathie so weit reichte wie die Stimme. Das Konzept der Nation habe sich mit der Industriegesellschaft entwickelt, mit der die ersten Massenmedien aufkamen. Das Internet nun biete die Chance, dass die gesamte Menschheit sich als «erweiterte Familie» fühlen könne. Rifkins Buch über die empathische Weltzivilisation wurde als naiv verrissen, aber der Autor hat viele eifrige Internetnutzer auf seiner Seite, besonders diejenigen, die das Netz als Heimat begreifen.

Bleibt natürlich die Frage, ob diese Gefühle der Zusammengehörigkeit letzten Endes echt und tief empfunden sind oder wiederum nur der Selbstbestätigung dienen, also als soziale Rolle das sympathische Bild eines mitfühlenden Menschen vermitteln sollen. Dahinter steckt eines der größten sozialen Rätsel schlechthin: existiert soziales Handeln überhaupt, oder tut man alles ohnehin nur für sich selbst? Jedes afrikanische Katzenbaby, das man im Netz per Klickspende zu retten glaubt, dient ja vielleicht nur der Selbstvergewisserung, dass man ein guter Mensch sei – der rein zufällig über die gute Tat ein Facebookposting verfasst. Damit ist das Innerste der Diskussionszwiebel erreicht. Dieses Problem ist ein philosophisches, die Beziehung zwischen einer Person und der Welt drum herum gehört von jeher zu den zentralen Fragen der Weisheitslehre. Aber selbst wenn wir im negativsten Fall annehmen, dass gar nicht zu unterscheiden ist, ob im Netz echte Empathie wirkt oder nur aus narzisstischen Gründen vorgetäuschte Empathie: Das gilt außerhalb genauso. Wenn das Netz schlecht und unsozial sein soll, ist es die Welt auch.

Oberflächlichkeit vs. Unterflächlichkeit

Spötter könnten einwenden, dass es das Wort Unterflächlichkeit gar nicht gebe. Stellen wir diese Frage einmal hintenan. Was es auf jeden Fall gibt, ist die Diskussion um die Qualität der digitalen, sozialen Interaktion. Das Internet ist oberflächlich, sagen die einen. Echte Nähe und tiefe Verbundenheit im Netz sind möglich, sagen die anderen. Zumindest hat der Wunsch nach einem sozialen Austausch via Internet schon zu einer Haltungsänderung geführt. Es herrscht eine regelrechte Datenbegeisterung, und die Art und Menge der von Nutzern ins Netz gestellten Daten scheint kaum begrenzt.

Amazon schlägt nach jedem Einkauf vor, das erstandene Produkt auf Facebook zu posten. WLAN-Waagen, Bluetooth-Jogging-Schuhe und fast sämtliche Spiele-Apps senden Gebrauchsdaten selbsttätig ins Internet. Das im Netz veröffentlichte Foto des Mittagessens, das 2010 noch als Scherz taugte, ist 2012 bereits spottresistente Normalität geworden.

Die Frage nach dem Grund für diese Datenbegeisterung stellen sich erstaunlich wenige Menschen selbst. Fragt man aber nach, lässt sich die Antwort ausmachen: Neben Gründen der Praktikabilität (Jogging-Routen und Kalorienverbrauch aufzeichnen) geht es vor allem darum, im Netz ein möglichst passendes Selbstbild zu zeichnen. Es scheint, als müsse man nur genügend Daten veröffentlichen, um irgendwann nicht mehr nur ein blasses, oberflächliches Nutzerprofil zu sein, sondern als digitales Abbild der eigenen Persönlichkeit im Netz zu leben. Der Blogger Felix Schwenzel sprach von seinem eigenen Blog als «längster Kontaktanzeige der Welt», immerhin hat er seine Frau auf diese Weise kennengelernt. Diese digitale Dauerdokumentation des Lebens wirkt sich nicht nur auf die Entwicklung der Privatsphäre aus, sie führt auch dazu, dass Selbstdarstellung keine Angelegenheit ist, die man ausschließlich selbst erledigt. In jeder Gesellschaft ist der Mensch immer auch das, was andere ihm zuschreiben. So weit, so alt. Das Neue ist, dass im Netz diese Zuschreibungen für völlig Unbeteiligte sichtbar werden. Euripides wird die älteste Variante des Spruchs zugeschrieben «Sage mir, mit wem du gehst, und ich sage dir, wer du bist». Die sozialen Medien machen daraus «Benutze Facebook – und ich kann mir denken, wer du bist», wie ein ständiges, soziales Führungszeugnis, das unsichtbar über jedem schwebt.

So könnte es jedenfalls sein – wenn die Informationen in den sozialen Medien denn tatsächlich Aussagekraft über die Persönlichkeit haben. Finden sich im Netzprofil nur belanglose Oberflächlichkeiten, oder kann man wirklich den Charakter, das Wesen eines Menschen darin erkennen? In diesem Unterschied liegt zugleich eine Antwort darauf, ob das Netz dazu verdammt ist, oberflächlich, zu bleiben, oder ob dort echter Austausch stattfinden kann.

Erste Erkenntnisse dazu lassen sich dort gewinnen, wo die verlässliche Einschätzung einer Person Geld wert ist, im Personalwesen. Zu den meistreproduzierten Narrativen der Internetdiskussion gehört die Warnung vor wilden Partyfotos, die einen späteren Personalchef von der Einstellung abschrecken. US-Medien berichten seit Ende 2011 davon, dass einige Unternehmen von Bewerbern deren Facebook-Zugangsdaten fordern. Diese ethisch frag- und klagwürdige Praxis möchte Facebook selbst ebenso untersagen wie einige US-Bundesstaaten. Die Annahme aber, dass man Facebook-Profilen relevante Informationen über die Persönlichkeit ihrer Inhaber entnehmen kann, wurde im Februar 2012 wissenschaftlich untermauert. Donald Kluemper, Professor für Arbeitsorganisation und Management an der Northern Illinois University, stellte eine Studie vor, in der er der arbeitspsychologischen Verwertbarkeit von Profilen in sozialen Netzwerken nachging. Er ließ ein Team von fünf Psychologen die Facebook-Profile von Berufseinsteigern auf ihre Eignung für ihren soeben begonnenen Job analysieren. Es handelte sich dabei um Bewerber, die zuvor bei ihren zukünftigen Arbeitgebern die standardisierten Eignungstests absolviert hatten. Nach sechs Monaten erfragte Kluemper bei den jeweiligen Personalchefs die tatsächlichen Leistungen der Probanden. Die Einschätzungen anhand der Facebook-Profile erwiesen sich als signifikant treffsicherer als die standardisierten Tests. Allerdings hatten die Bewertungen weniger mit Partyfotos zu tun als mit generellen Persönlichkeitsmerkmalen, den sogenannten «Big Five» der Psychologie: Neurotizismus, Extraversion, Offenheit für Erfahrungen, soziale Verträglichkeit und Gewissenhaftigkeit. Anhand dieser fünf Eigenschaften lassen sich Charakter und soziale Fähigkeiten einer Person einschätzen und damit offenbar auch die Performance im Job. Wenn aber ein simples, gar nicht darauf zugeschnittenes Facebook-Profil mehr über die berufliche Eignung einer Person sagt als seit vierzig Jahren von Fachleuten für diesen Zweck entwickelte Tests – dann heißt das auch, dass soziale Netzwerke eine ungeahnte Tiefe bergen. Vor diesem Hintergrund scheinen fröhliche Partyfotos das ungleich geringere Problem zu sein als zum Beispiel die Mitgliedschaft in zweifelhaften Facebook-Gruppen wie «Prokrastination.com», einer weitgehend inaktiven Seite, die das Aufschiebeverhalten als nützlich feiert.

Das Personalchef-Partyfoto-Prinzip könnte sich aber auch mittelfristig umdrehen: Die Bewertung der Profile in sozialen Netzwerken könnte zu einem Nachteil für die Unternehmen werden. Die Entwicklung auf dem Arbeitsmarkt zeigt, dass gerade die besten Absolventen, um die sich alle Unternehmen rangeln, ihrerseits die Auswahlkriterien nicht mehr nur nach Karrierechancen anlegen. Wer es sich aussuchen kann, wird vermutlich nicht bei einem Unternehmen arbeiten wollen, das vor der Einstellung die Mülleimer der Bewerber durchwühlt, nur weil es nicht direkt verboten ist. Und ab und zu werden ja sogar Gesetze eingeführt, die regeln, was Unternehmen so tun dürfen mit ihren Bewerbern. Der Journalist und Lektor Michael Brake äußert die These, dass es in fünf bis zehn Jahren egal sein wird, ob jemand Partyfotos ins Netz gestellt habe, weil Personalchefs dann begriffen hätten, dass es normal sei und sogar von einem gesunden Charakter zeuge, wenn Menschen in der Freizeit mal die Sau rausließen. Brake glaubt sogar, dass die Leute ohne Partybilder irgendwann schief beäugt würden, weil sie offensichtlich karrieregeile Sonderlinge seien, die dem Sozialklima eines Unternehmens schadeten. Es erscheint eher unwahrscheinlich, dass er diese Prognose an einem leibhaftigen deutschen Durchschnittspersonalchef abgeglichen hat. Aber die Hoffnung, dass die ständige Selbstdokumentation im Netz irgendwann übliche, aber schambelegte Sozialpraktiken wie etwa das Betrunkensein entkrampft, ist durchaus berechtigt.

Dass die Profile in sozialen Netzwerken die Einschätzung einer Person erlauben, ist nach Kluempers Arbeit belegbar. Eine Studie des Psychologieprofessors Samuel D. Gosling an der University of Texas in Austin ergab 2011, dass das wahrscheinlich auch für die Persönlichkeit ganz allgemein gilt und Profile und Aktivitäten in sozialen Netzwerken den tatsächlichen Charakter spiegeln. Das untermauert eine verbreitete Überzeugung: die, dass man schon an wenigen Äußerungen und Fotos in einem sozialen Netzwerk erkennen könne, wen man vor sich hat. Und ob sich ein Kennenlernen lohnt. Diese Art von sozialer Vorfilterung, die besonders in Partnerbörsen wie Friendscout24.de, Parship.de oder Twitter.com betrieben wird, ist ein typischer Vorgang in den sozialen Medien. Anhand des Profilfotos und von anderthalb Sätzen persönlicher Vorstellung wird ein potenzieller Partner in Kürze aussortiert, das halbe Dutzend mühsam ins Profil copygepasteter Rilke-Gedichte weiter unten gerät nicht einmal ins Blickfeld. Es ist schwer, in diesem sozialen Schnellgericht ohne jede Berufungsmöglichkeit *keine* Oberflächlichkeit zu sehen. Es handelt sich aber um eine notwendige Reaktion auf die große Zahl loser Bekanntschaften, die nicht nur in Partnerbörsen, sondern im gesamten sozialen Netz beinahe von allein entstehen. Wo früher eine der wesentlichen sozialen Herausforderungen im Finden passender Freunde bestand, wird jetzt eher die Vielzahl interessanter Menschen zum Problem, die die sozialen Medien heranspülen.

Der Programmiererspruch «It's not a bug, it's a feature»

kann eben auch für die Oberflächlichkeit gelten. Mark Granovetter, amerikanischer Soziologe, schrieb 1973 einen der meistzitierten Aufsätze der Soziologie überhaupt: «Die Kraft schwacher Verbindungen». Er stellte darin die These auf, dass gerade die schwachen Verbindungen im sozialen Alltag einen besonderen (zum Beispiel beruflichen) Vorteil darstellen, dass schwache Verbindungen entgegen der allgemeinen Auffassung geradezu unersetzlich für den sozialen Austausch seien. Granovetter hat damit den soziologischen Grundstein für nachfolgende Netztheorien gelegt, die die schwachen Verbindungen als wichtigstes Feature sozialer Netzwerke sehen. Schwache Verbindungen aber, das erschließt sich den feinstofflich Begabteren schon aus der Wortwahl, stehen nicht gerade für tiefgehende Emotionalität. Sondern für eine zwar vorhandene, aber oberflächliche soziale Bindung. Das, was abfällig mit dem Wort Oberflächlichkeit belegt wird, ist also womöglich der wahre Wert der Netzwerke. Gerade über die Kontakte, mit denen man maximal Floskeln und Eulenfotos austauscht, lernt man seinen späteren Lebenspartner kennen oder bekommt den Traumjob (idealisierte Darstellung).

Diese Tatsache – der vorhandene Wert der oberflächlichen Beziehung – reicht allerdings nicht aus, um jedes gedankenlose oder zynische Nicht-drum-Kümmern im Netz zu erklären. Eine Deutungsmöglichkeit dafür ergibt sich aus der schieren Zahl der Kontakte, die soziale Netzwerke technisch erlauben. Bei Facebook liegt die maximal erreichbare Anzahl bei fünftausend. Mehr Freunde, so schreibt Facebook, könne einfach niemand haben. Diese Grenze ist offensichtlich völlig willkürlich gewählt. Wenn man jährlich nur schmale fünf Minuten Kommunikation mit jedem einplante, den man Freund sich zu nennen traut, dann bräuchte man zweiundfünfzig Arbeitstage im Jahr allein zur Erhaltung der 5000 Freundschaften. Und da ist noch kein einziger Jobverlust, Liebeskummer oder Umzug eingerechnet, soziale Vorgänge, die unter Freunden ständig auftreten und intensivsten Austausch erfordern, wie man weiß. Dabei ist das Irritierendste an der 5000-Freunde-Grenze ohnehin, dass diese sozialen Verbindungen überhaupt Freunde genannt werden. «Kontakte» wäre treffender. Im täglichen Sprachgebrauch ist oft die Rede von «Facebook-Freunden» oder «Friends», um den Unterschied deutlich zu machen. Denn kein normaler Facebook-Nutzer glaubt ernsthaft, dass Freunde (Facebook) dasselbe sind wie Freunde (Welt).

Der britische Psychologe Robin Dunbar hat erforscht, ob eine tatsächliche Obergrenze der Anzahl unserer sozialen Kontakte existiert und wo sie liegt. In seinen Studien, basierend auf der Komplexität der Gehirns und dem Umgang in Gruppen, fand er es heraus: 150 Personen. Diese Zahl wird daher Dunbar-Zahl genannt. Das früheste Auftreten dieser Gruppengröße führte Dunbar zurück auf die gerade noch funktionale Größe von Steinzeitdörfern. Zu dieser Zeit entwickelte sich auch die heutige Form des menschlichen Hirns. Später hatten römische Truppeneinheiten diese Mannstärke. Aktuelle Forschungen zur optimalen Mitarbeiterzahl von Unternehmenseinheiten ergeben Ähnliches – 150 scheint die Zahl verschiedener Personen zu sein, zu denen ein Einzelner gerade noch stabile soziale Beziehungen haben kann.

Die durchschnittliche Anzahl von Kontakten auf Facebook liegt etwa bei 130, jüngere Nutzer haben deutlich über 200, die aktiveren Nutzer oft sogar weit über 300 Kontakte. Oberflächlichkeit kann auch ein Schutzmechanismus sein, der vor kennenlernfreudigen Horden schützt. Damit entsteht allerdings eine kognitive Dissonanz, eine Art Social-Media-Paradox. Die Funktion eines Profils ist es zwar, soziale Kontakte aufzubauen und pflegen zu helfen – aber wegen der vielen Reaktionen werden Neuankömmlinge abweisend, oberflächlich und arrogant behandelt. Als würden die Nutzer zwar mit einem Köder angeln, aber irre genervt sein, wenn ein Fisch anbeißt. Um diesem Paradoxon zu begegnen, gründeten ehemalige Facebook-Mitarbeiter Ende 2010 ein soziales Netzwerk namens Path. Es erlaubt maximal fünfzig Kontakte. Die Begrenzung soll die soziale Qualität des Netzwerks erhöhen, aber der Aufbau von Path verläuft etwas schleppend, daher ist unklar, ob das Modell langfristig funktioniert.

Bis Path entweder pleitegeht oder in ein paar Jahren belegen kann, dass weniger Kontakte in sozialen Netzwerken automatisch auch intensivere Verbindungen bedeuten, ist man bei der Oberflächlichkeitsforschung auf andere Herangehensweisen angewiesen. Eine besondere emotionale Facette der Oberflächlichkeit, die Abstumpfung, wurde schon 2009 intensiver untersucht. Antonio Damaso von der University of Southern California fand heraus, dass die technischen Bedingungen der sozialen Medien manche Empfindungen bevorzugen und andere benachteiligen. Unterschiedliche Gefühle werden nämlich unterschiedlich schnell ausgelöst und verarbeitet. Damasos Studie ergab, dass Anzeichen von Schmerzen recht schnell verstanden werden können, Mitgefühl und Bewunderung dagegen brauchen bedeutend länger, um aufgebaut und verarbeitet zu werden, bis zu zehn Sekunden. Wenn zu viele Informationen auf das Hirn einprasseln, kann es darin versagen, anständiges Mitgefühl aufkommen zu lassen. Die Forscher betonen zwar, dass die hohe Informationsgeschwindigkeit des Fernsehens ebenso problematisch sei. Aber irgendwie sind einem die Leute im Facebook ja doch persönlich näher als die im Fernsehen, sie sollten es zumindest sein.

Die nähere Erforschung der sozialen Wirkung des Internets hat gerade erst begonnen. Die sozialen Medien haben erst seit wenigen Jahren – etwa seit 2007 in den Vereinigten Staaten und seit 2009 in Deutschland – relevante Größenordnungen erreicht. Die Datenlage wird sich allerdings in den nächsten Jahren erheblich ändern, und das nicht nur, was die Wirkung des Internets selbst angeht. Geoffrey Miller, Psychologe an der University of New Mexico, sieht vor allem in der mobilen Technologie riesiges Potenzial für die Sozialforschung. In der Zeitschrift *Perspectives of Psychological Science* veröffentlichte er im Frühling 2012 «Das Manifest der Smartphone-Psychologie». Miller postuliert darin, dass mit Hilfe von Mobiltelefonen und speziellen Psychologieforschungs-Apps sein Fach größere Fortschritte machen könne als durch den PC oder medizinische Verfahren zur Aufzeichnung der Hirnaktivität. Das menschliche Verhalten lässt sich schließlich am besten dort erforschen, wo es passiert, und am besten dann, wenn es gerade passiert. Da Millers Vision – neben mobilen Umfragen und Experimenten – vorsieht, dass die Mobiltelefone aufzeichnen, wo sich die Teilnehmer aufhalten und was sie dort sehen und hören, wird man auf diese Art voraussichtlich nur die Menschheitsuntergruppe der datenschutzverächtlichen Post-Privacy-Anhänger präzise erforschen können. Aber das wäre ja auch schon mal was.

14. Die Urheberrechthaber

Vom Kopieren und Teilen und Bezahlen oder eben nicht

Am Ende der Urheberrechtsdiskussionen können sich immer alle nicht mehr leiden.
Jeanette Hofmann, Urheberrechtsexpertin[1]

Die Urheberrechtsdebatte produziert zur Entstehungszeit dieses Buchs mehr Streit, Podiumsdiskussionen und Manifeste als alle anderen behandelten Themen zusammengenommen. Hier kreuzen sich die Wege mehrerer technischer, kultureller und sozialer Entwicklungen der letzten Jahrzehnte. Auf dieser Kreuzung hat sich ein mehrspuriger Stau aus verschiedenen Richtungen gebildet, es wird gehupt und geflucht, öffentlich aufgerufen und verdammt. Mit der Empörungsenergie der Einzeldiskussionen zum Urheberrecht in Blogs, Foren und Kommentarspalten ließen sich die Polarkappen drei Winter lang eisfrei halten. Wie ist es dazu gekommen?

Die technischen Hintergründe bestehen im Wesentlichen darin, dass das Kopieren von Inhalten immer weniger Arbeit verursacht und die dafür erforderlichen Geräte in immer mehr Haushalten herumstehen. Schon das Skriptorium im Kloster war eine Art Kopiergerät. Die Vorlagen zirkulierten, und das einzelne Kloster sorgte für die technischen Rahmenbedingungen: Pergament, Farben und die Ausbildung der abschreibenden Mönche. Durch die Druckerpresse erhielten etwas später sehr viel mehr Menschen die Möglichkeit, Inhalte mit sehr viel geringerem Aufwand zu vervielfältigen.

Lange Zeit waren es nur die Drucker, die unbekümmert gegen Urheber- und Nutzungsrechte verstießen – oder verstoßen hätten, denn zunächst einmal existierten diese Rechte noch gar nicht. Auch nachdem sie stellenweise eingeführt worden waren, dauerte es bis ins späte 19. Jahrhundert, bis sich zumindest einige Länder darauf einigten, diese Rechte auch international zu respektieren. Im US-Verlagswesen war es bis in die 1890er Jahre üblich, britische Bücher nachzudrucken, ohne die Autoren am Umsatz zu beteiligen oder auch nur vorher zu fragen. In der zweiten Hälfte des 20. Jahrhunderts kamen Fotokopierer, Tonbänder, Musik- und Videokassetten auf den Markt. Für das Kopieren waren jetzt nur noch geringe Investitionen notwendig, sodass sich auch Privatpersonen in ihrer Freizeit dem Vervielfältigen* widmen konnten.

Der *Spiegel* berichtete im Dezember 1971 über die «Hobby-Vervielfältiger» und den «Kassetten-Schwarzmarkt», einigen Schätzungen nach mache «die Kassetten-Konterbande gar 25 Prozent des Gesamthandels aus»: Auch damals setzte man seine Hoffnungen in technische Vorkehrungen: «Die schwarzmarktgeschädigten amerikanischen Produzenten überlegen derzeit, wie sie all ihren Bändern einen unhörbaren Hochfrequenzton einkopieren könnten, der bei jedem Überspielungsversuch das aufzeichnende Gerät außer Gefecht setzt und so die Piraterie verhindert.» Aus diesem Lösungsansatz wurde nichts, und im April 1977 prophezeite der *Spiegel*: «Die Musikindustrie steht, ohne sich dies selbst einzugestehen, vor ihrer gefährlichsten Krise. Durch den Vormarsch der Leerkassette werden die Plattenfirmen zu empfindlichen Budget-Kürzungen gezwungen sein. Sie werden qualifizierte Mitarbeiter entlassen und ihr Repertoireangebot drastisch einschränken

* Es hat uns viel Überwindung gekostet, an dieser Stelle keinen Kalauer mit Vermehrungskontext einzubauen. Aber es hat sich gelohnt.

müssen. (...) Eine klanglose Zukunft ist das Menetekel. Wenn die Musikindustrie ihre wirtschaftlichen Probleme heute und morgen nicht zu lösen vermag, wird es übermorgen bei aller Super-Technik kaum mehr produzierte Musik geben, die überspielt werden kann.» Ersetzt man «Leerkassette» durch «Internet» und «überspielen» durch «kopieren», dann könnte die Passage auch dreißig Jahre später geschrieben sein.

In einem weiteren *Spiegel*-Artikel, diesmal von 1980, wird die deutsche Schallplattenindustrie immer noch oder schon wieder «von bösen Ahnungen geplagt (...) Gäbe es die Leerkassetten nicht, behauptet die Plattenlobby, dann hätte der Industriezweig im vergangenen Jahr nicht für 2,2 Milliarden Mark Platten und Musikkassetten verkauft, sondern für 3,5 Milliarden. Und weil die Kundschaft den Ausfall verursacht hat, soll sie dafür auch einstehen. Die Schallplattenfabrikanten stellen sich das ganz einfach vor: Das Urheberrecht wird geändert, sodass künftig der Käufer einer leeren Tonbandkassette auch gleich eine Abgabe für Künstler und Industrie entrichtet.» Der *Spiegel* sah die Verbraucher dadurch «doppelt geschröpft», denn sie entrichteten schon seit 1966 beim Kauf neuer Tonbandgeräte eine Urheberabgabe von fünf Prozent des Industriepreises. Das in § 53 Absatz 1 Satz 1 des Urheberrechtsgesetzes festgelegte Recht, auch urheberrechtlich geschützte Musik aufzunehmen, war den Nutzern schließlich genau im Zusammenhang mit dieser Kopierabgabe zugestanden worden.

Das «Gejammer der Musikindustrie» schien dem *Spiegel* «völlig unangebracht», schließlich stellten die Schallplattenfirmen immer neue Verkaufsrekorde auf, der Umsatz der Branche hatte sich seit 1970 etwa verdreifacht. Ob die Musikindustrie mit ihrer Forderung nach einer Kassettenabgabe durchkommen würde, war «noch ungewiss», im Bundesjustizministerium hielt man es für zweifelhaft, dass sich die erforderliche Urheberrechtsänderung politisch durchsetzen lassen würde[2]. Tonbandhersteller und Verbraucherverbände setzten sich gegen die Kopierabgabe ein, und auch die SPD war dagegen, weil die Abgabe «einer kleinen Gesellschaftskaste zusätzliche Millioneneinnahmen verschafft». Achtzig Prozent der GEMA-Ausschüttungen entfielen schließlich auf knapp 2000 Künstler, so argumentierte man, während die übrigen 7000 Mitglieder sich die restlichen zwanzig Prozent teilen müssten.

Dann kam die Digitalisierung und mit ihr etwas tatsächlich Neues: die verlustfreie und praktisch kostenlose Kopie. Wieder war es die Musikindustrie, die die Folgen zuerst spürte, denn dort fielen relativ kleine Datenmengen an, und ein Großteil der Kundschaft war jung, was häufig sowohl mit Offenheit für neue Technologien als auch mit Geldmangel einhergeht. Und manchmal eventuell vielleicht auch mit einer gewissen ethischen Flexibilität. Als dann Speicher-, Kopier- und Übertragungsmöglichkeiten für größere Datenmengen verfügbar wurden, war die Filmindustrie dran, und in den letzten Jahren hat der Wandel schließlich die Printbranche erfasst.

Durch Digitalisierung und Vernetzung haben die Konflikte rund um die Kopie und ihre Verbreitung eine andere Dimension erreicht als zur Zeit der auf dem Schulhof getauschten Radiomitschnitte oder im verliebten Taumel zusammengestellten Mixtapes. Das Justizministerium trug diesen Veränderungen Rechnung und führte in den nuller Jahren mehrere Urheberrechtsreformen durch, die die Rechte der Nutzer einschränkten und die Position der Urheber und Rechteinhaber stärkten. Unter anderem wurde der Tausch von urheberrechtlich geschützten Inhalten über Peer-to-Peer-Netzwerke und das Überwinden von Kopierschutzmechanismen verboten. Eine zunächst geplante Bagatellklausel, die das Vervielfältigen geschützter Werke in geringer Zahl und zum privaten Gebrauch straffrei stellen sollte, wurde im Laufe der Reformdiskussion aus dem Gesetz gestrichen.

Das Urheberrecht war endgültig in den Alltag aller im Netz aktiven Bürger eingezogen. Dabei zeigt es sich diesen Bürgern fast ausschließlich von seiner hässlichen Seite, nämlich in Form kostenpflichtiger Abmahnungen[3]. Es handelt sich hier nicht um einen leicht verständlichen Rechtsbereich, aber das sind viele andere Rechtsbereiche auch nicht. Viele Bürger sind verärgert, wenn sie für die Verwendung eines geschützten Fotos ohne Vorwarnung Abmahngebühren in vierstelliger Höhe bezahlen müssen, aber auch das rechtliche Prinzip der unangenehmen Überraschung ist keine neue Erfindung, siehe: «Wie, Punkte in Flensburg! Hier war aber doch vorige Woche noch keine Geschwindigkeitsbegrenzung!» Gleichzeitig fordern die Rechteverwerter, also Zeitungs- und Buchverlage, die Film- und die Musikbranche, weitere Verschärfungen des Urheberrechts. Verwerter und Urheber sind im Jahr 2012 mehrfach mit empörten Aufrufen über das Verhalten der Öffentlichkeit an die Öffentlichkeit getreten. Die Nutzer traten zurück, und zwar ebenfalls mit empörten Aufrufen, in denen sie ihre Empörung über die anderen empörten Aufrufe kundtaten.

Im gegenwärtigen Konflikt um das Urheberrecht im Internet streiten im Wesentlichen vier Parteien: Urheber, Verwerter, Technologieanbieter und Nutzer. Und jeder bringt auch noch Interessenvertreter mit ganz eigenen Vertretungsinteressen mit zur Party. Die GEMA etwa, eigentlich eine urheberkontrollierte Verwertungsgesellschaft, ist so kompliziert, komplex und historisch verwachsen, dass sich ihr Vorgehen kaum mehr mit den Interessen der meisten Urheber deckt. Stattdessen wird das Geld unter Verwendung eines vermutungsreichen Verfahrens namens PRO verteilt, das Ende der 1990er Jahre eingeführt wurde. Der Präsident des 20000 Mitglieder starken Deutschen Verbandes der Rock- und Popmusiker, Ole Seelenmeyer, klagt seit Jahren über Benachteiligung seiner Klientel, wohingegen etwa Schlagerkomponisten bevorzugt würden. Das Problem ist weniger, ob das stimmt oder nicht, sondern dass sich diese Behauptung aufgrund der Komplexität und Intransparenz des Systems von außen kaum nachprüfen lässt. Neben einem bedrückenden Ausblick auf zukünftige Dramen, die zum Beispiel eine Kulturflatrate-Behörde (dazu unten mehr) mit sich brächte, zeigt das vor allem: Im Streit um das Urheberrecht im digitalen Zeitalter gibt es nicht bloß eine Front, sondern viele. Und als wäre dieses Szenario nicht komplex genug, hat im Zeitalter der digitalen Produktionsmittel und Verbreitungsnetzwerke auch noch jeder Akteur phasenweise, manchmal sogar gleichzeitig völlig unterschiedliche Rollen inne.

Das ist durchaus relevant, weil ein Teil des Streits auf der Annahme basiert, dass wenigstens die Fronten klar seien. Jeder Mensch sei eben Urheber oder Rechteverwerter oder Nutzer, so wie man nur entweder Fan von Schalke oder von Dortmund ist. Ein Musiker aber, der eben beim Thema Filesharing noch glühender Anhänger des traditionellen Urheberrechts war, kann an ebendiesem schon eine Minute später verzweifeln, wenn er sich beim Komponieren eines musikalischen Zitats bedienen möchte. Filmproduzenten kennen die urheberrechtlichen Tücken, die entstehen, wenn im Film im Hintergrund auch nur ein Fernseher oder das Radio laufen soll. Der Regisseur Dietrich Brüggemann beschreibt die Problematik in seinem Blog d-trick.de: «Was beim Filmemachen aber immer wieder wahnsinnig nervt, ist das Copyright, das auf jedem Furz drauf ist. (...) Klingeltöne sind verminte Gelände, jedes Bild, das irgendwo an der Wand hängt, ist ein potentielles Problem, man darf nicht ‹Happy Birthday› singen, das Radio muss um Gottes Willen aus sein. Ich habe insgesamt schon den Eindruck, dass die Alltagswelt, in der wir leben und die wir ja im Film verdammtnochmal zeigen wollen, immer mehr aus urheberrechtlich geschützten Dingen besteht.»

Selbst innerhalb der jeweiligen Gruppen verschwimmen die Grenzen zwischen Urheberrechtsreformern und Urheberrechtsverschärfern. Wenn man die Vorgeschichte des Problems betrachtet, scheinen überraschenderweise oft genug aus den Piraten von gestern die Bewahrer von heute geworden zu sein. Die großen Hollywood-Studios etwa, deren Interessenvertretung MPAA die politischen Bemühungen um die Beschneidung des Internets wie SOPA, PIPA oder ACTA[4] maßgeblich vorantrieb, siedelten sich um 1910 herum nicht nur wegen des schönen Wetters in Los Angeles an. Sondern auch, um ungehindert Filme drehen zu können, was in diesem Fall hieß: weit entfernt von den Lizenzforderungen und den Kontrollwünschen der New Yorker Gesellschaft MPCC, die alle möglichen Rechte und Patente rund um Film und Kino gebündelt hatte. Aus heutiger Sicht begann der Nimbus von Hollywood also mit einem Akt der Piraterie.

Im Nachhinein lässt sich kaum sagen, wer in diesem Spiel gut und wer böse war. Wurde Hollywood zum Olymp der Filmkultur, weil es sich nicht weiter um Rechte und Lizenzen kümmerte? Behinderte Hollywood die technische Entwicklung, weil es Erfinder und Ingenieure um ihr gerechtes Honorar und damit auch Investitionsmöglichkeiten brachte? Diese Fragen lassen sich nicht eindeutig beantworten, weder historisch noch ethisch.

Schon die Vorgeschichte ist also kompliziert genug. Weiter angeheizt wird die Auseinandersetzung durch die Begriffswahl, und dabei geht es nicht einmal nur um die wenig schmeichelhaften Begriffe für die jeweiligen Diskussionsgegner, «Contentmafia» gegen «Raubkopierer». Zu den tendenziösen Analogien gehört nach Ansicht vieler Kritiker bereits das «geistige Eigentum». Es gibt sogar einen eigenen «Welttag des geistigen Eigentums», ausgerufen von der WIPO, der Weltorganisation des geistigen Eigentums der UNO. Die Metapher des Eigentums zieht Begriffe wie «Diebstahl», «klauen» oder die problematische «Raubkopie» nach sich. Der Rechtsanwalt Thomas Stadler bemängelte 2012 in seinem Blog internet-law.de: «Wer vom Diebstahl geistigen Eigentums spricht, macht damit deutlich, dass er nicht ansatzweise gewillt ist, eine Sachdebatte differenziert zu führen». Sein Argument: Die Analogie zu Diebstahl und Raub sei verfehlt, weil das zentrale Tatbestandsmerkmal von Diebstahl und Raub die Wegnahme einer Sache sei – hier aber gar nichts weggenommen werde. «Der erste Schritt hin zu einer Entideologisierung der Debatte muss in einer sprachlichen Abrüstung bestehen. Neutrale Begriffe wie Immaterialgüterrecht und Rechtsverletzung sind ausreichend, um den Standpunkt der Urheber deutlich zu machen.»

Wer eine Idee als Eigentum betrachtet, befindet sich in einem völlig anderen Gedankengebäude als jemand, der die Idee als Immaterialgut ansieht. Der wesentliche Unterschied ist die Möglichkeit der Kontrolle, denn: ein Eigentümer hat das volle Verfügungsrecht über sein Eigentum, was aber bei einem immateriellen Gut kaum funktioniert. Ein Lied ist kein Fahrrad, wie selbst hartnäckige Verfechter des geistigen Eigentums hinter vorgehaltener Hand zugeben. Der Eigentumsbegriff ist bei Immaterialgütern auch deshalb problematisch, weil sowohl der Kauf wie auch die Weiterverkaufbarkeit anderen rechtlichen Regeln als bei dinglichen Gütern unterliegen. Um den Verkauf von E-Books oder MP3s wird immer wieder vor Gerichten gestritten, denn im Grunde erwirbt der Käufer eines Films oder eines Lieds nur eingeschränkte Nutzungsrechte. Das simple rechtliche Modell «Eigentum» reicht also vorne und hinten nicht aus für Immaterialgüter, die durch das Urheberrecht geregelt werden. Dass der Begriff trotzdem standardmäßig verwendet wird, hat mindestens zwei Ursachen: entsprechende Lobbybemühungen und der Wunsch der Öffentlichkeit nach einfachen Erklärungen. Außerdem hat es Unsichtbares in einer visuellen Gesellschaft ohnehin ungleich schwerer (Harvey 1950).

Ebenfalls problematisch sind die vielstrapazierten Begriffe der «Kostenloskultur» und der «Gratismentalität»: Die Internetnutzer, so die Idee dahinter, seien verzogen und verwöhnt durch die frühen Jahre des Netzes, als alles umsonst war. Der CEO des Filmstudios Sony Pictures Entertainment, Michael Lynton, ließ das Publikum 2009 auf einer öffentlichen Podiumsdiskussion wissen: «Ich bin jemand, für den wirklich gar nichts Gutes aus dem Netz gekommen ist [...] (Das Internet) hat diese Haltung erzeugt, dass jeder jederzeit alles haben kann, was er will.» Hier irrt Lynton. Bei näherer Betrachtung ist nämlich gar nicht so viel im Internet wirklich kostenlos. Selbst die unter Getöse ausgehobenen Plattformen Megaupload und kino.to erwirtschafteten auf ganz klassische Weise Gewinne mit kostenpflichtigen Zugängen für Vielnutzer. Abgesehen davon unterscheidet sich das Geschäftsmodell werbefinanzierter Dienste nicht dramatisch vom Geschäftsmodell ebenfalls werbefinanzierter oder durch Werbung bezahlbar gemachter Zeitungen, Zeitschriften und Fernsehsender. Dirk von Gehlen, Autor des Buches «Mashup – Lob der Kopie»[5], dessen Titel bereits seine Meinungstendenz erahnen lässt, wendet in seinem Blog ein: «Mir ist niemand bekannt, der an diese Umsonst-Kultur glauben würde. Die gibt es nämlich nicht. Es ist vielmehr eine Kultur, die auf anderen Finanzierungsmodellen beruht als die klassische Bezahlkultur.» Die Rede von der Kostenloskultur zeige, dass es noch an den sprachlichen Mitteln fehle, die Veränderungen der Digitalisierung zu fassen.

Der Urheberrechtsstreit beruht weder auf Missverständnissen, noch ist es ein Streit um Detailfragen, wie von allen Seiten häufig suggeriert wird. Dirk von Gehlen plädiert deshalb für das Akzeptieren der harten Wahrheit: «Zu suggerieren, für eine Lösung des Dilemmas genüge lediglich eine andere Kultur oder ein moralischer Appell, ist unredlich.»

Diese Aussage, es gebe keine einfache Lösung des Dilemmas, ist vielleicht die belastbarste in der gesamten Debatte. Denn auch wenn das Wort Urheberrecht sich so ähnlich anhört wie «der Urheber hat recht», ist die eigentliche Aufgabe der Urheberrechtsgesetzgebung, einen Ausgleich zu schaffen und die Interessen aller Parteien zu berücksichtigen. Einerseits soll der Gesetzgeber die Urheber und Verwerter schützen, was für Urheberrechtsextremisten ewige Schutzfristen[6] bedeuten würde: So wie ein einmal erworbenes Grundstück für immer im Familienbesitz bleibt (wenn der Staat nicht gerade eine Autobahn darauf bauen möchte), so könnten dann Kleists Erben heute noch an jedem Verkauf einer Reclam-Schullektüre verdienen. Andererseits hat die Gesellschaft ein Interesse an möglichst kurzen Schutzfristen, weil das zugunsten des Gemeinwohls den freien Informationsfluss am wenigsten einschränkt. Hat der Gesetzgeber alles richtig justiert, dann erkennt man diesen Idealzustand daran, dass beide Seiten exakt gleich unzufrieden sind. Ein ähnliches Muster findet sich in vielen anderen Diskussionen zwischen Einzelperson und Gesellschaft, etwa bei der Frage, ob irgendjemand höhere Steuern zum Wohle der Allgemeinheit bezahlen soll. Stets fühlen sich alle Seiten auf empörende Weise geradezu ausgeraubt.

Wie stark sich die Schutzfristen theoretisch[7] verkürzen ließen, ohne dass alle Urheber das Urheben einstellen und sich zu Zahntechnikern umschulen lassen, ist umstritten. Der Schriftsteller und ehemalige Pirat Bov Bjerg verließ die Partei, nachdem sich ein Parteitag im November 2010 für die Verkürzung der Schutzfrist auf zehn Jahre nach Publikation des Werks aussprach. Er empfand das als Enteignung. Dass der aktuelle Zustand nicht das Optimum darstellt, ist schon konsensfähiger, wenn auch die Richtung der nötigen Veränderung unklar ist. Ökonomen und Nutzer plädieren für Verkürzungen der Schutzrechte, Rechteverwerter für Verlängerungen, und die Urheber wollen es sich weder mit Fans noch mit Auftraggebern verscherzen. Dass es in der Diskussion keineswegs nur um den Ansporn für die Urheber geht, Inhalte zu schaffen, zeigt sich daran, dass in den USA wie in Europa schon mehrfach die Schutzfristen verlängert wurden, und zwar rückwirkend – doch auch der gutwilligste Autor oder Musiker kann nicht rückwirkend produktiver werden, speziell, wenn er schon tot ist.

Viele scheinbar dramatische Veränderungen durch das Internet, etwa die Informationsüberflutung, sind Weiterentwicklungen altbekannter Probleme. Das ist beim Immaterialgüterrecht anders. Eine verlustfreie und praktisch kostenlose Kopiermöglichkeit, der vereinfachte Transport digitaler Daten und die neuen Kommunikationswege von vielen Sendern zu vielen Empfängern bringen in der Kultur- und Wissensproduktion genau jene Disruption mit sich, von der in Kapitel 5 schon die Rede war. Das Kräfteverhältnis zwischen Urhebern und Verwertern verschiebt sich deutlich zugunsten der Urheber, denen das Internet ermöglicht, ihre Werke selbständig zu vertreiben. Eine bis gerade eben noch ganz zentrale Funktion der Rechteverwerter, nämlich die physische Organisation, die Herstellung, Lagerung und der Vertrieb von Büchern, Tonträgern, Filmen und Zeitungen, verliert an Bedeutung. Und die Aufgabe, den Produktions- und Marketingaufwand vorzufinanzieren, ist durch preiswerte, digitale Produktionsmittel und soziale Medien ordentlich durcheinandergeraten. Digitale Produkte sind weder knapp (wie teure, in kleiner Auflage gedruckte wissenschaftliche Zeitschriften), noch nutzen sie sich ab (wie eigentlich alles Nichtdigitale). Kommerzielle Anbieter und Profis treten jetzt auf einem stark eingeebneten Spielfeld gegen Enthusiasten und Amateure an.

Wir leben also in für viele Berufsgruppen beunruhigenden Zeiten, und das Ungleichgewicht zwischen Einzelinteressen und denen der Allgemeinheit ist auf dem Gebiet der Immaterialgüterrechte momentan noch spürbarer als sonst. Damit müssen wir klarkommen, ohne reflexartig unsere Nachbarn ins Bein zu beißen. Alle Beteiligten sind aufeinander angewiesen – teils, weil jeder Urheber anderswo auch Nutzer ist, teils, weil alle einander als Kunden oder Dienstleister brauchen. Die Tatort-Autoren, die 2012 mit einem ansonsten wenig konstruktiven «Offenen Brief von 51 Tatort-Autoren» an die Öffentlichkeit traten, wiesen völlig zu Recht darauf hin «… dass die Trennung in Urheber und ‹böse› Verwerter überhaupt keinen Sinn macht, ja unmöglich ist: Filme, Musikproduktionen, Web- und Werbekampagnen, Architektur- und Designprodukte werden überhaupt erst realisiert, wenn die künstlerischen Ideen der Urheber mit Kapital und Vermarktungsknowhow zusammenkommen.» Es zahlt sich selten[8] aus, die eigenen Kunden, Fans oder Kooperationspartner zu beschimpfen, und es ist verschwörungstheoretisches Denken, die Schuld an einem politischen Missstand ausschließlich in einer bestimmten Personengruppe zu suchen. «Die Raubkopierer» sind ebenso wenig unser Unglück wie «die Contentmafia».

Andererseits sollte man nicht so tun, als ob es überall übereinstimmende Interessen gäbe, wo das nun einmal nicht so ist. Der Konzertveranstalter Berthold Seliger sagte im Juni 2012 in einem Interview mit *Telepolis*: «Im Kern geht es der Verwertungsindustrie ja darum, dass sie sich in der Öffentlichkeit als Vertreterin der Künstler, der Urheber darstellt. Das ist natürlich völliger Unfug. Die Urheber, die meistens ja nur Almosen von der Verwertungsindustrie erhalten, haben nun einmal andere Interessen als die Verwertungsindustrie, als die Plattenfirmen oder die Verlage. In gewisser Weise erwächst erst aus der Schwäche der Künstler, selbst ihre Interessen wahrzunehmen, die Stärke der Kulturindustrie.» Die in der Debatte propagierte wesentliche Übereinstimmung zwischen Künstlern und Verwertungsindustrie sei «vollkommen absurd». Lustigerweise sagen Seliger und die Tatort-Autoren mit ihren gegensätzlichen Aussagen im Kern genau dasselbe: Die Urheber seien allein unfähig zu wirtschaftlichem Handeln*.

Gerne hätten wir an dieser Stelle einen versöhnlichen Schluss angebracht. Eigentlich sei doch alles gar nicht so kompliziert, zum Beispiel, oder irgendwas mit Gerechtigkeit und kostenlosen Einhörnern für alle. Leider ist es aber doch so kompliziert, wenn nicht noch komplizierter[9], und eine Lösung, die sich für mehr als eine der Parteien gerecht anfühlt, ist nicht in Sicht. Die Diskussion wird sich ausweiten, wenn in naher Zukunft auch physische Gegenstände in einer brauchbareren Qualität als bisher kopiert werden können**. Irgendwann wird irgendeine Neuregelung beschlossen

* Das ist natürlich vollkommen richtig, lässt sich aber einfach und preiswert ändern! Für nur 29,99 € (Paypal oder Überweisung) teilen wir Ihnen gern mit, wie man auch als Autor oder Anderurheber schnell und unkompliziert an Geld kommt.

** Ja, das geht schon. Nein, es sieht nicht gut aus.

werden, und es wird noch nicht einmal die am wenigsten schlechte Lösung sein. Alle werden übereinstimmen, dass diese Neuregelung so unzulänglich wie unfair ist und eine Beschneidung elementarer Rechte darstellt, hinter der entweder eine Industrielobby oder der Mob steckt. Das Herunterladen urheberrechtlich geschützter Inhalte wird weiterhin möglich bleiben, das Urheben trotzdem nicht aus der Mode kommen. Bis die Piratenpartei die Mehrheit im Bundestag stellt, wird sich das Rad der technischen Entwicklung ausreichend weitergedreht haben, dass die Urheberrechtsreformer von heute die Besitzstandswahrer von morgen werden können.

Wenn nicht bis dahin Rob Reids* 2012 erschienene Science-Fiction-Satire «Year Zero» wahr geworden ist: Außerirdische haben seit 1977 (ihrem «Jahr Null») so viel urheberrechtlich geschützte Musik unseres Planeten kopiert, dass sie der Musikindustrie mehr Geld schulden, als es im Universum gibt. Die einzige Lösung für dieses Problem: Die Erde muss zerstört werden. So geht es natürlich auch.

Zukunftsszenarien

Flexibilisierung oder Reform des bestehenden Urheberrechts
Eintrittswahrscheinlichkeit: Fünfunddreißig Prozent, heute jedoch nicht

Das Urheberrecht ist nicht vom Himmel gefallen, es ist ein gewachsenes und noch relativ junges Recht. Es ist nicht grundsätzlich frevelhaft, über Anpassungen an neue Bedin-

* Reid ist im Nebenberuf Gründer des Musik-Streamingdienstes Rhapsody. Sein Entwurf taucht hier vor allem auf, weil uns in diesem Kapitel ein ~~geklauter~~ ~~geteilter~~ kopierter Schlussgag angemessen erschien.

gungen zu sprechen. Wie diese Anpassungen genau aussehen könnten, dazu sind in den letzten Jahren viele Vorschläge gemacht worden. Das Urheberrecht könnte von «Opt-out» zu «Opt-in» geändert werden: Wer seine Werke geschützt sehen und mit ihnen Geld verdienen will, registriert sie, alles andere ist gemeinfrei. Die Schutzfristen könnten verkürzt und die Fair-Use-Regelungen des amerikanischen Rechts auch in Deutschland eingeführt werden. Man könnte Urheberrechte wie in der Softwarebranche an eine Schöpfungshöhe koppeln, die der Anspruchsinhaber beweisen muss. Anfang 2012 war zu lesen, dass man in den Niederlanden über eine Flexibilisierung des Urheberrechts durch eine Ausdehnung seiner Ausnahme- und Schrankenregelungen nachdenke. Anlass war eine vage Erklärung des niederländischen Justizstaatssekretärs Fred Teeven. Allerdings können die Niederlande genau wie Deutschland ihr Urheberrecht nur im Rahmen der geltenden internationalen und EU-Bestimmungen ändern. Und das internationale Recht lässt nicht viel Spielraum für nutzerfreundliche Reformen, das hat die verdammte Contentmaf- äh, Verzeihung.

«Kulturflatrate» und andere pauschale Abrechnungssysteme

Eintrittswahrscheinlichkeit: Umso geringer, je gemahafter die benötigten Strukturen

Jeder, der Zugang zum Internet hat, zahlt monatlich eine bestimmte Summe und darf dafür urheberrechtlich geschützte Werke vervielfältigen und weitergeben, also zum Beispiel Tauschbörsen benutzen. Pauschale Vergütungssysteme gibt es bereits: die GEZ-Gebühren, von denen der öffentlich-rechtliche Rundfunk finanziert wird, Verwertungsgesellschaften wie die GEMA und die VG Wort, die unter anderem Geld aus Abgaben beim Handel mit Kopierern, Druckern, Faxgeräten,

Leermedien und Smartphones bekommen. In allen Fällen lindern die Pauschalabgaben das Problem, dass man ohne ein stalinistisches Überwachungssystem nicht kontrollieren kann, wer was im Copyshop auf den Kopierer legt. Da liegt es nahe, so etwas auch im digitalen Bereich einzuführen.

Die Kulturflatrate fußt auf der Annahme, dass Filesharing ausschließlich entgangene Verkäufe bedeutet, keine positiven Effekte mit sich bringt und deshalb ausgeglichen werden muss. Die Nutzer hätten das Heruntergeladene also sonst gekauft (anstatt es zu ignorieren), und ihre Kopiertätigkeit dient auch nicht der Werbung, ist also nicht etwa – wie Neil Young Anfang 2012 auf einer Konferenz sagte – das neue Radio. Teilt man diese Ansicht, dann müssten die Urheber für diese unbezahlten Downloads entschädigt werden. Das Hauptproblem des Flatrate-Konzepts ist, dass das so eingenommene Geld irgendwie verteilt werden muss. An wen und nach welchem Schlüssel soll das geschehen? Erstens müsste man dazu genau benennen, wer ausschüttungsberechtigt ist, also als Urheber gilt. Was ist mit Spieleentwicklern, Bloggern, Hobbyfotografen? Auch die Pornoindustrie klagt über illegale Downloads und würde mit Sicherheit verlangen, an den Kulturflatrate-Einnahmen beteiligt zu werden.

Zweitens wäre es ungerecht, dem Urheber eines lustigen Katzenvideos am Jahresende denselben Anteil auszuhändigen wie dem Autor einer Opernpartitur. (Auf welche Art es ungerecht wäre, ist ebenfalls strittig: Was, wenn das Katzenvideo von zwei Millionen gesehen, die Oper aber von immerhin achtzig Menschen besucht wurde?) Man müsste also festlegen, wie viel vom Geld auf welche Werksarten verteilt werden soll – aber auf welcher Basis? Soll man den Arbeitsaufwand zugrunde legen? Die relative Beliebtheit von Oper und Katzenvideo? Einen bestimmten Kulturbegriff? Irgendein Gremium wird darüber entscheiden müssen.

Als Nächstes braucht man innerhalb dieser kulturellen Ausdrucksformen einen Schlüssel, nach dem das Geld den einzelnen Urhebern zukommt. Dazu kann man entweder auf der Downloadseite – flächendeckend oder in Stichproben – erfassen, was alles heruntergeladen wird, oder auf der Nutzerseite erheben, was gehört und gesehen wird. Beide Verfahren sind leicht zu manipulieren, und bei allen Urhebern und Verwertern, die größere Ausschüttungen zu erwarten haben, geht es bei so einer Manipulation um viel Geld. Eine Erhebung von Stichproben wie etwa bei der Fernsehquotenmessung würde ebenfalls nicht ohne weiteres funktionieren. Sie funktioniert beim Fernsehen, weil dort die Auswahl überschaubar ist. Im Internet gibt es aber so viele unterschiedliche Angebote, dass Nischenprodukte bei einer Stichprobenerhebung zwangsläufig schlechter wegkommen würden als der Mainstream.

In jedem Fall könnte nur eine Minderheit der Urheber von der Kulturflatrate leben. Für alle anderen gilt: Wenn es schlecht läuft, machen sie sogar Verlust, weil sie bei der Ausschüttung zu wenig berücksichtigt werden und gleichzeitig die kommerziellen Einnahmen wegbrechen. Warum sollte ein Fan noch Geld für Musik ausgeben, wenn er über die Kulturflatrate bereits bezahlt hat?

Ein weiteres Problem: Die Gesamtsumme des an die Urheber ausgeschütteten Geldes bleibt immer gleich. Auch wenn ein neues Kulturprodukt erfunden wird, das wie Erdbeerkuchen schmeckt und wie LSD wirkt, sodass die Bevölkerung flächendeckend alle anderen Freizeitbeschäftigungen fallenlässt und sich dem neuen Ding widmet, ändert sich die Gesamthöhe der Ausschüttung nicht. Ebenso wenig wie im umgekehrten Fall: Das Jetpack gelangt endlich zur Marktreife, die Bundesbürger verbringen ihre Freizeit mit Herumdüsen. Oper, Theater, Kino, Buch, Fernsehen und Internet liegen nur noch verstaubt herum, aber die Ausschüttung an die Urheber bleibt gleich.

Und schließlich ist zu bedenken, dass bereits die GEMA wegen ihrer Quasimonopolstellung und der Intransparenz ihrer Verteilungsschlüssel ungefähr so beliebt ist wie die mexikanische Drogenmafia. Zwar müsste eine Kulturflatrate nicht zwangsläufig ein weiteres bürokratisches Monster ins Leben rufen, die Wahrscheinlichkeit ist aber auch nicht ganz gering.

Alle diese Einwände betreffen nur den Urheber in uns allen. Aus Nutzersicht könnte man die Kulturflatrate einfach ignorieren und hat seine Ruhe. Abgesehen davon, dass sie natürlich bezahlt werden muss. Und zwar von allen, auch denen, die von ihrem Internetanschluss nur einmal die Woche eine E-Mail verschicken. Außerdem müssen Opernfans die Katzenbilder mitfinanzieren und umgekehrt, worüber sich neues Murren erheben wird. Wenn auch immerhin leiseres als über den derzeitigen Zustand.

Die privatwirtschaftliche So-was-Ähnliches-wie-Kulturflatrate
Eintrittswahrscheinlichkeit: Ist irgendwie schon da

Immer mehr Anbieter schließen Verträge mit Unternehmen der Musik-, Film- oder Buchbranche und führen Abo-Gebühren für umfassende Streamingdienste ein. Zum Entstehungszeitpunkt dieses Buchs kostet im englischsprachigen Raum eine Netflix-Monatsflatrate für Filme um die sieben Euro. Ähnliches zeichnet sich etwa mit Spotify und Simfy für Musik und mit Skoobe sogar für deutschsprachige Bücher ab. Im Vergleich zur Kulturflatrate hat diese Version den Vorteil, dass sie ohne zentralen Verwaltungsapparat auskommt. Auch der Verteilungsschlüssel ist in diesem Fall kein Problem, da die Anbieter genau wissen, welcher Film wie oft gesehen, welches Buch gelesen und welcher Track wie oft gehört wurde. Wenn der Kulturkonsum insgesamt wächst oder zurückgeht oder neue Formate auftauchen, spiegelt sich diese Entwicklung unmittelbar im System wider, ohne dass zuerst ein zentrales Gremium davon überzeugt werden muss, dass Luzides Co-Träumen jetzt auch Kunst ist, während Filme niemanden mehr interessieren.

Ein Nachteil an dieser Entwicklung: Es ist schon schwierig genug, Einfluss auf das Geschäftsgebaren eines Staats oder einer Verwertungsgesellschaft zu nehmen, und als Nutzer eines Unternehmens hat man sogar noch etwas weniger Mitspracherecht. Künstler wären diesen Anbietern auf Gedeih und Verderb ausgeliefert, was insbesondere dann problematisch ist, wenn wenige Unternehmen einen Großteil des Marktes unter sich aufteilen. Je mehr Geld ein Unternehmen freiwillig an Urheber ausschüttet, desto weniger Gewinn bleibt übrig – ein klassischer Interessenkonflikt, der schon bisher eher nicht zu glitzerndem Wohlstand bei Ottonormalurhebern geführt hat. Bei Musik-on-Demand-Angeboten regelt ein Rahmenvertrag zwischen der GEMA und BITKOM[10], dass den Rechteinhabern schmalhansige 10,25 Prozent der durch Download, Streaming oder Werbung erzielten Einnahmen zustehen.

Allerdings ist der Unterschied zwischen der Machtposition eines Wirtschaftsunternehmens und der eines Verwertungsunternehmens in der Praxis gering. Es steht den Unternehmen frei, ihre Ausschüttungsschlüssel exakt so kompliziert und intransparent zu gestalten wie die der GEMA oder der VG Wort: «Das Ausschüttungs- und Bezahlsystem von last.fm ist jenseits jeder Begreifbarkeit. (Wenn Sie es mir erklären können, kontaktieren Sie mich umgehend)», schreibt der Journalist David McCandless. Auch die GEMA ist rechtlich gar nicht verpflichtet, überhaupt Geld an Künstler und Veranstalter auszuschütten. Zu diesem Schluss kam das Landgericht München im Jahr 2010: «Ein etwaiger Zahlungsanspruch ergibt sich nicht aus dem zwischen den Parteien geschlossenen Berechtigungsvertrag». Und 2012 kündigte die GEMA eine Tarifreform an, die für einige Veranstalter Erhöhungen der Abgaben von durchschnittlich 400 bis zu 1400 Prozent mit sich bringen wird.

Wie die Kulturflatrate ist auch diese Lösung für die Nutzer attraktiver als für die Urheber. Bei last.fm oder Spotify müssen Musiker – soweit sich das trotz der intransparenten Ausschüttungsverfahren überblicken lässt – zwischen 1,5 und vier Millionen Mal im Monat gespielt werden, um auch nur auf den amerikanischen Mindestlohn von 1160 Dollar zu kommen[11]. Befürworter des Modells wenden ein, Streaming vermindere die traditionellen Verkäufe nicht, diese Einnahmen seien also der Zuckerguss auf dem Kuchen. Kritiker halten dagegen, dass es momentan eine allgemeine Bewegung weg vom Besitz und hin zum Zugang gibt. In wenigen Jahren werde die mobile Internetabdeckung so gut sein, dass eine breite Konsumentenmehrheit Streamingdienste im Alltag einsetzt. Wozu dann noch CDs oder Bücher kaufen, wenn die monatliche Flatrate einen mit allem versorgt?

Besseres Urhebervertragsrecht

Eintrittswahrscheinlichkeit: Nur wenig höher als eine feministische Piratin als Bundeskanzlerin

Vielleicht müssen Kreative ja nur einfach angemessener für ihre Arbeit bezahlt werden. Ein wenig erfolgreicher Versuch in diese Richtung wurde Mitte der neunziger Jahre von Rechtswissenschaftlern am Max-Planck-Institut für Immaterialgüter- und Wettbewerbsrecht[12] unternommen. Sie entwarfen ein neues Urhebervertragsrecht, das den Urhebern mehr Rechte einräumen sollte. Journalisten etwa bekämen nicht nur ein Zeilengeld (dessen Mindesthöhe das Gesetz festlegen sollte), sondern auch einen Anteil der Umsätze im Onlinebereich; Übersetzer müssten am Erfolg beteiligt werden. Anfang der nuller Jahre stand der Entwurf kurz davor, in Gesetzesform gegossen zu werden, aber Zeitschriften- und Buchverlage, ARD und ZDF protestierten erfolgreich und aus nicht einmal vollkommen abwegigen Gründen dagegen[13]. Was dann schließlich zum neuen § 32 UrhG wurde, war eine abgeschwächte Version, die auf eine freiwillige Einigung zwischen Urhebern und Verwertern setzt und in der Praxis weitgehend folgenlos geblieben ist.

Nach wie vor üblich sind Total-Buy-out-Verträge, bei denen Urheber gegen eine Einmalzahlung auf alle Einnahmen aus Zweitverwertungen und anderen, auch noch gar nicht erfundenen Nutzungsformen verzichten. Ihre Beliebtheit ist nachvollziehbar, denn ein Verwerter möchte ebenso wenig wie ein Privatnutzer vor jeder Verwendung eines einmal beschafften Bildes oder Textes wieder bei dessen Urheber nachfragen, was für beide Seiten zeitraubend ist und viele mögliche Verwendungen unrentabel macht.

Buy-out-Klauseln der Auftraggeber sind nicht grundsätzlich Teufelswerk. In der Softwarebranche etwa sind sie üblich und allgemein akzeptiert. Das Problem im Textbereich ist, dass die Urheber hier nicht nach Arbeitszeit, sondern für ein Ergebnis bezahlt werden und so knapp kalkulierte Honorare erhalten, dass ihnen schwer zu vermitteln ist, warum sie darüber hinaus weitere Zugeständnisse an die Verwerter machen sollen. Dahinter stecken zwei Umstände: Urheber sind Einzelpersonen und sitzen daher verhandlungstechnisch gegenüber Verwertungsfirmen an einem der kürzesten Hebel der Welt. Und den müssen sie sich auch noch teilen, denn es gibt sehr viele Urheber. Weil Urheberberufe trotz allem beliebt sind, sehen sich Verlage und Redaktionen einem großen Angebot von Autoren, Journalisten oder Fotografen gegenüber, die sie vor die Alternative «nehmt unsere Vertragsbedingungen an oder ROFLcopter GTFO*» stellen können.

Also müsste der Gesetzgeber alle Verwerter verbindlich zu bestimmten Honoraren verpflichten. Viele Verwerter, darunter beispielsweise fast alle Buchverlage, kalkulieren selbst sehr knapp und können es sich schlicht nicht leisten, Autoren ein Mindesthonorar zu garantieren. Der Autor trägt das Risiko, dass seine ins Buch investierte Arbeitszeit umsonst war, aber der Verlag muss darüber hinaus Geld ausgeben, das er in vielen Fällen nicht zurückbekommt. Einige Verwerter würden in der Lage sein, die Zusatzkosten eines Mindesthonorars zu tragen, für viele andere – also vor allem kleine Verlage, Indie-Labels und so weiter – würde es bedeuten, dass bestimmte Geschäftsmodelle und Veröffentlichungen nicht mehr möglich sind. Ob man es für richtig oder falsch hält, Autoren, Übersetzern oder Verlegern die freiwillige Selbstausbeutung zu ermöglichen, und wie stark man sich in die Vertragsfreiheit einmischen möchte, hängt vom politischen Glaubensbekenntnis ab.

Abschaffung des Urheberrechts
Eintrittswahrscheinlichkeit: Null wäre geschmeichelt

Der Piratenpartei unterstellt man häufig, sie wolle das Urheberrecht abschaffen. Das stimmt zwar nicht, die Piraten wollen es lediglich reformieren. Anderswo wird diese Position aber durchaus vertreten, in Deutschland zum Beispiel von Michael «@mspro» Seemann, international beispielsweise von den US-Ökonomen Michele Boldrin und David K. Levine sowie den niederländischen Politikwissenschaftlern Joost Smiers und Marijke van Schijndel. Ihre Argumente sind lesenswert, aber der Platz in diesem Buch ist begrenzt

* Internetsprache für «Haha, da ist die Tür».

und die Komplettabschaffung des Urheberrechts so unwahrscheinlich, dass vorher die Hölle zufrieren wird und das Universalnetzteil für alle Geräte auf den Markt kommt*. Wir bitten Sie daher, die Details selbst in Boldrins und Levines «Against Intellectual Monopoly»[14] und Smiers' oder in van Schijndels Streitschrift «No Copyright. Vom Machtkampf der Kulturkonzerne um das Urheberrecht» nachzulesen. Auch der englischsprachige Wikipedia-Eintrag «Anti-copyright» bietet einen guten Überblick über die Argumente der Urheberrechtsgegner. Dass das Urheberrecht nicht ganz abgeschafft werden soll, ist wenigstens im deutschsprachigen Raum derzeit einer der wenigen Punkte, auf die sich fast alle Diskussionsteilnehmer einigen können. Bitte gehen Sie leise weiter und wecken Sie den schlafenden Hund nicht.

Stärkung der Freiwilligkeit

Eintrittswahrscheinlichkeit: Eventuell aus Versehen

Die Einhaltung aller gesellschaftlichen Regeln, eigentlich sogar die gesamte Zivilisation, beruht auf Freiwilligkeit. Gut, hier und da haben Drohungen, Strafen und Ängste vermutlich einen messbaren Nebeneffekt verursacht. Aber insgesamt betrachtet funktioniert ein durchschnittlich zivilisiertes Land nur deshalb, weil die allermeisten Leute weder die öffentlichen Blumenrabatten plündern noch das Obst aus den Auslagen auf dem Wochenmarkt nehmen, ohne zu bezahlen. Es ist nicht verwegen zu behaupten, dass solche Dinge deshalb nicht passieren, weil die Mehrheit der Leute es irgendwie einsieht. Warum also sollte nicht auch das Urheberrechtsproblem im Netz so gelöst werden können? Man kann auf die Einsicht des größten Teils des Publikums setzen, dass für einen Film oder ein Musikstück bezahlt wird. Diese Haltung

* Mit unverwirrbarem Kabel.

kann man stärken, zum Beispiel durch legale Downloadangebote, die nicht wesentlich komplizierter zu handhaben sind als ihre weniger legale Konkurrenz und nicht wesentlich teurer als das, was von der Mehrheit der Nutzer als angemessen empfunden wird. Man könnte das Verständnis für die Anliegen der Rechteverwerter mehren, indem man nicht ganz so ungebremst herumabmahnt[15]. Und man kann das freiwillige Mitmachen positiv sanktionieren durch Dreingaben, die nicht kopierbar sind wie Konzertbesuche oder T-Shirts. Uneinsichtige werden scheel angesehen, aber nicht erschossen. Letztlich muss eine Gesellschaft in fast allen Bereichen mit einer gewissen Quote Uneinsichtiger zurechtkommen, ohne dass deshalb ganze Landstriche veröden. Warum nicht auch hier?

Nichts tun / Rumliegen
Eintrittswahrscheinlichkeit: Im Zweifel automatisch

Der Jurist James Boyle verglich den Stand der Urheberrechtsdiskussion in einem 1997 erschienenen Text[16] mit dem der Umweltschutzdebatte in den fünfziger oder sechziger Jahren. Es fehlten ein theoretischer Rahmen und Instrumente zur Problemanalyse ebenso wie ein Bewusstsein für die gemeinsamen Interessen scheinbar grundverschiedener Gruppen, wie beim Umweltschutz etwa der Jäger und der Vogelbeobachter. Analog zum damaligen Mangel an Umweltbewusstsein fehle es uns noch an einer Vorstellung, was die Public Domain bedeutet. Auch bei der Umweltbewegung hat es einige Jahrzehnte gedauert, bis sich die nötigen Konzepte durchsetzten. Vielleicht dauert es also einfach – wie fast alles auf der Welt – länger, als man denkt, bis die Urheberrechtsdebatte mehr als nur unkonstruktives Geschrei hervorbringt. Abwarten hätte auch den Vorteil, dass nicht übereilt hierarchische Steuerungsmodelle eingeführt und Gesetze erlassen werden, die sich keine fünf Minuten später als überholt herausstellen. Es ist immer noch einfacher, eine fehlende Regelung einzuführen, als eine einmal bestehende wieder loszuwerden.

15. Mark Zuckerbergs Brille
Filter und Empfehlungen

Alle haben Angst vor der hyperpersonalisierten Onlinewerbung und ich bekomme Tiefbaumaschinenspam.
Max Winde / @343max, Twitter, 11. April 2012

Die Suchmaschinen der ersten Generation waren zwar ein großer Fortschritt gegenüber einer Welt ohne Suchmaschinen. Um mit ihrer Hilfe ein brauchbares Ergebnis zu finden, musste man sich aber immer noch durch ziemlich viele Ergebnisseiten klicken. Dann kam Google, und passende Treffer fanden sich fortan schon auf der ersten Seite. Die Internetsuche wurde so schnell und zuverlässig, dass viele Nutzer sich gar nicht mehr die Mühe machten, Bookmarks zu nutzen oder URLs einzugeben, sondern alles über das Google-Suchfeld ansteuerten. Ein goldenes Zeitalter brach an, und alle waren glücklich ... nein, nicht alle. «Die Suchmaschine leitet – frei nach dem Motto ‹10 Milliarden Fliegen können sich nicht irren› – aus der schieren Zahl der Links, die auf eine Website verweisen, deren Relevanz in der Suchanfrage ab», kritisierte Frank Patalong schon 2002 im *Spiegel*. «Google liefert nicht wirklich ‹gute› Ergebnisse, sondern massenkompatible: Sie sind für die meisten Menschen ‹gut›.» Dadurch, dass diese Seiten jetzt ganz oben stehen, werden sie noch häufiger verlinkt und gewinnen damit immer mehr Relevanz im Google-System. Der wissenschaftliche Begriff für diesen selbstverstärkenden Mechanismus lautet: «Der Teufel scheißt immer auf den größten Haufen.» Das ist kein googlespezifisches Phänomen, sondern trifft ebenso auf den *impact factor*[1] bei wissenschaftlichen Zeitschriften zu, man kann es in der Vergabe von Preisen in der Kulturwelt entdecken – wer schon viele hat, bekommt immer noch mehr – sowie in vielen anderen Lebensbereichen.

Schon wenige Jahre später nahm sich Google die Kritik zu Herzen und begann mit der Personalisierung der Suchergebnisse. Seitdem fließen auch Kriterien wie die vorangegangenen Suchen des Nutzers und sein Aufenthaltsort in die Gewichtung der Suchergebnisse ein. Die Tyrannei der Massen war überwunden, ein goldenes Zeitalter der Individualisierung brach an, alle waren glücklich ... nein, nicht alle. 2011 beklagte die Kommunikationswissenschaftlerin Miriam Meckel im *Spiegel* die neuen Zustände: «Wir sterben den virtuellen Tod der Berechenbarkeit. Und das Sterben hat Ende 2009 begonnen. Zu dem Zeitpunkt, als Google seinen Suchalgorithmus von dem für alle standardisierten PageRank auf die personalisierte Suche verlagert hat.»

Neben der Google-Personalisierung haben Empfehlungs- und Filteralgorithmen auch anderswo unübersehbar Einzug in den Alltag gehalten: die persönlichen Buchempfehlungen bei Amazon, die Vorschläge, mit wem man sich bei Facebook befreunden könnte, die Werbebanner, die mit den zuvor auf ganz anderen Seiten eingegebenen Suchbegriffen zu tun haben. Das zog eine Welle kritischer Feuilletonbeiträge nach sich, die 2011 mit dem Erscheinen von Eli Parisers Buch «The Filter Bubble: What the Internet is Hiding From You»[2] ihren vorläufigen Höhepunkt erreichte. In der Diskussion werden ziemlich unterschiedliche Themen zusammen abgehandelt: Parisers These von einer Einengung unserer Wahrnehmung durch die «Filter Bubble», die Kritik an Empfehlungsalgorithmen (von denen es wiederum mehr als nur eine Sorte gibt), die Kritik an der Google-Personalisierung sowie die Kritik daran, nach welchen Kriterien Facebook seinen Nutzern bestimmte Beiträge sichtbarer präsentiert als andere.

Das Gefühl, von der Technik entmündigt zu werden, kam nicht erst durch Google in die Welt. Der Informatiker und Technikkritiker Joseph Weizenbaum bemerkte 1976: «Dass unsere Gesellschaft sich zunehmend auf Computersysteme verlässt, die ursprünglich den Menschen beim Erstellen von Analysen und Treffen von Entscheidungen ‹helfen› sollten, die jedoch seit langem das Verständnis derjenigen übersteigen, die mit ihnen arbeiten, und ihnen dabei immer unentbehrlicher werden, das ist eine sehr ernste Entwicklung.» Damals hieß der Anlass zur Besorgnis noch «Expertensysteme», und Weizenbaum sah die Gefahr vor allem in der wachsenden Komplexität solcher Expertensysteme: Kein Mensch könne diese Programme noch verstehen und damit die Kriterien ihrer Entscheidungen wirklich begreifen, geschweige denn verändern. Es ist heute nicht weniger umstritten als damals, ob es sich bei dieser Befürchtung um ein eher theoretisches Problem oder um eine reale Bedrohung handelt und ob man damit das Programmiererhandwerk unnötig mystifiziert oder realistisch anerkennt, dass komplexe Systeme zu einem unordentlichen, undurchschaubaren Eigenleben neigen.

Ausgangspunkt für Weizenbaums Besorgnis war sein 1966 vorgestelltes Computerprogramm Eliza, einer der ersten Versuche, Sprache zu verarbeiten. Eliza konnte in einer Variante namens *Doctor* psychotherapeutische Gespräche führen «oder besser: parodieren», wie Weizenbaum schrieb. Das einfache Programm stieß auf überraschend großes Interesse, manche Therapeuten prophezeiten den klinischen Einsatz, und viele Nutzer, darunter Weizenbaums Sekretärin, führten intime Dialoge mit der Software. Aus Weizenbaums Erfahrung mit Eliza ging sein Buch «Die Macht der Computer und die Ohnmacht der Vernunft» hervor. Die darin behandelten theoretischen Fragen sind unverändert aktuell und waren es lange vor Weizenbaum (mehr dazu im Kapitel 16). Ob sich das von Weizenbaum kritisierte mechanische Bild vom Menschen in der Zwischenzeit weiter durchgesetzt hat und, falls ja, welche konkreten Verschlechterungen unserer Lage sich daraus ergeben haben, ist weiterhin ein Thema großer Nein-Doch-Debatten*. Das Führen intimer Gespräche am Computer erfreut sich immerhin heute größter Beliebtheit, wenn auch auf eine ganz andere Art, als man 1966 annehmen konnte.

Auch die heute vorgebrachten Argumente, die eine internetverursachte Wahrnehmungseinengung an die Wand malen, haben weniger mit konkreten Problemen als mit anekdotischen Erfahrungen zu tun. Miriam Meckel beschrieb 2011 in der *FAZ*, was ihr im Umgang mit der iTunes-Empfehlungsfunktion *Genius* aufgefallen war: «Was ein Algorithmus macht, ist ja eigentlich simpel: Er wertet als mathematische Formel das aus, was wir bisher getan haben, und projiziert es dann in die Zukunft. Aus unserer Vergangenheit und unserem früheren Verhalten wird unser mögliches zukünftiges Verhalten errechnet. Das bedeutet, wir bewegen uns in einen Tunnel unserer selbst hinein, der immer enger, immer selbstreferentieller wird, weil keine neuen Impulse mehr hinzukommen.»

So simpel ist es aber nicht, auch nicht *eigentlich*. Die meisten Empfehlungssysteme machen genau das, was Meckel vermisst: Sie zeigen dem Nutzer immer wieder auch Unbekanntes, schon allein um auszuloten, was ihn gerade interessiert und was nicht. Viele werten nicht nur die Vergangenheit dieser einen Person aus, sondern auch das Verhalten vieler

* Das muss nicht viel heißen, es ist nicht die Sorte Frage, die üblicherweise in weniger als fünfhundert Jahren beantwortet wird. Man könnte ein Expertensystem entwickeln, das ... nein? Na gut, dann nicht.

anderer Nutzer mit ähnlichen Vorlieben. Und sie gewichten neuere Erkenntnisse über einen Nutzer stärker als alte, wenn sie etwas empfehlen – sie gehen also gerade nicht davon aus, dass seine Interessen für immer unveränderlich sind. Die Grundprinzipien hinter den verschiedenen Verfahren sind veröffentlicht und für jeden nachlesbar, der es genauer wissen möchte.

Ein anderer häufiger Kritikpunkt lautet, dass die Vorfilterung zugunsten immer größerer Effizienz den glücklichen Zufallsfund abschafft. «Wem im Job den ganzen Tag lang Effizienzsteigerung eingebläut wird», hieß es 2000 in einem *Spiegel*-Bericht über Partnerbörsen, «der übernimmt die Maxime auch ins Privatleben. Das Glück soll nicht mehr dem Zufall überlassen werden, sondern wenigstens einer Software wie jenen Piepsern, die auf manchen Partys als elektronische Spannungsprüfer fungieren. Sind eigene Vorlieben erst mal programmiert, pfeift das Ding, sobald ein Gleichgesinnter vorbeiflaniert.»[3] Diese Besorgnis ist unverändert aktuell.

In den Zeiten vor der Personalisierung lautete der Vorwurf schon genauso: das Internet habe zu einer Abnahme der glücklichen Zufallsfunde im Vergleich zur Prä-Internet-Welt geführt. Steven Johnson, der Autor von «Everything Bad is Good For You», schrieb 2006 in seinem Blog unter dem Titel «Can We Please Kill this Meme Now»: «Mich regen diese Argumente wahnsinnig auf. Nutzen diese Leute das Web eigentlich? Ich mache unendlich viel mehr seltsame, ungeplante Funde als damals in der Unibibliothek. Das Stöbern in der Bibliothek ist eins der überschätztesten und missbrauchtesten Beispiele im Kanon der Sachen-die-früher-so-viel-besser-waren. (...) Das Vernetzungskonzept des Hypertext und die hungrige Suche der Blogosphäre nach Neuem machen das Web zur großartigsten Zufallsfundmaschine der Kulturgeschichte. Man stolpert vor dem Browser so viel leichter über irgendwas

Brillantes, Überraschendes als beim Betrachten von Bücherrücken in der Bibliothek. Durch Musikblogs und iTunes habe ich allein im letzten Jahr mehr interessante neue Bands und Alben entdeckt als in meiner ganzen Collegezeit. Ich weiß, das Radioprogramm ist viel schlechter geworden, aber glaubt irgendjemand im Ernst, dass Radio in seinen Empfehlungen jemals vielfältiger und überraschender war als das Stöbern im iTunes-Katalog oder auf Musikwebsites?»

Seit der Einführung personalisierter Such- und Empfehlungssysteme heißt es nun zwar nicht mehr, vor dem Internet sei alles besser gewesen. Dafür blicken Kritiker jetzt nostalgisch auf das nichtpersonalisierte Internet der neunziger und frühen nuller Jahre zurück. Noch einmal Miriam Meckel: «Uns wird jetzt die Überraschung verwehrt, all das, was in der englischen Sprache im schönen Wort ‹serendipity› ausgedrückt ist – die Möglichkeit, durch einen glücklichen Zufall auf wertvolle Informationen, Dinge, Erfahrungen oder Menschen zu stoßen. All das hat uns das Web bislang geboten und unser Leben bereichert.» Es ist schwer zu erheben, wie häufig man zufällig mit Neuem, Ungesuchtem konfrontiert wird und wie sich diese Häufigkeit im Laufe der letzten Jahre verändert hat. Trotzdem müsste sich genau diese Arbeit erst einmal jemand machen, wenn der Vorwurf der Verschlechterung mehr als nur den vagen Verdacht ausdrücken soll, dass früher alles besser war.

Der Journalist und Informatiker David Gelernter griff 2010 in der *FAZ* Weizenbaums Befürchtung wieder auf: «Weil viele der Softwaremodelle, auf die wir uns verlassen, zu komplex sind, als dass die Öffentlichkeit sie verstehen könnte – und oft auch zu komplex, als dass irgendjemand sie verstehen könnte –, ähneln die Urteile, die sie uns verkünden, den unerfindlichen bürokratischen Diktaten eines kafkaesken Staats, denen fraglos Folge zu leisten ist, obwohl keiner sie erklären kann.» Gelernter bezog sich dabei unter anderem auf Klimaprognosen, aber ob diese Prognosen das zukünftige Wetter richtig vorhersagen oder ob etwa Filmempfehlungssoftware passende Vorschläge macht, lässt sich relativ leicht überprüfen. Den empfohlenen Film sieht man sich an, beim Klima stellt sich die Treffsicherheit nach ein paar Jahren auf natürliche Weise heraus. Nebenbei sind Empfehlungen keine Befehle. Es gibt auf jedem Gebiet mehr als einen Anbieter – außer vielleicht bei Suchmaschinen, wo Google derzeit keine ernsthafte Konkurrenz hat. Und die Auswirkungen der Google-Personalisierung sind bisher sehr überschaubar, wie jeder durch Vergleich einer Google-Suche am eigenen und am Rechner eines anderen Menschen feststellen kann.

Das alles muss nicht heißen, dass die Skeptiker unrecht haben. Wo heute noch kein konkretes Problem besteht, kann morgen eines auftauchen. Auf jeden Fall aber deutet das Missverhältnis zwischen der Intensität der Debatte und der Spärlichkeit konkreter Belege darauf hin, dass es ein Bedürfnis nach der Auseinandersetzung gibt. Das Konzept der Filterbubble und der verallgemeinernde Begriff «Algorithmus» sind Henkel, an denen wir verschiedene abstrakte Probleme zu greifen versuchen: den Widerwillen gegen heimliche Beeinflussung und Eingriffe in die eigene Autonomie. Das Misstrauen gegenüber bestimmten Autoritäten bei gleichzeitigem Wunsch nach anderen, verlässlicheren. Und die Ahnung, dass auch das eigene Gehirn womöglich voreingenommene Filtersysteme einsetzt.

Die Angst vor der *Pepsi* heimlichen Manipulation

Die Vorstellung, manipuliert zu werden, ist allgemein unbeliebt, und zwar vor allem dann, wenn diese Beeinflussung heimlich geschieht. Die Aufregung über Werbung ist nicht besonders groß, obwohl sie Menschen ziemlich erfolgreich zu einem bestimmten Verhalten bewegen kann – die Industrie gibt schließlich nicht nur auf gut Glück weltweit um die 500 Milliarden Euro pro Jahr für sie aus. Dass wir uns daran weniger stören, liegt vielleicht daran, dass es Werbung schon so lange gibt und wir uns an sie gewöhnt haben, vielleicht aber auch daran, dass die Manipulation so transparent und sichtbar stattfindet und es sich so anfühlt, als träfen wir die Kaufentscheidung immer noch selbst. Selten gibt jemand zu, ein Produkt zu kaufen, weil er Werbung dafür gesehen hat. Werbung beeinflusst höchstens die anderen, man selbst ist ein bewusster Konsument und immun gegen billige Manipulationen. Es ist wie bei einem Zauberkünstler, der vorher demonstriert, dass die magische Schwebekugel nur eine einfache Schöpfkelle ist, und dessen Tricks wir trotzdem applaudieren.

Ein Vorläufer der heutigen Debatte über die unmerkliche Steuerung unserer Informationsströme ist die Diskussion um «subliminale Werbung», die der Journalist Vance Packard 1957 mit seinem Bestseller «Die geheimen Verführer» lostrat. Im Rahmen einer Studie, berichtete Packard, seien während eines Films millisekundenlang Werbebotschaften gezeigt worden, die das Publikum zum Kauf von Coca-Cola und Popcorn bewogen hätten.

«Es gehört nicht viel Phantasie dazu», schrieb der *Spiegel* 1958, «sich vorzustellen, dass die Aufforderung an das Unterbewusstsein der Kinobesucher oder Fernsehteilnehmer eines Tages nicht auf Harmlosigkeiten wie die Order beschränkt bleiben müsste, Coca Cola zu trinken. Zahlreiche Amerikaner befürchten denn auch einen Missbrauch der Unterbewusstseins-Werbung: Eine Partei könnte etwa dem Publikum suggerieren, es habe Ike zu lieben, oder die Sowjetführer könnten ihrem Volk die Ansicht aufzwingen, es müssten Atombomben auf Washington geworfen werden.» In den USA verpflichteten sich die TV- und Rundfunkverbände 1958, die «unkontrollierbare Unterbewusstseins-Werbung» zu unterlassen, in Großbritannien und Australien wurde sie ganz verboten. Auch im deutschen Rundfunkstaatsvertrag (§ 7, Punkt 3) steht: «In der Werbung und im Teleshopping dürfen keine Techniken der unterschwelligen Beeinflussung eingesetzt werden.»

Tatsächlich hatte das von Packard beschriebene Cola-Popcorn-Experiment so nie stattgefunden. Nach heutigem Forschungsstand können unterschwellige Werbebotschaften das Verhalten bestenfalls schwach beeinflussen, und auch das nur dann, wenn der Konsument sowieso schon erwogen hat, Popcorn zu kaufen. Packard hatte allerdings einen Trend losgetreten: Die Besorgnis über unsichtbare Verhaltensbeeinflussungen zog weiter und suchte sich neue Anlässe, zum Beispiel dic Frage, ob Heavy-Metal-Platten verborgene satanische Botschaften enthalten. Positiv gewendet findet sich die Idee in jenem Subgenre der Selbsthilfeliteratur wieder, das Leser in die Lage versetzen soll, ihre Mitmenschen durch Körpersprache und andere Tricks unbemerkt zu beeinflussen.

Es ist schön, sich wie ein ganz einzigartiges Individuum zu fühlen, resistent gegen jede Manipulation von außen. Gleichzeitig ahnen wir, dass wir in ziemlich vielen Lebensbereichen von Technik abhängig sind und dass die in diese technischen Systeme eingeflossenen Entscheidungen unser Verhalten verändern. Das ist ein wenig kränkend. Unerfreulich ist auch die Vermutung, man könnte eventuell gar nicht so einzigartig und individuell in seinen Entscheidungen und Vorlieben sein, sondern Teil einer von der Marktforschung bereits recht präzise ausgeleuchteten Bevölkerungsgruppe. Zum Beispiel ein «Moderner Performer», der mit überraschend hoher Wahrscheinlichkeit im Biomarkt einkauft, sein Auto geleast hat und ein iPhone benutzt. Wenn wir so einzigartig wären, wie wir uns fühlen, könnten Empfehlungsalgorithmen nicht funktionieren, deren Vorschläge auf dem Verhalten anderer Menschen beruhen. Angesichts dieser Zumutungen gerät unsere Vorstellung vom autonomen Ich ins Wackeln. Da ist es beruhigend, wenn hin und wieder jemand eine empörende Manipulation aufdeckt. Wir rufen nach dem Gesetzgeber, der ein Pflaster auf die Stelle kleben soll. Und weil wir die Manipulation jetzt durchschauen, fühlen wir uns wieder wie kritische Staatsbürger und nicht wie Rädchen im Konsumgetriebe.

Autoritäten, beliebte und weniger beliebte

Hinter der Kritik an der Filterblase steckt unter anderem der Glaube, es gebe einen objektiven Maßstab für die Wichtigkeit bestimmter Informationen. Der Facebook-Gründer Mark Zuckerberg wird im Buch «The Facebook Effect» mit der Aussage zitiert: «Ein Eichhörnchen, das vor deinem Haus stirbt, kann für dich in diesem Moment wichtiger sein als Menschen, die in Afrika sterben.» Wie zynisch, lautet die handelsübliche Reaktion, natürlich sind die Menschen in Afrika wichtiger. Aber die Frage ist nicht so einfach, wie das Eichhörnchenbeispiel suggeriert. Was ist wichtiger, der Bürgerkrieg in Syrien oder der Drogenkrieg in Mexiko? Die Kriegsopfer in Afghanistan oder die runde Million Menschen, die pro Jahr weltweit an den Folgen von Autounfällen sterben? Ein Fußball-WM-

Viertelfinalspiel mit deutscher Beteiligung oder die Landtagswahlen in Niedersachsen? Vielleicht war das sterbende Eichhörnchen das erste Opfer einer neuen Eichhörnchengrippe, die mehr Opfer fordern wird als Krieg und Autoverkehr zusammen? Und Anhänger von Religionen, in denen Eichhörnchen heilige Tiere sind, kommen sicher zu noch ganz anderen Einschätzungen. Wer erklärt, dass es wichtig ist, dass alle Menschen die gleichen Informationen oder Informationen zu den gleichen Themen zur Kenntnis nehmen, der behauptet damit: «Ich kenne die richtigen Kriterien, nach denen wir unsere Informationsströme organisieren müssen.» Das ist exakt die Haltung, die Eli Pariser an Google, Facebook und anderen Anbietern kritisiert.

So unbeliebt fremde Maßstäbe für die Auswahl von Informationen oder Empfehlungen sein mögen, so beliebt sind die eigenen. Journalisten und Redakteure, die gerade noch entscheiden durften, welche Informationen für andere Menschen wichtig sind, geben dieses Recht nicht gern ab. Es sind zwei unvereinbare Annahmen, die sich hier begegnen: auf der einen Seite der Glaube an irgendein absolut Bestes – die besten Kommentare, die wichtigsten Nachrichten –, das geschulte Fachleute schon herausfinden werden. Auf der anderen Seite steht der Glaube an persönliche Interessen und Vorlieben als Maß aller Dinge. Das ist ein alter Streit, der historisch bisher vor allem in der Kunstkritik stattfand. Und es ist keineswegs so, dass auf Papier die eine Meinung vorherrscht und im Netz die andere. Auch Kultur- oder Informationsangebote im Netz unterstützen nicht etwa den Nutzer in seinen privaten Interessen. Rubriken wie «Die *besten* Blogbeiträge», «Die von unseren Nutzern gewählten 100 *besten* Bücher des letzten Jahres» florieren auch dort, wo es technisch kein Problem wäre, individuellere Filterkriterien anzulegen.

Während Nutzer bestimmten Autoritäten misstrauen – für

die einen sind das Google und Facebook, für die anderen ist es der Staat –, wünschen sie sich gleichzeitig Instanzen, auf die man sich bedenkenlos verlassen kann. Welche Instanzen das sein sollen, ist Geschmackssache: Die einen trauen eher der klassischen Zeitung, die anderen ihrem Freundeskreis, und die Freunde der Filter- und Empfehlungsalgorithmen erhoffen sich von der Technik Auskünfte, die auf einer möglichst großen Datenbasis beruhen und weniger von Eigennutz und privaten Vorlieben durchtränkt sind als die mitmenschlichen Empfehlungen.

Auch das «Natürliche» kann so eine Autorität darstellen. Wer nach ungefilterten Suchmaschinenergebnissen verlangt, der denkt dabei an eine Art unschuldigen Naturzustand der Daten, ungetrübt durch menschliche Eingriffe. Aber nach irgendeiner Regel müssen die Ergebnisse sortiert sein. Jedes Arrangement wird den Nutzer in seinem Klick- und Leseverhalten beeinflussen. Wenn man gar keine Vorgaben machen will, könnte man die Suchergebnisse allenfalls in alphabetischer oder Zufallsreihenfolge anzeigen.[4] Für die Nutzer ist es aber wenig erfreulich, den ersten brauchbaren Treffer auf Seite 854 der Ergebnisse vorzufinden. Eine neutrale und gleichzeitig sinnvoll nutzbare Sortierung gibt es nicht. Und wenn Google die Suchergebnisse zwar in eine hilfreiche Reihenfolge bringt, aber nicht personalisiert, dann ist das immer noch ein Filter: der des Mainstreams. Seine einfache Regel lautet «Was vielen gefällt, das gefällt wahrscheinlich auch dir». Frank Patalongs oben zitierte Kritik ist völlig berechtigt – nicht personalisierte Suchergebnisse verengen nicht nur den Horizont, sie verengen ihn bei allen Nutzern auf dieselbe Weise.

Geht man noch einen Schritt zurück, stellt sich heraus, dass schon die bloße Information nicht einfach etwas Gegebenes ist, das unberührt von allen Filtermechanismen ungehindert vom Absender zum Empfänger gelangt. Auch hier gibt es keinen Naturzustand, denn Informationen werden auf jeder Station ihres Weges verändert. Schon die Dokumente, die Google «ungefiltert» auflisten könnte, sind ja ihrerseits Bearbeitungen von Informationen: der Wissenschaftsjournalist übersetzt einen Sachverhalt in eine laienfreundlichere Sprache, der Blogger vertritt eine Perspektive, die in den Printmedien vielleicht zu kurz kommt, der Kommentarschreiber reicht Informationen nach, die dem Originalbeitrag fehlten. Und nicht zuletzt filtert sich der Leser aus dem, was bei ihm ankommt, genau das heraus, was er zur Kenntnis nehmen möchte.

Die Filterbubble im Kopf

Eli Parisers Beschäftigung mit der Filterbubble begann mit der Feststellung, dass Facebook ihm immer weniger Updates seiner konservativen Freunde anzeigte, weil er ihre Links seltener anklickte oder teilte. Aus dieser Aussage kann man aber auch einen ganz anderen Schluss ziehen als Pariser: Der Autor wäre gern ein weltoffener, vielseitig interessierter Mensch und folgt daher zunächst auch ein paar Konservativen. Das Interesse geht aber dann doch wieder nicht so weit, dass er deren Links tatsächlich anklicken wollte, geschweige denn die verlinkten Beiträge lesen.

Mit diesem Problem ist Eli Pariser nicht allein. Die Auswertung unseres Verhaltens durch Filter- und Empfehlungsalgorithmen stimmt nicht immer mit unserer Selbstwahrnehmung überein. Wer jahrelang Mainstreamtitel bei Amazon gekauft hat, der bekommt auch welche empfohlen, und wer nie auf die Facebookupdates konservativer Freunde reagiert, bei dem geht der Algorithmus mit einem gewissen Recht davon aus, dass das Interesse an dieser Person oder ihren Gesprächsthemen so groß nicht sein kann. Facebook blendet das aus, womit wir uns weniger beschäftigen, und macht damit schlicht ein vorhandenes Verhaltensmuster sichtbar. Klagen über das Ergebnis sind Klagen darüber, dass Selbstbild und Wirklichkeit auseinanderklaffen.

Aus seiner kleinen, dunklen Informationshöhle zu entkommen, ist dank Internet zumindest theoretisch viel einfacher als früher. «Nie war weniger aufgezwungene Bubble», wie Felix Neumann in seinem Blog unter fxneumann.de schreibt, «früher zu meinen Schulzeiten, also nicht wesentlich länger als 10 Jahre her, als wir zuhause nur die Badischen Neuesten Nachrichten hatten, es in Kirrlach keine *taz* zu kaufen gab, und mein Deutschlehrer seine gelesenen Zeitungen für uns in die Schulbibliothek gelegt hat – *das* war Bubble!» In Zeitungen, Buchhandlungen, Bibliotheken und im Radio konnte aus Zeit- und Platzgründen schon immer nur ein kleiner Teil der kulturellen Produktion berücksichtigt werden. Auch Reiseführer sind eine klassische Filterbubble mit erheblichen Folgen. Technisch gesehen ist es durch das Netz viel leichter geworden, sich mit anderen Positionen auseinanderzusetzen. Das macht es schwieriger zu rechtfertigen, warum wir es nicht tun.

Im Nebenberuf vertritt die Filterbubble außerdem die alte Angst, etwas zu verpassen. Nachdem die umfassenden Informationsströme des Internets die theoretische Möglichkeit mit sich bringen, wirklich alles mitzukriegen, was man mitkriegen wollen könnte, sucht sich diese Angst neue Kanäle. Einer davon ist die Idee der Filterbubble, die einem suggeriert, man habe zwar alle gewünschten Quellen im Blick, aber die Filter falsch justiert, ohne es zu bemerken.

Nicht nur die Regeln, nach denen Maschinen die Welt für uns filtern, geben Anlass zur Kritik, auch die Regeln im menschlichen Kopf lassen zu wünschen übrig. Der oben erwähnte Vorwurf, Empfehlungsalgorithmen zögen nicht in Betracht, dass sich der Mensch und seine Interessen auch mal ändern können, ist nicht nur technisch falsch. Er ist auch insofern ungerecht, als ja auch Menschen nicht gerade häufig das Bild auffrischen, das sie sich von ihren Freunden und Verwandten einmal gemacht haben. Jahrzehntelang bekommt man die Nussschokolade geschenkt, die man mochte, als man neun war. Oder die Musik, die man mit fünfundzwanzig gut fand. Misstrauen ist nicht nur bei den Informationen angebracht, die uns andere Menschen vorsetzen, sondern ebenso sehr bei denen, die wir uns selbst verschaffen oder eben nicht verschaffen.

Auch neigen wir dazu, die Übereinstimmung unserer Ansichten mit denen unserer Freunde zu überschätzen, einfach deshalb, weil wir im Gespräch mit ihnen kontroverse Themen vermeiden oder schnell entschärfen (Ausnahme: im Kreise der Verwandtschaft nach dem achten alkoholischen Getränk). Das ist im Netz anders, weil sich ein Mensch, der etwas über sich in ein Blog oder soziales Netzwerk schreibt, ja nicht speziell auf die Interessen eines bestimmten Freundes einstellt. Schon unsere engsten Freunde erweisen sich in so vieler Hinsicht anders als wir selbst, dass wir Jahre bräuchten, um auch nur diese Bubble wirklich auszuloten. Die Diskussion über die Filterbubble ist eine Projektion innerer Probleme nach außen, in der Hoffnung, der Gesetzgeber oder sonst jemand könnte etwas gegen unsere Bequemlichkeit und unsere Wahrnehmungsverzerrungen tun.

Manche Vorwürfe an Filter- und Empfehlungsalgorithmen könnten etwas besser durchdacht sein. Das darf aber nicht darüber hinwegtäuschen, dass diese Systeme in vieler Hinsicht problematisch sind. Sie sind intransparent, und die fehlende Transparenz macht es Anbietern zu leicht, ihre eigene Agenda in die Ergebnisse einfließen zu lassen. Die Nutzer erfahren nicht, warum etwas empfohlen oder weggefiltert wird, und häufig gibt es wenige oder gar keine Einstellungsmöglichkeiten. Das ist für den Nutzer zwar bequem, aber wenn er merkt, dass ihm Informationen vorenthalten werden, und er nicht weiß, wie er diesen Zustand ändern kann, führt das schnell zu Frustration[5]. Umgekehrt will kein Nutzer beim Start eines neuen Dienstes erst mal alle möglichen Einstellungen vornehmen, und auch danach ist es keine triviale Aufgabe für Anbieter, diese Einstellungen gleichzeitig feinjustierbar und überschaubar zu halten[6]. Gerade wenn die Möglichkeiten des Missbrauchs durch die Anbieter so auf der Hand liegen wie im Zusammenhang mit Filter- und Empfehlungssystemen, ist die systemadministrokratische Haltung «Wir machen es schon richtig, der Nutzer hat das hinzunehmen und soll uns gefälligst vertrauen» nicht angebracht.

Es ist zwar ein Fortschritt, wenn Anbieter Nutzern die Möglichkeit geben, Empfehlungen zu verstehen und zu beeinflussen, wie Amazon das mit «Warum wurde mir das empfohlen?» und «Diesen Artikel nicht mehr für Empfehlungen berücksichtigen» tut. Man darf diese Optionen aber nicht mit Transparenz verwechseln. Die Angabe «Wir haben Ihnen Artikel A empfohlen, weil Sie Artikel B gekauft haben» ist eine extreme Vereinfachung der komplexen Vorgänge innerhalb des Empfehlungssystems. So eine Auskunft beruhigt den Nutzer, sie hindert den Anbieter aber nicht im Geringsten daran, bestimmte Produkte in den Vordergrund zu rücken, wenn das in seinem Interesse liegt.

Die Systeme sind immer noch zu schlicht konstruiert. Technikskeptikern zufolge wird sich daran auch nie etwas ändern, weil die Komplexität des menschlichen Verhaltens sich nicht sinnvoll in einem mechanischen System ausdrücken lässt. Der optimistische Einwand «Ja, die *jetzigen* Empfehlungs- und

Filteralgorithmen sind noch nicht so schlau, aber das sind nur Kinderkrankheiten» ähnelt dem Argument, der Kommunismus sei eigentlich eine gute Idee und nur bisher immer ungeschickt durchgeführt worden. Dafür, dass an solchen Empfehlungssystemen seit mittlerweile zwanzig Jahren geforscht wird, ist die Qualität der Ergebnisse auch bei finanziell gut ausgestatteten Unternehmen wie Amazon bescheiden. Selbst dort, wo es unmittelbar um bares Geld geht, versagen solche Systeme erschütternd oft. Viele Werbebanner werden interessegesteuert nach vergleichbaren Methoden eingeblendet, und doch bekommt man immer wieder den Kauf der neuesten Justin-Bieber-Live-DVD vorgeschlagen. Es bleibt also bis auf weiteres Geschmackssache, ob man in personalisierten Empfehlungen die Zukunft sehen möchte oder nicht.

Optimisten neigen dazu, sich vom Computer Auskünfte über rationale Wahrheiten zu erhoffen, auf die das System vermeintlich direkten Zugriff hat. Aber hinter dem Algorithmus steht immer noch ein Mensch, oder realistischer: eine Gruppe von Menschen, die sich das Regelwerk ausgedacht hat. Und auch kollaborative Filter können nur die Daten auswerten, die das Verhalten der Nutzer eben hergibt. Dieses Verhalten unterliegt aber weiterhin vor allem den Einflüssen herkömmlicher Bestsellerlisten, Marketingmaßnahmen, Mainstreammoden und Ländergrenzen.

Immerhin ist das Bild von der Welt, das die technischen Filtersysteme liefern, nicht auf ganz dieselbe Art verzerrt wie das Weltbild in den menschlichen Köpfen oder die Ergebnisse konkurrierender Filter[7]. So sind etwa die eigenen Vermutungen darüber, was ein Mitmensch sich zum Geburtstag wünschen könnte, nicht selten von den Interessen des Schenkenden geprägt: «Ich habe dieses Buch gern gelesen, also gefällt es dir bestimmt auch.» Wer im Netz Angebote nutzt, die sichtbar machen, welche Bücher, Musik, Filme die Freunde konsumieren, wird feststellen, dass eine solche Übereinstimmung der Vorlieben eher Wunsch als Wirklichkeit ist. Empfehlungsplattformen unterscheiden aus gutem Grund zwischen «Freunden» und «Geschmacksnachbarn». Ein Empfehlungssystem, auch wenn es als unpersönliche Ansammlung von Nullen und Einsen daherkommt, drückt die menschenfreundliche Absicht aus, genauer herauszufinden, was sich der Empfänger eigentlich wünscht, anstatt sich daran zu orientieren, was der Empfehlende gern hätte oder was für ihn am bequemsten ist.

Die Frage ist nicht, welches System die Welt ein für alle Mal so darstellen wird, wie sie wirklich ist. Eine ungefilterte Welt gibt es nicht. Aber es gibt immerhin heute mehr Möglichkeiten denn je, sie abwechselnd durch verschiedene Filter zu betrachten. Mit Hilfe einer Mischung verschiedener Strategien lassen sich unterschiedliche Ansichten der Informationslandschaft um uns herum erzeugen, die sich gegenseitig ergänzen. Wir können von niemandem ein neutrales Web einfordern. Wir können nur aktiv versuchen, mehrere Seiten eines Sachverhalts zu betrachten. Das war noch nie leicht, es ist aber zumindest in letzter Zeit auch nicht schwieriger geworden.

Wenn die Debatte um die Filterbubble eines Tages aus der Mode kommt, wird das Problem dahinter nicht etwa verschwinden. Die Frage, in welchen Situationen wir unser Leben autonom gestalten, wann wir von außen beeinflusst werden und welche dieser Einflüsse uns bewusst sind, wird aus dem zerfallenden Körper der alten Debatte herausfahren und in einen neuen, jungen hineinschlüpfen. Dieser junge Körper hat voraussichtlich mit einer Innovation zu tun, die heute schon existiert und dann im Massenmarkt angekommen sein wird. Sobald der lange angekündigte intelligente Kühl- oder Kleiderschrank wirklich anfängt, sich mit dem Internet zu verbinden und selbständig neu zu befüllen, wird Shopping seinen Ruf als Freizeitspaß medienmanipulierter Konsumopfer verlieren und zum Symbol für die heile Einkaufswelt von gestern werden. Feuilletonisten werden wehmütig auf die Zeiten zurückblicken, in denen man noch persönlich einkaufen ging. Als man nach langen Überlegungen und dem Besuch mehrerer Läden mündige Kaufentscheidungen traf! Freundliche Gespräche mit Verkäufern führte! Selbständiges Shopping wird dann ungefähr so staatstragend erscheinen wie der Gang zur Wahlurne. Fachleute können sich schon mal warmkritisieren.

Tipps zum Umgang mit der Filterbubble

Soweit sich im Netz konkrete Ratschläge zum Umgang mit der Filterbubble finden lassen, klingen sie recht ähnlich wie die, die Eli Pariser auf der Website zu seinem Buch[8] gibt: Cookies löschen, Geschichte der besuchten Seiten löschen, Geburtsdatum verbergen, inkognito surfen, sich bei Facebook und beim Gesetzgeber beschweren. Aber alle diese Strategien führen nur zurück in den Mainstream, also in eine andere Blase hinein. Wir haben hier deshalb einige Vorschläge versammelt, die ein bisschen mehr Mühe verursachen (und das nicht nur einmal, sondern jeden Tag), aber dafür auch bessere Aussichten auf die Welt jenseits des Tellerrands versprechen.

Wegklickwunsch hinterfragen

Es genügt nicht, von Freunden oder Suchmaschinen Links zu horizonterweiternden Informationen zu bekommen. Man muss das Verlinkte schon auch zur Kenntnis nehmen. Wenn Sie nach dem Lesen der ersten Absätze eines Textes den dringenden Wunsch verspüren, diesen Text wegzuklicken und Ihre Zeit mit etwas anderem zu verbringen, dann geht im Hintergrund im Gehirn oft etwa Folgendes vor: «Weiterlesen würde mich auf unangenehme Widersprüche in meinen Ansichten aufmerksam machen, womöglich müsste ich nachdenken und am Ende sogar meine Meinung ändern. Schnell weg damit!» Das teilt einem das Gehirn aber nicht ganz so klar mit. Stattdessen tarnt es das Zucken im Klickfinger mit Begründungen wie «Das ist mir jetzt zu mühsam», «Wenn das schon so anfängt», «Ach, aus der Ecke kommt das» oder «Trollerei!». Dasselbe gilt für seit Tagen geöffnete Texte, die man eigentlich noch zu Ende lesen wollte. Das soll nicht heißen, dass man alles Angeklickte auch zu Ende lesen und immer seinen Teller leer essen muss. Vielleicht hat der Verfasser wirklich unrecht, vielleicht ist der Text auch wirklich zu schlecht und langweilig geschrieben. Aber es kostet nur ein paar Sekunden, sich die Frage, was gegen die Lektüre spricht, ins Bewusstsein zu holen, anstatt sie den Reflexen der klickenden Hand zu überlassen.

Klugen Leuten folgen, egal, worüber sie schreiben
Wenn Sie jemanden gefunden haben, der Ihnen intelligent erscheint, ist das eine günstige Gelegenheit, sich über Themen informieren zu lassen, auf die Sie selbst nicht gekommen wären. Folgen Sie der klugen Person auch dann, wenn deren Blog von Koi-Karpfenzucht, Sterbebegleitung oder dem Wirtschaftssystem Patagoniens handelt. Das bringt wiederum neue Probleme mit sich: Eventuell werden Sie auch Quatsch unkritisch akzeptieren, weil er ja von Experten stammt. Und auch kluge Menschen schreiben über die Themen außerhalb ihres Fachgebiets häufig Unfug. Aber als Ergänzung und Ausgleich zu den sonstigen Informationskanälen ist dieses Verfahren trotzdem praktisch.

Aggregatoren nutzen
Ein Nachrichtenaggregator ist eine Website, auf der Links zu Texten gesammelt werden, die ein dahintersteckender Algorithmus, eine Redaktion oder die Nutzer des Dienstes für lesenswert halten. Wenn Sie Lesetipps auf diesem Weg beziehen, verlassen Sie schon mal die «Das Handelsblatt les ich doch nicht»-Bubble. Englische Aggregatoren sind etwa reddit.com, alltop.com oder,

wenn Sie sich für Technik interessieren, Hacker News. Aber Aggregator ist nicht gleich Aggregator. Wenn das Filterprinzip nur lautet «Wir sammeln Links zu Texten, die viele Facebook-Likes haben», dann wird das Angebot Ihren Horizont nicht wesentlich erweitern. Filtertechnisch ist es besser, wenn der Anbieter eigene Auswahlkriterien zugrunde legt, wenn also etwa die Nutzer des Dienstes die Links aktiv zusammenstellen. Das ist kein *besseres* Verfahren als anderswo, aber es ist ein *anderes* Verfahren, und darauf kommt es an.

Freunde nicht vorschnell für unzurechnungsfähig halten

Weil man sich etwa in seiner Facebooktimeline nicht auf die Interessen eines bestimmten Freundes einstellen kann, sondern allen Lesern gleichzeitig etwas mitteilt, ergeben sich überraschende Antworten auf die alte Menschheitsfrage: Worüber reden meine Freunde eigentlich, wenn ich nicht dabei bin? Wenn ein bis dahin für klug gehaltener Freund im Netz etwas vollkommen Geistesgestörtes von sich gibt, also zum Beispiel für oder gegen Urheberrechtsreformen ist, dann schreiben Sie diesen Freund nicht gleich ab. Es ist keine neue Information, in deren Licht Sie jetzt Ihre Meinung über den alten Freund revidieren müssen. Der Freund ist so, wie er immer war, also vermutlich weiterhin schlau. Nur Ihr Wissen über das Thema ist unzulänglich, wenn Sie annehmen, man könnte nicht gleichzeitig intelligent sein und diese absurde Meinung vertreten. Nutzen Sie die Chance: Ein Mensch, den Sie schätzen und ansonsten für schlau halten, kann Ihnen vielleicht die Welt auf eine Weise erklären, die Sie bisher nicht annehmen wollten.

Neue Angebote nutzen, solange sie noch neu sind

Wenn Sie wenig Zeit haben, sind kluge, kontroverse Debatten der schnellste Weg zu den Argumenten der Gegenseite. Es gibt Angebote mit intelligenter Debattenkultur im Netz, aber man muss sie mühsam suchen. Am einfachsten geht es, wenn man neue Angebote nutzt. Sie sind wie neu eröffnete Restaurants, in dem das Essen noch gut und billig und das Personal freundlich ist.

Man knüpft Kontakt zu Unbekannten, alle schreiben klug und konstruktiv, weil sie einander noch nicht kennen und einen guten Eindruck machen wollen. Zum guten Ton gehört dabei allerdings auch, dass man sich irgendwann schweigend wieder verabschiedet und nicht noch jahrelang die von Nachzüglern überlaufenen Gegenden mit «Ach, früher! Früher waren die Diskussionen hier viel intelligenter!» vollkommentiert.

Leicht gewonnenen Debatten und dummen Umgebungen misstrauen

Wenn alle um Sie herum Ihnen recht geben oder nur dumme Argumente vorbringen, haben Sie sich wahrscheinlich mit schwachen Gegnern umgeben oder halten sich an einem Ort auf, an dem es nur solche gibt. Dass Sie am richtigen Ort sind, merken Sie daran, dass die Auseinandersetzung kompliziert ist, dass Sie nachdenken müssen und nicht automatisch gewinnen.

Dem Wunsch misstrauen, einen Link zu teilen

Denken Sie an die modernen Legenden von der Spinne in der Yuccapalme zurück: Wir erzählen nicht unbedingt das gern weiter, was uns und die anderen klüger macht, sondern stattdessen das, was unsere Vorurteile oder unser Wunschdenken illustriert. Verlinkungszurückhaltung ist insbesondere geboten bei Berichten, in denen amerikanische Wissenschaftler per Neuroimaging herausgefunden haben, dass Ihre politischen Gegner ängstlicher, dümmer oder neurotischer als die Anhänger Ihrer Lieblingspartei sind.

Auch scheinbar schlechten Empfehlungen von Algorithmen folgen

Die besten, horizonterweiterndsten Empfehlungen sehen auf den ersten Blick ganz falsch und abwegig aus. Sonst würden sie ja den Horizont nicht erweitern. Das heißt nicht, dass alle falsch und abwegig daherkommenden Empfehlungen in Wirklichkeit sehr gut sind. Aber man sollte zumindest die Möglichkeit im Auge behalten.

16. Maschinenherz

Von Technikabhängigkeit und der unmittelbar bevorstehenden Herrschaft der Maschinen

Das Brutto- und Nettoresultat davon ist, dass die Persönlichkeit von Menschen, die die meiste Zeit ihres Lebens damit verbringen, die steinigen Feldwege dieser Gemeinde mit eisernen Fahrrädern zu befahren, sich mit der Persönlichkeit ihrer Fahrräder vermischt – ein Resultat des wechselseitigen Austausches von Atomen – und Sie würden sich über die hohe Anzahl von Leuten in dieser Gegend wundern, die halb Mensch und halb Fahrrad sind.
Flann O'Brien, «Der dritte Polizist», deutsch von Harry Rowohlt

Der Ursprung der Idee einer Übermacht der Maschinen ist recht offensichtlich. Schon mit der Erfindung der ersten technischen Geräte wurde deren Überlegenheit in Sachen Kraft, Schnelligkeit und Ausdauer unübersehbar. Jede Seilwinde führt vor, wie schwach des Menschen Arm ist und wie stark ein paar mechanische Bauteile im Verbund sein können. Mit der Erfindung der Dampfmaschine und des Elektromotors hat sich die Überlegenheit noch verstärkt, mit dem Computer ist sie in Bereiche vorgedrungen, die der Geistesarbeit ähneln. Mit der digitalen Vernetzung schließlich sieht man sich nicht mehr nur einer Maschine gegenüber, sondern Millionen vernetzten Geräten gleichzeitig, gewissermaßen der Gesamtheit aller Maschinen, einer Übermaschine.

Die Populärkultur bedient sich der Angst vor einer zukünftigen Maschinenmacht erfolgreich. In den erfolgreichsten Science-Fiction-Filmen der letzten dreißig Jahre – von *Terminator I, II, III* bis *Matrix I, II, III* – ist die Herrschaft der

Maschinen eine zentrale Schreckensvision. Dieses psychologisch offenbar tiefsitzende Problem kennt zwei Ausprägungen: die totale, aber unbemerkte Abhängigkeit des Menschen von der Maschine (wie in *Matrix*) – und der offene Krieg der Maschinen gegen die Menschen (wie in *Terminator*). Ob Abhängigkeit, Tyrannei oder eine Mischform, die Beziehungen zwischen Mensch und Maschine sind ein wesentlicher Teil der Diskussion um Hochtechnologie, Vernetzung und Internet. Die grundsätzlichen Streitfragen dahinter lauten: Vergrößert oder beschränkt die Maschine die menschliche Freiheit? Kann die Maschine den Menschen würdig ergänzen – oder ist sie sein seelenloses Gegenstück, womöglich gar sein Feind? Wie viel Maschine steckt im Menschen, wie viel Mensch in der Maschine? Aus den Antworten auf diese Fragen folgt, welche kulturellen, gesellschaftlichen, menschlichen Funktionen man der Maschine übertragen kann oder darf, ohne gleich die Maschinenherrschaft herbeizuführen. Die Welt beschäftigt sich schon eine Weile damit.

Der chinesische Gelehrte Zhuangzi verfasste gegen Ende des vierten Jahrhunderts vor Christus eines der Hauptwerke des Daoismus, «Das wahre Buch vom südlichen Blütenland»[1]. Im Kapitel *Der Ziehbrunnen* erklärt ein alter Mann, weshalb er das Feld von Hand wässert, statt die Apparatur des Ziehbrunnens zu benutzen: «Wenn einer Maschinen benützt, so betreibt er all seine Geschäfte maschinenmäßig; wer seine Geschäfte maschinenmäßig betreibt, der bekommt ein Maschinenherz. Wenn einer aber ein Maschinenherz in der Brust hat, dem geht die reine Einfalt verloren. Bei wem die reine Einfalt hin ist, der wird ungewiss in den Regungen seines Geistes. Ungewissheit in den Regungen des Geistes ist etwas, das sich mit dem wahren Sinne nicht verträgt. Nicht dass ich solche Dinge nicht kennte: ich schäme mich, sie anzuwenden.»

Zwar ist recht unwahrscheinlich, dass Zhuangzi Albträume von der Unterdrückung der Menschheit durch gefühllose, brutale Ziehbrunnen plagten. Aber der Mensch lässt sich durch die Benutzung von Maschinen stärker prägen, als er sich eingestehen möchte. Und damit ist eine Vorstufe der Maschinenherrschaft erreicht: die Herrschaft der Menschen mit Maschinenherz*. Das sind all diejenigen, die an die Überlegenheit des Rationalen, an die messbare Eindeutigkeit der Welt und an die technische Lösbarkeit sozialer Probleme glauben. Wenn in Diskussionen der Vorwurf der Technikgläubigkeit aufkommt, ist vom Maschinenherz die Rede, nur eben mit einem weniger schönen Wort.

Dieser Konflikt ist ein Klassiker, vielleicht hat er die älteste Vorgeschichte der in diesem Buch behandelten Technikstreitigkeiten. Zhuangzis Daoismus ist eine unordentliche, mystische Religion, sie handelt vom Wandel und vom natürlichen Wachstum, und die ihr anhängenden Philosophen fanden es lachhaft, aktiv nach «Weltverbesserung» zu streben. Der Weise lässt geschehen, anstatt sich in das Wirken des Dao einzumischen. Der Gegenentwurf, die Lehre für Freunde des Ziehbrunnens, war der Konfuzianismus, eine Philosophie voll klarer und aufgeräumter Ideen, gut geeignet für Staatsdoktrinen, autoritäre Systeme und präzisionsbegeisterte Ingenieure.

Wer bereit ist, großzügig über sämtliche Details, feine Unterschiede und trennende Jahrhunderte hinwegzusehen,

* Eine Sonderform davon ist die Systemadministrokratie. Denn nur der Systemadministrator hat Wissen, Fähigkeit und Macht, die Maschine zu beherrschen. In beinahe jedem Büro ist regelmäßig zu erleben, wie sich Computer nicht um die hierarchischen Strukturen kümmern und gegen den Willen eines Vorgesetzten die Arbeit einstellen. Selbst der Vorstandsvorsitzende ist dann gezwungen, eine nachlässig gekleidete Person anzurufen, die in der Regel bloß den Rechner neu startet, der anschließend wieder so gut oder schlecht wie zuvor funktioniert.

erkennt hier fast baugleich das westliche Gegensatzpaar Aufklärung und Romantik. Der Aufklärer vertraut auf rationale Methoden und glaubt an den Fortschritt, während der Romantiker die Versprechungen des Aufklärers für gefährlichen Mumpitz hält. Er wird darauf hinweisen[2], dass die Aufklärung speziell in der Sonderform des Technikoptimismus durch ihre Lösungen ständig neue Probleme schafft, die sie dann mit noch mehr Technik vergeblich zu bewältigen versucht. Und selbst wenn alles gutgeht, ist die aufgeklärte, rationale Welt für den Romantiker so nackt und kahl wie ein Stahlbetonparkhaus auf der Rückseite des Mondes.

Eine diskussionshinderliche Fehleinschätzung vieler Aufgeklärter ist, dass Romantiker keine Ahnung von Technologie hätten. Im Gegenteil gibt es zahlreiche Fälle, in denen gerade das Verständnis ein tiefes Misstrauen gegenüber der Maschinenwelt hervorbringt. Die Extremposition der romantischen Haltung fand sich bei Theodore Kaczynski, dem «Unabomber». Der ehemalige Harvard-Absolvent und Berkeley-Dozent für Mathematik war davon überzeugt, dass der Teufel Technologie die Gesellschaft fest in seinem vernichtenden Griff habe und unbedingt aufs schärfste bekämpft werden müsse. Er selbst fing schon mal damit an, indem er 1970 in eine Elf-Quadratmeter-Holzhütte in den Bergen von Montana umzog. Um dann zwischen 1978 und 1995 diverse Briefbomben an die von ihm identifizierten Stellvertreter der maschinellen Apokalypse zu verschicken, nämlich Wissenschaftler und Vorstände von Fluglinien. Da kein ordentlicher Konzeptmörder ohne erläuterndes Manifest auskommt, schickte er 1995 der *New York Times* und der *Washington Post* knapp 150 Buchseiten mit seinen Gedanken zu Technik und Gesellschaft. Kaczynski beschrieb, auf welche Weise die Technologie insgesamt der Freiheit der Gesellschaft entgegenstehe: «Es ist unmöglich, einen DAUERHAFTEN Kompromiss zwischen Technologie und Freiheit zu finden, weil Technologie als weitaus stärkerer gesellschaftlicher Zwang mit Hilfe von IMMER NEUEN Kompromissen andauernd in die Freiheit eingreift. [...] Technologie wird sich gegen alle Widerstände ihren Weg bahnen, immer größere Kontrolle über die Menschen gewinnen und sie mehr und mehr vom System abhängig machen.»[3]

Das Unabomber-Manifest unterscheidet sich von einem handelsüblichen Feuilletonbeitrag eigentlich nur durch die vielen Großbuchstaben. In seinem Buch «What Technology Wants» (2010) überschreibt Kevin Kelly ein Kapitel sogar mit «Der Unabomber hatte recht». Als Mitgründer der Zeitschrift *Wired* der leichtfertigen Technologiekritik eher unverdächtig, hat Kelly den Begriff «Technium» erfunden. Technium steht für die Gesamtheit aller Technologie. Die erste Kleidung, der erste Faustkeil, die ersten Bewässerungsvorrichtungen wie etwa den Ziehbrunnen, all das zählt Kelly zum Technium, zur sich ständig weiterentwickelnden Technologie, die gleichzeitig die Menschheit voranbringt, jedoch um den Preis der fortschreitenden Abhängigkeit. Kelly schreibt dem Technium ein Eigenleben zu, er stellt die Frage, ab wann dieses Eigenleben ein Bewusstsein entwickelt und ob das nicht längst der Fall sein könnte. Und er fragt schließlich, ob dieses technische Bewusstsein nicht den Menschen mindestens so sehr beherrsche wie der Mensch das Technium. Kelly sieht trotz dieser Abhängigkeit die Zukunft der Technologie recht hoffnungsfroh, weil er eine Art Gleichgewicht der Mächte des seligmachenden Fortschritts erkennt: Maschinen und Menschen in friedlicher, sich gegenseitig bereichernder Koexistenz.

Neben denen, die die Herrschaft der Maschinen drohen sehen, und denjenigen, die sie eben nicht drohen sehen, lässt sich eine dritte, diffuse Gruppe ausmachen: diejenigen, die sich die Maschinenherrschaft herbeiwünschen. Der Mathematiker Claude Elwood Shannon schuf 1949 mit seiner Arbeit «Eine mathematische Theorie der Kommunikation» die Grundlage für die Informationstheorie. Darin schrieb er: «Ich kann mir eine Zeit vorstellen, in der wir für Roboter das sind, was heute Hunde für Menschen sind. Und ich bin auf der Seite der Maschinen.» Shannon entwickelte die intellektuelle Basis für die Sprache der Maschinen, damit hat er die digitale Revolution vorangetrieben, das Internet mit ermöglicht und der Furcht vor einer Roboterherrschaft eine ganz neue Dimension verliehen.

Seine Metapher ist aufschlussreich: der Hund als erster nonhumanoider Handlanger, als tierische Hilfsmaschine des Menschen. An diesem Beispiel lässt sich auch beobachten, wie das Werkzeug seinen Verwender verändert. Im Mai 2012 veröffentlichte der *American Scientist* einen Artikel des emeritierten Anthropologie-Professors Pat Shipman, der darin die These aufstellte, dass der Hund die Ursache für die Überlegenheit des Homo sapiens gegenüber dem Neandertaler gewesen sei. Diese Spur führt zum Kern der Debatte um die Herrschaft der Maschine, zur Arbeitsteilung und ihren Folgen. Die Domestizierung des Wolfs war eine der ersten Entscheidungen des Menschen, nicht alles selbst zu machen. Der Beginn der zivilisierten Gesellschaft war der Moment, in dem sich die Arbeitsteilung bewährte. Es ist für den Zivilisationsteilnehmer in den letzten 10 000 Jahren selbstverständlich geworden, die eigenen, beschränkten Fähigkeiten durch Tiere und Geräte zu ergänzen, durch den Geruchssinn des Hundes, die Kraft des Hebels, die Geschwindigkeit des Pferdes, die Stetigkeit des Uhrwerks, die Alpentauglichkeit von Elefanten. In diesem Kontext dürfte es besonders ängstliche Charaktere beruhigen, dass selbst die vieltausendjährige Abhängigkeit von Tieren als lebenden Arbeitsmaschinen nicht die Herrschaft der Tiere über uns gebracht hat, wenn man von der offensichtlichen Supermacht der Hauskatzen[4] einmal absieht.

Mit der Arbeitsteilung begann aber nicht nur die Zivilisation, sondern eben auch die Sorge um Abhängigkeit. Die Furcht vor der Maschinenherrschaft ist insofern die direkte Folge der Arbeitsteilung. Denn Arbeitsteilung bedeutet automatisch Kontrollverlust*, das gilt zwischen Menschen ebenso wie zwischen Mensch und Maschine. Je länger zum Beispiel ein Paar zusammenlebt, desto stärker werden die Tätigkeiten nach Fähigkeiten aufgeteilt. Was wiederum zu noch größerer Abhängigkeit führt, weil die eine Seite trainiert, was auf der anderen Seite verkümmert.

Innerhalb der Diskussion lassen sich drei typische Positionen ausmachen. Erstens die manufactumhafte Distanzierung vom Fortschritt (Flucht nach hinten). Zweitens die ständige Verbesserung der Technologie als Lösung für alle Probleme (Flucht nach vorn). Oder aber drittens das Eingeständnis, dass die Zivilisation so viele Schichten von Abhängigkeiten aufeinandergestapelt hat, dass es eine Illusion wäre, nur die jüngste, oberste – das Internet – zu entfernen (gar keine Flucht). Das mag nicht das angenehmste Argument sein, aber jede neue Schicht erschien in den letzten 100 Jahren als ähnlich umfassend und erschreckend. Bevor man sich schließlich daran gewöhnte oder beruhigenderweise aus den Augen verlor, dass eine Großstadt ohne ein paar stromerzeugende Turbinen bloß ein Haufen kalter Steintürme ist. Von Einstein ist der Satz bekannt: «Wenn die Bienen verschwinden, hat der Mensch nur noch vier Jahre zu leben.» Wenn aber die Maschinen verschwinden, dürfte dieser Zeitraum eher in Monaten

* Schreiben Sie einfach mal ein Buch mit einem Verlag und Koautoren, dann wissen Sie, was wir meinen.

gemessen werden, zumindest für sehr, sehr viele Menschen. Details können Spezialisten der Nahrungsmittellogistik und der Trinkwasserversorgung berechnen.

Um zur besseren Verständigung auch den Technologiebegeisterten begreiflich zu machen, wie sich eine ständig drohende Maschinenherrschaft anfühlen mag, hilft ein definitorischer Kniff. Lewis Mumford, Soziologe, Philosoph und Universalgelehrter für neuzeitliche Angelegenheiten, hat den Mythos der Maschine untersucht, den Einfluss der Maschine im Lauf der Geschichte. Nach seiner Ansicht kann man die gesamte Zivilisation als Megamaschine verstehen. Die technikorientierte Kultur, die unsere Gesellschaft am Laufen hält, habe selbst eine maschinenhafte Struktur. So sei zu erklären, warum in der Antike mit den Pyramiden oder dem römischen Straßen- und Brückennetz Leistungen vollbracht worden seien, die heute eigentlich nur maschinell, industriell für möglich gehalten würden. Unsere gesellschaftliche Organisationsform ist für Mumford die Maschine, und die Bürokratie ist ihr Getriebe. Die Furcht vor der Herrschaft der Maschine entspricht ihrem Wesen nach also der Furcht vor einem bürokratischen Machtapparat. Eine politische Maschinenherrschaft ist derzeit eher unwahrscheinlich, eine politische Herrschaft jener Maschinerie, die wir Verwaltung nennen, ist längst Realität. Die Furcht vor den Mühlen des Amtes kann selbst der technologiebegeistertste Nerd nachvollziehen.

Um den Technologieskeptikern die Sichtweise der anderen Seite zu verdeutlichen, muss man die Frage stellen, was die Maschine eigentlich für das Individuum bedeutet. Marshall McLuhan spricht von der Technologie als «Extension of Man», einer Erweiterung des Menschen, und beginnt dabei explizit mit der «zweiten Haut», zählt also selbst Kleidung dazu. Für die Anhänger der Maschine bedeutet Technologie damit Schutz und Freiheit, weil sie die Abwehrfähigkeit und den Aktionsradius erweitert. Mit der sozialen Technologie, die das Internet bereitstellt, verhält es sich nicht anders.

Die Diskutanten können sich auf die nächste Eskalationsstufe freuen, die sich bereits am Horizont abzeichnet. Der Tag ist nah, an dem «Extension of Man» wörtlich verstanden werden kann und die Maschine mit dem Menschen verschmilzt. Der Schatzmeister der Piratenpartei in Berlin, Enno Park, bezeichnet sich selbst mit nur minimaler Koketterie als Cyborg, weil er ein sogenanntes Cochlea-Implantat trägt; ein kleiner Computer mit Mikrophon ist direkt an seinen Hörnerv angeschlossen. Im Mai 2012 veröffentlichte die Wissenschaftszeitschrift *Nature* die Arbeit von John Donoghue von der Brown University in Rhode Island. Sein Team hatte mit Hilfe von Technologie des Deutschen Zentrums für Luft- und Raumfahrt eine querschnittsgelähmte Frau einen Roboterarm steuern lassen, allein mit der Kraft ihrer Gedanken. Vergleichbare Experimente sind schon zuvor unternommen worden, aber in diesem Fall schaffte es die Frau, mit dem Roboterarm einen Becher anzusetzen und zu trinken. Marvin Minsky, ein Vordenker der künstlichen Intelligenz, malt sich die Zukunft der Beziehung zwischen Mensch und Maschine so aus: «Werden die Roboter die Erde übernehmen? Ja, aber sie werden unsere Kinder sein.»

Hängt man allerdings der Auffassung an, dass die Gesellschaft selbst eine Maschine ist, dann ist einigermaßen irrelevant, wie weit die Technologie in den Körper hineinwandert. Viel wichtiger als die Frage nach dem Umgang mit dieser oder jener Erfindung ist die Auseinandersetzung mit den konkurrierenden Ideen, die dahinterstehen: Aufklärung vs. Romantik, automatische Weltverbesserung vs. doch keine, die Suche nach technischen Lösungen für soziale vs. die Suche nach sozialen Lösungen für technische Probleme. Eventuell verläuft die Kluft sogar im Wesentlichen zwischen denen, die den Menschen für eine – wenn auch sehr ausgefeilte – Maschine halten, und denen, die das nicht tun. In dem Fall wäre das Verständigungsproblem dasselbe wie das zwischen Atheisten und Religiösen: Beide Seiten halten für unübersehbar, dass die andere Seite unrecht hat, aber niemand kann etwas anderes als Glaubensargumente für die eigene Position vorbringen. Auf mehr als friedliche Koexistenz ist dann nicht zu hoffen.

In einigen Bereichen des täglichen Lebens ist es ganz schön, von ordentlichen Konfuzianisten umgeben zu sein. Im Umgang mit Ämtern wünschen sich die meisten, der Amtsapparat möge schnurren wie ein Uhrwerk und nicht so sehr wie eine dösende Katze. Wer Ämter bereits für einen Teil des großen rationalistischen Irrtums hält, kann stattdessen das Buch betrachten, das er vor sich hat und das – egal, ob als E-Book oder in seiner Papierform – nicht denkbar wäre ohne eine ganze Reihe technischer und sozialer Elemente, die zweifellos in die viereckige Welt der Unromantik gehören. Ideal* wäre eine Welt, in der man selbst das Leben eines daoistischen Weisen führen kann, während Bahnfahrpläne, innerstädtische Sprengarbeiten und die Chirurgie in den Händen humorloser Frühaufsteher und präzisionsgetriebener Sockenbügler liegen.

Weil das nicht für alle funktionieren kann, müssen die beiden Welten koexistieren, was sie durch einen günstigen Zufall auch bereits tun. Wir wollen jetzt gar nicht von der «Digitalen Bohème» anfangen, von der Holm Friebe und Sascha Lobo steil daherbehaupten[5], sie überbrücke endlich die alte Kluft zwischen idealistischem Künstlergeist und

* Subjektiv gefärbte Darstellung aus Sicht der Autoren.

dem rationalistischen, technikaffinen Bürgertum. Sondern verweisen stattdessen auf den britischen Anarchisten, Literatur- und Kunstkritiker Sir Herbert Edward Read, der 1934 in einem Aufsatz forderte, Maschinen dürfe man nur einem Volk anvertrauen, das vorher bei der Natur in die Lehre gegangen sei. Nur solche Leute brächten es fertig, Maschinen zu ersinnen und zu betreiben, die der Natur des Menschen entgegenkämen, anstatt sie zu verleugnen. Vergleicht man einen Computer von 1980 mit einem beliebigen aktuellen Produkt einer kalifornischen Firma, die hier ungenannt bleiben soll, dann sind die Geräte in den letzten Jahren der menschlichen Natur bereits recht weit entgegengekommen. Der Gründer der ungenannten Firma war Zen-Buddhist[6] und nahm im Laufe seines Lebens mehr als einmal LSD, was er mit vielen Schlüsselfiguren der frühen Internetgeschichte gemeinsam hat[7]. Die bloße Verwendung einer Maschine oder die Arbeit in einem maschinennahen Beruf implantiert noch niemandem automatisch ein Maschinenherz.

Die Digitalisierung färbt die Welt nicht schwarz-weiß, nur weil sie mit Nullen und Einsen zu tun hat, ebenso wenig wie Geigen den Konzertsaal in einen Schafstall verwandeln, nur weil sie mit Darmsaiten bespannt sind. Technik beantwortet nur die einfachen Fragen: Wie viel ist 6 mal 9? Wie bekomme ich das lästige Wasser aus meinem Kohlebergwerk? Gibt es das Higgs-Boson, das Neutralino, das Gravitino, Sleptonen und Squarks? Alle wirklich interessanten Probleme existieren nach der Erfindung neuer Techniken ungerührt weiter. Was im Umkehrschluss aber auch bedeutet, dass alle angeblich durch Technik in die Welt kommenden Probleme entweder vorher schon existiert haben oder einfach nicht sehr interessant sind.

Und der ganze Rest

Was in diesem Buch noch hätte stehen sollen

«Ah, das erklärt es.» – «Naja, es erklärt zumindest daran herum.»
Kilian Evang / @texttheater, Twitter, 9. April 2011

Parkinsons Gesetz besagt, dass Arbeit sich so lange ausdehnt, bis sie die verfügbare Zeit ausfüllt. Mit Buchideen und Platz verhält es sich ähnlich: Man schreibt ein Konzept für den Verlag und erfindet für dieses Konzept eine plausibel klingende Seitenzahl, beispielsweise «300 Seiten», obwohl die Idee zu diesem Zeitpunkt noch auf fünf Seiten passt. Beim Schreiben dehnt sich der Inhalt wie der Hirsebrei im Märchen erst auf die vorgesehenen Seiten aus und quillt dann über. Der Welt fehlt ein Lobo-Passig-Gesetz, das wir hiermit nachreichen. Es lautet: Kaum hat man ein Drittel dessen niedergeschrieben, was eigentlich dringend zum Thema gesagt werden müsste, ist das Buch voll. Da Leser nach aktuellem Forschungsstand nur dann 1000-seitige Bücher lesen wollen, wenn Drachen und Zauberer darin vorkommen*, müssen wir uns mit dem Vorhandenen arrangieren. Aber wir wollen die ungeborenen Kapitel dieses Buchs wenigstens erwähnen, damit niemand glaubt, alles bislang nicht Erwähnte sei auch nur einigermaßen unstrittig.

Im ersten Teil des Buchs, der sich um allgemeine Hinder-

* Wir haben es dem Verlag vorgeschlagen. Aber hat man auf uns gehört? Immerhin konnten wir im Kapitel über Urheberrecht mehrere Einhörner unterbringen.

nisse beim Verstehen der Gegenwart dreht, fehlt das Kapitel «Alarmismus wird uns alle umbringen!». Man hätte darin unter anderem die unsichtbare Gefahr und ihren Reiz als Medienthema behandeln können. Auch die Personifizierung von Missständen und generell das verschwörungstheoretische Denken hätten eine gesonderte Erörterung verdient («Die Raubkopierer sind unser Unglück»). Stattdessen werden sie auf ein paar Zeilen in den Kapiteln über Metaphern und Urheberrecht abgehandelt. Die Parallelen zwischen der Internetkritik im 21. und der Großstadtkritik im 19. und frühen 20. Jahrhundert bleiben außerhalb dieses Satzes vollkommen unerwähnt. Es ist ein Unding, dass die Theorie der technologischen Singularität[1] noch nicht einmal gestreift wird, obwohl sie eine von manchen Technikoptimisten geschätzte Variante der im ersten Kapitel angesprochenen Aussage ist: «Meine Prophezeiungen werden wirklich wahr, im Unterschied zu allen vorausgegangenen gleichlautenden Prophezeiungen. Diesmal ist nämlich alles anders!» Und schließlich drücken wir uns das ganze Buch lang um die Frage, was eigentlich gemeint ist, wenn wir «Technik» oder «Technologie» sagen. Das ist vielleicht insofern verkraftbar, als auch Autoren, die sich dieser Frage intensiv widmen, im Wesentlichen zu dem Schluss kommen, es sei ein weites Feld.

Es fehlt ausgesprochen schmerzlich ein Kapitel «Trolle, Shitstorms und Cybermobbing». Eigentlich absurd, einer der wichtigsten Netzdiskussionen keine eigene Betrachtung zu widmen, umso absurder, als einer der Autoren sowohl bei der Internetsuche nach Shitstorm wie auch bei der Trollforschung auf der ersten Ergebnisseite angezeigt wird. Immerhin finden sich Fragmente davon im Kapitel über Soziales, Spurenelemente unter Privatsphäre und Datenschutz sowie Politik, homöopathische Dosen auch im Kapitel über Kollaboration.

Die Frage, wie haltbar unsere Daten sind, bleibt unbeantwortet, ach was, ungestellt. Vor dreihundert Jahren erschienene Bücher können wir problemlos lesen[2], zehn Jahre alte Disketten nicht. Wenn alles ins Internet wandert, ist es dann womöglich eines Tages einfach weg? Hier hätte man auch die aparte Idee «Internet-Radiergummi» unterbringen können sowie Aspekte des Cloud Computing. Wo sind Daten sicherer, irgendwo in der Cloud oder in der eigenen Wohnung auf einer Festplatte? Hier drohen Datenschutzprobleme, dort gießt man leicht mal Cola über das digitale Fotoarchiv der letzten Jahre. Völlig ungenutzt bleibt eine eigens von uns erdachte Erklärungshilfe für die Cloud und die Daten darin, nämlich ihre starke Ähnlichkeit zu Kontosystem und Geld. Auch da weiß man nur, dass irgendwo bei einer früher mal als halbwegs vertrauensvoll geltenden Institution auf einem Server eine Zahl mit dem Kontostand gespeichert ist, von der man vollständig abhängig ist. Angesichts der Situation der Banken und auch unseres eigenen Metaphernkapitels ist das Versäumnis aber vielleicht gar nicht so schlimm, nun muss die Datenhaltbarkeit in einer ungünstig geschnittenen, unbeheizten Anmerkung zum Kapitel über Kollaboration wohnen.

Ebenso fehlen die geschlossene Abhandlung von Cyberwar und Internetsicherheit, das problematische Themenfeld um den problematischen Begriff «Digitale Gewalt», der daran angrenzende digitale Vandalismus, samt einem Subkapitel über Hacker, die Hackerkultur als solche und Anonymous. Sowie ein Kapitel zu Wikileaks, der sich neu anhörenden Kulturpraxis des Leakens allgemein, und den Möglichkeiten und Grenzen der Transparenz. Der gesamte Streit um die Anonymität fehlt, ihre zweifellos große Wichtigkeit für Dissidenten in repressiven Staaten, und der häufig ebenso große Wunsch nach einem Verbot vor der eigenen Haustür – ein paar Sätze hier und da, mehr nicht.

Am Schluss des Politikteils findet sich ein kurzer Ausblick zu Elitenbildung und Nerdherrschaft. Das Thema hätte durchaus ein eigenes Kapitel verdient. Wenn die Piratenpartei bei der nächsten (vielleicht wegen einer geplatzten Eurorettungsabstimmung vorgezogenen) Bundestagswahl 43,7 Prozent erzielt, hätte unser Kapitel zum Standardwerk der Nerdokratie werden können. Wenn es denn existierte.

Auch die Frage, ob der technische Fortschritt Arbeitsplätze schafft oder vernichtet – immerhin zweimal im Buch flüchtig erwähnt –, hätte leicht viele Seiten mit Zitaten aus mehreren Jahrhunderten gefüllt. Die Zukunft der Arbeit mit und im und durch das Netz, daran anknüpfend das neue Schlagwort Big Data, ach, ach, ungenutzte Chancen, unausgeschöpfte Potenziale. Völlig zu schweigen von der Buchkultur und ihrer Entwicklung, zu der dieses Buch aber immerhin durch seine Form beiträgt[3].

Mobile Internet, Journalismus 2.0, Patente pro & contra. Virtuelle Welten, was nun? Werbung im Internet, quo vadis? Das 2012 vieldiskutierte Leistungsschutzrecht, eine Art verkappter Subvention für Verlage mit unfreiwilliger Hilfe von Googles Geld. Hegels Dialektik im Licht der digitalen Vernetzung – all diese Themen liegen auf der Hand, ihr Fehlen in diesem Buch wird nicht allen entschuldbar erscheinen. Aber es ist ja erwiesenermaßen nicht nur so, dass man irgendwo anfangen muss. Irgendwo muss man auch aufhören. Zum Beispiel hier.

Anmerkungen

Einleitung (S. 7–S. 14)

1 Zitiert nach der Projekt-Gutenberg-Version; den Hinweis auf die Stelle verdanken wir Lothar Müllers uns auf Papier vorliegendem Buch «Weiße Magie: Die Epoche des Papiers» (Hanser, 2012).

1. Null oder Eins? – Ja. (S. 15–S. 35)

1 Phlogiston war der Name eines theoretischen, feurigen Elements. Es hätte eine Substanz sein sollen, die den Vorgang der Verbrennung erklärt, gewissermaßen der heiße Scheiß im 17. Jahrhundert.

2 Und zwar die «Internet Exceptionalists», «Social Engineers», «Free Marketers», «Moral Conservatives», «Old Economy Regulators», «Tech Companies & Trade Associations» und «Bricks-and-Mortar companies». Was Atkinson damit im Einzelnen meint, ist im Sammelband «The Next Digital Decade» nachzulesen, gratis als PDF unter nextdigitaldecade.com.

3 Das wusste bereits Charles Darwin, der in seiner Autobiographie schrieb: «Ich hatte auch viele Jahre lang eine goldene Regel befolgt, nämlich dass ich, sobald ich nur immer einer veröffentlichten Thatsache begegnete oder mir eine neue Beobachtung oder ein Gedanke vorkam, welcher mit meinen allgemeinen Resultaten in Widerspruch stand, ohne Aufschub und auf der Stelle mir eine Notiz davon machte; denn ich hatte aus Erfahrung gefunden, dass derartige Thatsachen und Gedanken viel mehr geneigt sind, dem Gedächtnisse wieder zu entfallen, als günstige.»

4 Es lohnt sich, beide Listen zur Erinnerung ungefähr einmal pro Woche durchzulesen. Strategien zum Umgang mit der menschlichen Neigung zu Fehl- und Vorurteilen werden in den beiden Blogs overcomingbias.com und lesswrong.com diskutiert. Auf Deutsch eignet sich als Einstieg das Buch «Denken hilft zwar, nützt aber nichts: Warum wir immer wieder unvernünftige Entscheidungen treffen» von Dan Ariely.

5 Aus Haidts Studien ging das Internetprojekt yourmorals.org hervor. Freiwillige können dort ihre moralischen Geschmackspapillen testen und dabei die Forschung voranbringen.

2. Das Internet ist ein rotes Auto (S. 36–S. 52)

1 Im Netz wird oft kolportiert, dass Al Gore behauptet habe, er hätte das Internet erfunden. Darin ist zumindest ein Fünkchen Wahrheit enthalten. Gore trieb schon in den 1970er Jahren als Kongressabgeordneter mehrere Initiativen für ein Hochgeschwindigkeitsdatennetz voran, um Wirtschaftswachstum und Bildung zu stimulieren.

2 Als in den 1960er Jahren in Deutschland Arbeitskräfte knapp wurden, wurden vor allem Arbeiter aus Italien und der Türkei angeworben. Der Begriff «Gastarbeiter» zeigt, wie sehr Diskussionen durch Metaphern gesteuert werden können. Ein Gast hat sich zu benehmen und muss irgendwann ja auch wieder gehen – dieser durchaus problematische Subtext prägte die Diskussion über viele Jahre, teils bis heute noch.

3 Die damalige Familienministerin Ursula von der Leyen hatte ein Gesetzesvorhaben mit dem Namen «Zugangserschwerungsgesetz» auf den Weg gebracht, das von ihr als Mittel für den Kampf gegen Kinderpornographie bezeichnet wurde. Kritiker dagegen waren überzeugt, dass blablabla, das steht nun wirklich überall.

4 Der Name der Gruppe lautete vollständig und wörtlich: «KINDERSCHÄNDER, für EUCH eröffnen wir wieder MAUTHAUSEN!!!»

5 Fjordman war das Pseudonym eines rechtsradikalen Bloggers, den Breivik in seinem über tausend Seiten starken Manifest häufig zitierte, Breivik sah in ihm ein Vorbild.

6 Nähere Informationen finden sich im 11. Kapitel.

7 Der Hut aus Aluminiumfolie ist das inoffizielle Insignium des Verschwörungstheoretikers, um zu verhindern, dass die Gedanken von der CIA per Strahlung ausgelesen werden. Und es scheint zu wirken: bisher ist nicht belegt, dass die CIA es geschafft hätte, die Gedanken eines Aluhutträgers auszulesen.

3. Das missverstandene Neue (S. 53–S. 70)

1 Noch detaillierter steht das im Essay «Standardsituationen der Technologiekritik» (*Merkur* 2009, Link zum Volltext unter kathrin.passig.de). Die Autorin entschuldigt sich für die einseitige Sichtweise des Artikels, sie wusste es damals nicht besser.

2 Ein Pariser Journalist erwartete 1895 nach einer Filmpremiere von Louis Lumière: «Wenn diese Geräte in die Hände des Volkes geraten, wenn jeder die ihm nahestehenden Menschen fotografieren kann, nicht nur im unbewegten Zustand, sondern mit ihren Bewegungen, Handlungen, vertrauten Gesten und den Worten, die sie sprechen, dann wird der Tod nicht länger absolut und endgültig sein.»

3 In: «Geschichte der Eisenbahnreise», Hanser Verlag, 1977.

4 Die typische Alpenwiesenflora ist das, was das Vieh nicht fressen konnte, und die Bewaldung der Berge wurde von oben und unten zugunsten von Weidewirtschaft und Ackerbau reduziert. Mehr zum menschlichen Ursprung naturbelassen wirkender Landschaften steht in Hansjörg Küsters «Geschichte der Landschaft in Mitteleuropa», C. H. Beck Verlag, 1999.

5 Michael Giesecke: «Der Buchdruck in der frühen Neuzeit», Suhrkamp 1991.

6 Das «Technium» ist ein von Kevin Kelly erfundener Begriff für die Gesamtheit der Technologie, die uns umgibt. Jedes kleine Gerät ist in Entstehung und Betrieb auf eine Vielzahl anderer Technologien angewiesen. Dieses Netzwerk voneinander abhängiger Technologien formt eine Art virtuellen Superorganismus, dessen Eigenschaften mehr sind als die Summe seiner Teile: das Technium. Im Kapitel über die Herrschaft der Maschinen taucht das Technium noch einmal auf.

7 Für jüngere Leser: Den automatischen Sicherheitsgurt gab es von den späten siebziger bis in die frühen neunziger Jahre als Sonderzubehör. Er brachte sich beim Schließen der Tür selbsttätig in eine auffordernde Position.

8 Missbrauch von Immaterialgüterrechten, Bedrohungen der Privatsphäre, «digitaler Vandalismus», Softwarepiraterie, Datendiebstahl, das Verschwinden bestimmter Arbeitsplätze, das Ende der Festanstellung auf Lebenszeit, die Ausgrenzung von Teilen der Bevölkerung.

9 Suchstichwort «quantified self». Es gibt mittlerweile eine ganze Reihe von Geräten und Internetangeboten, die Nutzer bei der detaillierten

Aufzeichnung ihres Alltags unterstützen: von den zurückgelegten Strecken bis zur Anzahl der Wörter, die ein Baby täglich zu hören bekommt.

10 Gold lässt sich heute durch Bestrahlung von Platin oder Quecksilber herstellen. Das Verfahren hat zwei Nachteile: Man braucht einen Kernreaktor, und es ist teurer als der Einkauf vorhandenen Goldes.

4. More forwards please (S. 71–S. 79)

1 Wobei Lorenz' Fähigkeit, die Welt «mit wachen Augen» zu betrachten, sich bekanntlich in Grenzen hielt: «Ich war als Deutschdenkender und Naturwissenschaftler selbstverständlich immer Nationalsozialist» (1938). Das Buchkapitel von 1973, aus dem das Zitat stammt, trägt den Titel «Genetischer Verfall».

2 Michael Bittman, James Mahmud Rice, Judy Wajcman: «Appliances and their impact: the ownership of domestic technology and time spent on household work», *The British Journal of Sociology* 2004, Band 55, Nr. 3. Die erwähnten Wäschetrockner verlängern die mit der Wäsche verbrachte Zeit übrigens nur um drei Minuten, die die Hausfrauen vermutlich damit zubringen, im Internet die Bedeutung blinkender Flusensieb-Fehlermeldungen zu recherchieren.

3 Und zwar in den meisten deutschsprachigen Gegenden erst ab den 1970er Jahren. Die nostalgischen Erinnerungen der Großeltern, früher habe man ja im örtlichen Fluss noch gebadet, stammen aus den Zeiten der ungeklärten Abwässer.

4 Obwohl der Begriff «Bruttonationalglück» wirkt wie von der *Titanic*-Redaktion auf dem Evangelischen Kirchentag ausgedacht, gibt es ihn wirklich. Er geht zurück auf den König von Bhutan, einem der ärmsten, aber auch glücklichsten Länder der Welt (wenn man die Bewohner fragt). Die 2011 eingesetzte Enquetekommission «Wachstum, Wohlstand, Lebensqualität» des Bundestages arbeitet in einer ähnlichen Richtung.

5 Zwei seiner Bücher sind auf Deutsch erschienen: «Politik der Apokalypse – wie die Religion die Welt in die Krise stürzt» und «Von Menschen und anderen Tieren – Abschied vom Humanismus».

5. Disruption ist kein Kindergeburtstag (S. 80–S. 90)

1 Außer Helium und noch ein paar Kleinigkeiten.
2 Insofern lügt die Überschrift, und Disruption ist eben doch eine Art Kindergeburtstag.
3 Der Transport aktueller Nachrichten zu den Lesern erfordert nicht mehr das Herumfahren großer Mengen Zellulose. Werbetreibende können ihr Geld nicht mehr nur bei ein paar Verlagen ausgeben, sondern auf Millionen Seiten. Das Netz bietet bessere Alternativen zum bis dahin lukrativen Kleinanzeigenmarkt. Leser wollen nicht mehr nur Leser sein, sondern selbst mitreden. Die Zeitung von heute wurde gestern gedruckt und ist damit immer älter als das Internet von heute.

6. Faster, Pussycat! (S. 91–S. 102)

1 Der *Wired*-Wissenschaftsblogger Rhett Allain ist dieser pressewirksamen Meldung auf den Grund gegangen und kommt zu dem Schluss, dass die Twitterwelle die Erdbebenwelle nach knapp 200 Kilometern überholt. 200 Kilometer vom Epizentrum entfernt passiert aber nicht mehr viel, die Nachricht hat dann lediglich Unterhaltungswert. (Bei Seebeben mit anschließendem Tsunami sähe es anders aus.)
2 Zitiert nach «Das Tempo-Virus: Eine Kulturgeschichte der Beschleunigung» von Peter Borscheid, einem Buch, das wir im Übrigen nicht gelesen haben, keine Zeit.
3 Deshalb ist auch die oft empfohlene Geräteabstinenz eher nicht die Lösung. Beim beschleunigungskritischen Vorwurf, eine bestimmte Technik mache alles automatisch und unausweichlich schneller, handelt es sich um eine klassische technikdeterministische Idee. Woran man sieht, dass der Technikdeterminismus sich willig zu Fortschrittsskeptikern wie Optimisten ins Bett legt.

7. Das Bücherrad neu erfinden (S. 103–S. 116)

1 Ein Terabyte entspricht einem 25 Kilometer hohen Papierstapel (beidseitig bedruckt).
2 Siehe z. B. www.readwriteweb.com/cloud/2011/02/are-we-really-creating

-as-much.php. Eine ähnliche Rechnung wie Eric Schmidt stellte Johannes Kepler im Jahr 1606 an: «In jedem Jahr, insbesondere seit 1564, werden auf jedem einzelnen Gebiet mehr Schriften veröffentlicht als insgesamt im Jahrtausend zuvor.»

3 Er tat es auf Französisch, in einem Manuskript ohne Titel, das man unter dem Suchbegriff «horrible masse de livres» an verschiedenen Stellen im Netz finden kann. Alle Hinweise auf die historischen Zitate stammen aus dem *Journal of the History of Ideas*, Band 64, Nr. 1, Januar 2003, das mehrere schöne Beiträge zur Informationsüberflutung in der frühen Neuzeit enthält. Falls Sie sich bereits informationsüberflutet fühlen und höchstens einen davon lesen wollen, empfehlen wir «Early Modern Information Overload» von Daniel Rosenberg.

4 Diese Variante wurde erstmals 1976 von Gabriel Pinski und Francis Narin vorgeschlagen. Eigentlich ist die PageRank-Idee sogar noch ein bisschen älter, sie taucht 1953 zum ersten Mal in der Literatur auf. So reich wie Larry Page und Sergei Brin könnte man heute sein, wenn man nur in den richtigen Fachzeitschriften geblättert hätte.

5 In der englischen Wikipedia-Kategorie «Lists» gibt es die Unterkategorie «Lists of lists» und darin den Eintrag en.wikipedia.org/wiki/List_of_lists_of_lists. Diese Liste verzeichnete Mitte 2012 knapp 500 Listen von Listen.

8. Das Gute, das Schlechte und das Hässliche (S. 117–S. 137)

1 Ein bisschen mehr zur Brecht'schen Radiotheorie und zu den mit ihr verbundenen Hoffnungen steht in Kapitel 10.

2 Wenn man zum Beispiel von gar nicht so wenigen Lesern darauf hingewiesen wird, dass Wasser bei vier Grad Celsius nicht die geringste, sondern die höchste Dichte hat (Kathrin Passig / Aleks Scholz: «Lexikon des Unwissens», Rowohlt Berlin 2007, 1.–4. Auflage). Der Text war vor der Drucklegung von nicht weniger als fünf Personen durchgesehen worden, darunter hauptberuflichen Physikern. Weitere Fehlleistungen der Autoren sind unter lexikondesunwissens.de verzeichnet.

3 Open Access bedeutet, dass alle Beiträge frei zugänglich und kostenlos nutzbar sind. Das ist im Wissenschaftsbetrieb nicht selbstverständlich, normalerweise veröffentlichen Wissenschaftler in Fachzeitschriften, die so teuer sind, dass keine Universität alle relevanten Zeitschriften

abonnieren kann. Ausführlicheres findet sich im Wikipedia-Eintrag «Open Access».

4 Der Wikipedia-Eintrag «Fingierter Lexikonartikel» enthält unterhaltsames Partywissen über Nihilartikel und Plagiatsfallen sowie eine Liste bekannter falscher Einträge aus Papiernachschlagewerken von *Apopudobalia* (einer erfundenen Vorform des Fußballspiels) bis zur *Gemeinen Steuer-Zecke.*

5 Näheres ist im Eintrag «Wikipedia:Relevanzkriterien» nachzulesen.

6 Einem Stand, der seinerzeit als großer Fortschritt gefeiert wurde: Immerhin brauchten Nutzer kein HTML mehr zu können.

7 Stundenlanges Lesevergnügen bietet der Eintrag en.wikipedia.org/wiki/Wikipedia:Lamest_edit_wars

8 Loretti I. Dobrescu, Michael Luca, Alberto Motta: «What Makes a Critic Tick?», Harvard Business School Working Knowledge, 2012. Passend zum Thema dieses Kapitels handelt es sich um ein «Working Paper», also eine Vorarbeit zu einer wissenschaftlichen Veröffentlichung, die noch nicht durch das Peer-Review-Verfahren gegangen ist.

9 Amazon äußert sich so wenig zu den Details dieses Filtersystems wie Google zu seinem PageRank-Verfahren, um Missbrauch und Nachbau nicht zu einfach zu machen. Einige Erkenntnisse bietet aber zum Beispiel peterdurwardharris.blogspot.de (auf Englisch).

10 Ersatzhalber könnten Sie einen 2011 im *Merkur* erschienenen Artikel von Kathrin Passig lesen, der den Titel «Sümpfe und Salons» trug und unter kathrin.passig.de verlinkt ist.

9. Generation Swimmy (S. 138–S. 151)

1 Ein Googledoc ist wie ein normales Textdokument, das von mehreren Autoren gleichzeitig editiert und kommentiert werden kann, weil es webbasiert ist, also im Browser bearbeitet wird. Dieses Buch ist so entstanden.

2 reddit.com ist ein *Social News Aggregator*, eine Plattform, auf der Nutzer gemeinsam Beiträge aus verschiedenen Quellen zusammentragen und diskutieren.

3 Aus der einen Million wurden fünfzig, weil jedes Bild mehreren Nutzern vorgelegt wird. An der Übereinstimmung der Urteile lässt sich auch ablesen, wie zuverlässig die jeweilige Einstufung ist.

4 Das geschieht nicht nur dort, wo es ohnehin keinen Markt für eine pro-

fessionelle Übersetzung gäbe. Auch einige Harry-Potter-Bände wurden von Mitgliedern der «Harry auf Deutsch»-Community übertragen, die nicht auf die deutsche Übersetzung warten wollten.

5 Der Droemer Knaur Verlag lässt seit 2010 unter neobooks.de Leser vorfiltern, welche Manuskriptvorschläge sich Verlagsmitarbeiter genauer ansehen sollten. Der amerikanische O'Reilly-Verlag bietet ein «Open Feedback Publishing System» an (ofps.oreilly.com), mit dessen Hilfe Leser existierende und entstehende Bücher kommentieren können.

6 In den frühen hierarchischen Systemen im Web wie der Sortierung von Usenetgruppen oder den Rubriken der «Internetverzeichnisse» kostete die Diskussion über benötigte Kategorien und sinnvolle Einordnungen viel Zeit.

7 Das ist kein ausgedachtes Beispiel: 50000 US-Dollar wurden für das Denkmal veranschlagt, 67436 im März 2011 bei Kickstarter eingesammelt. Die Statue war 2012 noch im Bau und wird voraussichtlich auf dem Campus der Wayne State University aufgestellt.

8 Lanier ist kein technikferner Hardliner, sondern steht mit beiden Füßen fest auf dem Boden der virtuellen Realität, die er in den achtziger und neunziger Jahren selbst entwickeln half.

9 Diese Frage ist wiederum nur die Neuauflage einer Diskussion aus dem 15. Jahrhundert: Sollte man Handschriften auf Pergament bevorzugen, da sie haltbarer sind, oder besser auf eine große Menge gedruckter Bücher setzen, die vielleicht bald wieder zerfallen, aber zeitgleich zirkulieren und das Wissen einem viel breiteren Publikum zugänglich machen?

10 Seine Kritik stammt aus dem Jahr 2006, als MySpace noch eine große Rolle spielte. Heute gilt MySpace als das MySpace unter den sozialen Netzwerken.

10. Mehr Demokratie wegen (S. 152–S. 176)

1 Lanier glaubt, dass «der Erfolg von Wikipedia und der Reichtum von Google» dazu geführt hätten, dass Behörden, Unternehmensstrategen und Universitäten sich «mit dem Parasiten» Kollektivismus infiziert hätten.

2 Nicolas Sarkozy hatte unter anderem das sogenannte Hadopi-Gesetz eingeführt, das zur Bekämpfung illegaler Downloads vorsieht, nach zwei Verwarnungen mit dem dritten Verstoß die Netzverbindung der schuldigen Person auf eine bestimmte Zeit zu kappen.

3 Mit Ruanda ist hier der Völkermord gemeint, den in Ruanda vor allem Angehörige der Hutu-Mehrheit an der Tutsi-Minderheit verübten. Von April bis Juli 1994 wurden nach Schätzungen von Historikern etwa eine Million Menschen ermordet, bis zu drei Viertel aller in Ruanda registrierten Tutsi.

4 Beides zitiert nach Rolf Peter Sieferles auch sonst sehr lesenswertem Buch «Technikfeinde? Opposition gegen Technik und Industrie von der Romantik bis zur Gegenwart» (C. H. Beck Verlag, 1984).

11. Regulierungsbeschwerden (S. 177–S. 200)

1 Transmission Control Protocol, auf Deutsch: Übertragungskontrollprotokoll.

2 «Packet Radio», für die anderthalb Leser, die sich daran noch erinnern.

3 Es geht hierbei eher um die Möglichkeiten der Fach- und Sachkundigen, der normale Endverbraucher muss in jedem Fall auf irgendjemanden warten.

4 Hier zitiert nach Tim Wu, «The Master Switch – the Rise and Fall of Information Empires», New York: 2011. Lee de Forest hat später eine der wichtigsten elektronischen Erfindungen des 20. Jahrhunderts beinahe aus Versehen gemacht, nämlich die Triodenröhre, bekannt aus frühen Radios oder Gitarrenverstärkern.

5 Stand: Juli 2012.

6 Videokassetten waren im ausgehenden 20. Jahrhundert ein analoger Datenträger für Filme. Das bekannteste Format hieß VHS, dabei handelte es sich um eine zigarrenkistengroße, meist schwarze Plastikbox, in der ein wiederbeschreibbares Magnetband zwischen zwei Spulen hin- und hergewickelt wurde. Die Bildqualität war schlecht und die Technik störanfällig, sie wurde bei ihrer Einführung dennoch gefeiert.

12. Die Nackten und die Daten (S. 201–S. 219)

1 Die Einführung des Personenkennzeichens scheiterte zunächst am Rechtsausschuss des Deutschen Bundestages, der das Vorhaben für unzulässig erklärte. Die Kennzahl kam erst 2007 in Form der neuen Steuer-Identifikationsnummer. Der damalige Bundesfinanzminister Peer

Steinbrück erhielt dafür im selben Jahr den «Big Brother Award» in der Kategorie «Politik».

2 Facebook war 2007 in Deutschland noch kein Thema, in dem Artikel ging es vor allem um Kreditkartendaten, Schufa-Einträge, Bonusprogramme und RFID-Chips.

3 «Post Privacy: Prima leben ohne Privatsphäre», C. H. Beck, 2011. Das Postprivatleben des Autors ist recht ausführlich unter www.plomlompom.de/PlomWiki/ dokumentiert.

4 Wobei es mit dieser Anonymisierung nicht allzu weit her ist. In den letzten Jahren zeigten mehrere Studien, dass sich aus der Kombination einiger weniger Daten wie etwa den üblicherweise zurückgelegten Wegen, den Lieblingsbands, dem Geburtsdatum oder den Kontakten in den verschiedenen Netzwerken in vielen Fällen genau bestimmen lässt, um welchen Nutzer es sich handelt.

5 Im Fall der Homosexualität haben die Bürger durchaus von der Veröffentlichung sehr privater Daten profitiert: So wurden sie von unsichtbaren Einzelnen zu einer sichtbaren Gruppe und damit einem Kommunikationspartner des Staates.

6 Das Bundesverfassungsgericht erklärte in seinem Volkszählungsurteil von 1983: «Wer unsicher ist, ob abweichende Verhaltensweisen jederzeit notiert und als Information dauerhaft gespeichert, verwendet oder weitergegeben werden, wird versuchen, nicht durch solche Verhaltensweisen aufzufallen.» Er werde womöglich auf die Ausübung von Grundrechten verzichten, was nicht nur die Entfaltungschancen des Einzelnen beeinträchtige, sondern auch das Gemeinwohl.

7 Eine der frühen Auflagen der Privatsphärendebatte fand tatsächlich um 1900 herum anlässlich der Entdeckung der Röntgenstrahlen statt. Journalisten beschäftigten sich mit der Frage, ob jetzt die letzten Bastionen der Privatsphäre kapitulieren müssten, mit der Aussicht auf «ständige und unentrinnbare Öffentlichkeit» und der Unmöglichkeit, noch «irgendeine Zuflucht vor der Außenwelt zu finden». Es gab Kampagnen zum Verbot des «Röntgen-Opernglases» und röntgendichte Unterwäsche aus dem Versandhauskatalog.

13. Entfremdung und Nähe (S. 220–S. 240)

1 Steven Berlin Johnson hat es 2005 in «Everything bad is good for you» benutzt. Quelleninteressierte mögen dieses gute Buch auf Englisch lesen, die deutsche Übersetzung hat sich so vergaloppiert wie der deutsche Titel «Neue Intelligenz».

2 Die Daten basieren auf einer Umfrage von Fittkau & Maaß von Ende 2010. Befragt wurden 37 728 sogenannte Intensivnutzer. Allerdings ist dieser Begriff recht mutig gewählt angesichts der konkreten Definition von Intensivnutzer: «mindestens wöchentliche Nutzung».

3 Bei praktisch allen größeren Veranstaltungen mit Netzthematik brechen Internet- und Mobilfunkversorgung auch 2012 noch wegen Überlastung zusammen.

4 «Piranhas sind sehr schreckhafte und schüchterne Tiere, die Konfrontationen lieber aus dem Weg gehen. Bei uns im Aquarium gehören sie zu den ängstlichsten Fischen», sagte Rainer Kaiser, Kurator des Berliner Zooaquariums, der Zeitschrift *Focus* 2008.

5 Nach einer Studie des Tierpsychologischen Instituts der Universität Melbourne gehören Wombats zu den glücklichsten Tieren überhaupt.

14. Die Urheberrechthaber (S. 241–S. 265)

1 Jeanette Hofmann hat schon 2006 im Auftrag der Bundeszentrale für politische Bildung die Textsammlung «Wissen und Eigentum: Geschichte, Recht und Ökonomie stoffloser Güter» herausgegeben, deren Lektüre die Lektüre aller anderen Texte zum Urheberrecht überflüssig macht. (Eigentlich auch dieses Kapitels, aber wir haben die besseren Fußnoten.) Sie können den Band kostenlos unter bpb.de als PDF herunterladen oder für 4,50 Euro auf Papier bestellen.

2 1985 wurde die Leerkassettenabgabe aber doch beschlossen, Tonkassetten und Videobänder verteuerten sich um etwa 20 bis 60 Pfennig. Die Musikindustrie hatte ursprünglich das Zehnfache gefordert.

3 Allein im Jahr 2010 wurden über eine halbe Million Menschen in Deutschland wegen Urheberrechtsverletzungen abgemahnt und entrichteten dafür fast eine halbe Milliarde Euro. Diese Zahl beruht auf Erhebungen des «Vereins zur Hilfe und Unterstützung gegen den Abmahnwahn e. V.», der natürlich ein Interesse an möglichst alarmieren-

den Zahlen hat; dass die Größenordnung stimmt, gilt aber allgemein als unstrittig.

4 Ach, schauen Sie halt selber irgendwo nach, dafür ist es ja erfunden worden, das Internet.

5 «Mashup – Lob der Kopie» (Suhrkamp, 2011) ist ein Manifest für einen runderneuerten Urheberrechtsbegriff. Dirk von Gehlen untersucht nicht nur, was die digitale und damit verlustfreie Kopie für den Werksbegriff bedeutet, sondern betrachtet auch den kulturhistorischen Kontext, zum Beispiel die Entstehung des «Originals», einer Idee, die im Buch der «Mythos vom Original» heißt. Der Autor plädiert für ein reformiertes Urheberrecht mit einem deutlichen Drall in Richtung «Fügung in die technische Unvermeidbarkeit». Das Buch ist gut. Kopieren Sie es.

6 Ganz so weit ist es noch nicht: 1837 wurde in Deutschland eine Schutzfrist von zehn Jahren nach Erscheinen eines Werkes eingeführt, 1845 verlängerte man sie auf dreißig Jahre nach dem Tod des Urhebers, später auf fünfzig. Seit 1965 gilt in Deutschland eine Schutzdauer von siebzig Jahren.

7 Im Moment ist international eine Mindestschutzdauer von fünfzig Jahren vorgeschrieben.

8 Ausnahmen: Dominastudios, Internetkolumnen, Monopolisten.

9 Die erste Version dieses Kapitels sollte eine vollständige Auflistung aller Argumente pro und contra Urheberrechtsreform enthalten. Sie wurde aufgegeben, als sie die Größe Australiens erreicht hatte (8-Punkt-Schrift, beidseitig bedruckt).

10 Bundesverband Informationswirtschaft, Telekommunikation und neue Medien e. V.

11 Quelle für diese Zahlen: www.informationisbeautiful.net/2010/how-much-do-music-artists-earn-online/

12 Das haben wir uns nicht ausgedacht, es existiert wirklich.

13 Die Wikipedia dazu: «Im Vorfeld und auch nach Einführung des Gesetzes war die Diskussion sehr emotionsgeladen, da die Autoren sich ausgebeutet und die Verlage sich ihrer Wirtschaftlichkeit beraubt sahen.»

14 www.dklevine.com/general/intellectual/againstfinal.htm

15 Der Verbraucherzentrale Bundesverband vzbv fordert zum Beispiel, dass Abmahnungen generell maximal 100 Euro kosten dürfen, wenn urheberrechtlich geschützte Inhalte ohne Gewinnabsicht genutzt werden. Auch das Bundesministerium der Justiz plant einem Anfang 2012 veröffentlichten Dokument zufolge eine Senkung des Streitwerts

bei der Verletzung von Urheberrechten. (Bisher werden für den Upload eines einzelnen urheberrechtlich geschützten Werks Streitwerte bis zu 10000 Euro angesetzt.) Bei unberechtigten Abmahnungen sollen die Abgemahnten die Kosten für ihren eigenen Anwalt zurückerstattet bekommen. Der Entwurf wird von der CDU/CSU-Bundestagsfraktion blockiert, die stattdessen weitere Verschärfungen fordert.

16 In dem ganz zu Anfang erwähnten BPB-Sammelband.

15. Mark Zuckerbergs Brille (S. 266–S. 287)

1 Eine Erklärung des *impact factor* findet sich im Kapitel 7.

2 Deutsch: «Filter Bubble: Wie wir im Internet entmündigt werden», Hanser Verlag, 2012.

3 Davon, dass sich die Ineffizienz gar nicht so widerstandslos durch Geräte aus der Welt schaffen lässt, sondern oft nur einen Schritt zur Seite macht, ist schon im Kapitel über Fortschritt die Rede gewesen.

4 Was das für Folgen haben kann, sieht man am Berliner Telefonbuch, in dem 2009 die ersten 187 Einträge vom «A.A.A.A.A.A.A.Schlüsseldienst» belegt waren.

5 Vor allem in Kombination mit einer komplett erratischen Menüführung in den Konten- und Nutzereinstellungen wie bei Facebook.

6 Solche Abwägungsprobleme zwischen Benutzbarkeit und Optionsvielfalt gibt es an vielen Stellen der Welt. Apple-Anhänger schwören auf die Benutzerfreundlichkeit, Linux-Anhänger auf die freie Konfigurierbarkeit ihres Betriebssystems. Wer eine Mikrowelle kaufen will, muss sich entscheiden, ob er einen einzigen Drehschalter bevorzugt oder ein Gerät haben möchte, mit dem man grillen, überbacken und Stahllegierungen herstellen kann, das aber mit einem 500-seitigen Benutzerhandbuch ausgeliefert wird.

7 Klassische Medien, Beratung im Fachhandel, Zufall.

8 www.thefilterbubble.com/10-things-you-can-do

16. Maschinenherz (S. 288–S. 298)

1 Der Volltext des Werkes findet sich bei zeno.org, und zwar in der hier auch zitierten Übersetzung des deutschen Großsinologen Richard Wilhelm aus dem Jahr 1912. Wir haben das Ziehbrunnenbeispiel aber nicht

dort gefunden, sondern in Michael Gieseckes «Der Buchdruck in der frühen Neuzeit» (Suhrkamp, 1991).

2 Wie es etwa der in diesem Buch schon viel zu oft erwähnte Joseph Weizenbaum getan hat.

3 Als die *New York Times* und die *Washington Post* das Manifest veröffentlichten, erkannte Kaczynskis Bruder den Schreibstil wieder und verständigte die Polizei. Dem Unabomber wurden sozusagen seine eigenen Thesen zum Verhängnis. Die deutsche Übersetzung flottiert ohne erkennbaren Übersetzer frei im Netz.

4 Quelle: Internet.

5 «Wir nennen es Arbeit», Heyne, 2006.

6 Eine Nachbarreligion des Daoismus.

7 Details: John Markoff, «What the Dormouse Said: How the Sixties Counterculture Shaped the Personal Computer Industry» (2005).

Und der ganze Rest (S. 299–S. 302)

1 Mit dem Begriff der technologischen Singularität bezeichnen manche die zukünftige Entwicklungsphase, ab der Maschinen intelligenter als Menschen sein werden und damit intelligent genug, um sich selbst zu verbessern und so den Fortschritt zu automatisieren. Niemand weiß, was dann passiert, und einige wollen es auch lieber nicht wissen.

2 Aus Urheberrechtsgründen sogar oft noch etwas problemloser als vor dreißig Jahren erschienene.

3 Zum Erscheinungszeitpunkt war sowohl die Bündelung von Papier- und digitalem Buch neu als auch der Verzicht auf einen harten Kopierschutz. Zumindest für große, insbesondere für deutsche Verlage.

Dank

Wir danken Felix Groß, der versehentlich mit einer Mailanfrage den Anstoß zu diesem Buch gab. Es ging darin um Verständigungsprobleme zwischen den «Propheten der informationstechnologischen Morgenröte» und «Menschen, die das Gelingen ihres Lebens nicht von Technologie abhängig machen». Dieses Buch hätte seine Frage beantworten sollen, tut es aber vermutlich doch wieder nicht. Wir haben es wenigstens versucht.

Für Auskünfte und Hilfe bei der Dokumentbeschaffung danken wir Aleks Scholz, Scot Stevenson, Arne Janning, Christian Heller, Jörg Wirtgen, Jürgen Braatz, Martin Lindner, Christoph Kappes, Cornelius Reiber und Dieter Passig. Dieses Buch hatte ein außergewöhnlich phantastisches Lektorat, bestehend aus Wilhelm Trapp (Team Rowohlt.Berlin) und Michael Brake (Team Riesenmaschine). Als Adapter zwischen den unterschiedlichen Technikvorstellungen der Autoren und des Verlags diente Nathalie Passig. Für aufgebrachtes Verständnis und Flexibilität ist dem Netzwelt-Team von *Spiegel Online* zu danken, ebenso dem Sobooks-Team. Unserem Verleger Gunnar Schmidt, der dieses Buch etwa seit 2009 haben wollte, danken wir für die richtige Mischung aus Geduld und Geduld. Unseren Agenten Uwe Heldt und Thomas Hölzl danken wir für ihre famose Agententätigkeit.

Persönlicher Dank geht zusätzlich an Meike Lobo, Wibke Lobo, Irina und Kai samt Maya sowie Fabiola und Horacio Lobo.

MIX
Papier aus verantwortungsvollen Quellen
FSC® C083411
www.fsc.org

Das für dieses Buch verwendete FSC®-zertifizierte Papier
Schleipen Werkdruck liefert Cordier, Deutschland.